Ulrike Herrmann
Hurra, wir dürfen zahlen

PIPER

Zu diesem Buch

In Deutschland schrumpft die Mittelschicht, wie Sozialerhebungen belegen. Die Reichen werden reicher, während zugleich die Zahl der Armen steigt – und die Mittelschicht verliert nicht nur in der Krise, sondern selbst noch im Boom.
Warum aber schrumpft die Mittelschicht? Warum sinken ihre Gehälter? Oft wird vermutet, dass der Staat schuld sei, der die Mittelschicht durch Steuern und Sozialabgaben ausplündere. Völlig falsch ist diese Beobachtung nicht. Tatsächlich haben die jüngsten Steuerreformen vor allem die Spitzenverdiener begünstigt, während die Mittelschicht damit allein gelassen wird, die wachsende Zahl der Armen zu finanzieren. Aber die Mittelschicht ist selbst schuld: Sie hält sich für einen Teil der Elite. Sie grenzt sich vehement von der Unterschicht ab und geht eine Allianz mit den Reichen ein, die ihr schadet.

Ulrike Herrmann, Jahrgang 1964, ist Wirtschaftskorrespondentin der *taz*. Sie ist ausgebildete Bankkauffrau, hat Geschichte und Philosophie studiert und war anschließend wissenschaftliche Mitarbeiterin bei der Körber-Stfitung sowie Pressesprecherin der Hamburger Gleichstellungssenatorin Krista Sager. Ulrike Herrmann ist ein typisches Mittelschichtskind. Sie stammt aus einem Vorort von Hamburg, wo alle Bewohner an den gesellschaftlichen Aufstieg glaubten.

Ulrike Herrmann

HURRA, WIR DÜRFEN ZAHLEN

Der Selbstbetrug der Mittelschicht

Piper München Zürich

Mehr über unsere Autoren und Bücher:
www.piper.de

Für Hui und Tui

MIX
Papier aus verantwor-
tungsvollen Quellen
FSC® C083411

Ungekürzte Taschenbuchausgabe
Januar 2012
© 2010 Piper Verlag GmbH, München,
erschienen im Verlagsprogramm Westend
Umschlagkonzept: semper smile, München
Umschlaggestaltung: semper smile, München
nach einem Entwurf von Maßmann Werbeagentur, Zürich
Umschlagabbildung: Getty Images / Dorling Kindersley
Satz: Fotosatz Amann, Aichstetten
Papier: Munken Print von Arctic Paper Munkedals AB, Schweden
Druck und Bindung: CPI – Clausen & Bosse, Leck
Printed in Germany   ISBN 978-3-492-26485-3

Inhalt

Die Irrtümer der Mittelschicht

Die Verachtung für die Unterschicht

Die Kosten des Selbstbetrugs

Ausblick

Einleitung

1 Der Selbstbetrug der Mittelschicht

Die Mittelschicht ist frustriert. 2000 Studenten sollten kürzlich die Frage beantworten, welches Bild die Gesellschaft am besten beschreibt: eine Zwiebel oder eine Pyramide? Passt noch das Bild von der gemütlichen Knolle – wo es oben und unten ein paar Reiche und Arme gibt, während sich die starke Mitte prall rundet? Oder ruht inzwischen eine schmale Oberschicht auf einem breiten Sockel von Armut? Fast alle Studenten entschieden sich für dieses zweite Bild der Pyramide. Das Vertrauen in die Chancengleichheit, lange Zeit zentral für das Selbstverständnis der Bundesrepublik, ist offenbar tief gestört. Die Mittelschicht empfindet, dass sie abgedankt hat.

Dieser Pessimismus ist berechtigt: In Deutschland schrumpft die Mittelschicht, wie Sozialerhebungen belegen. Die Reichen werden reicher, während zugleich die Zahl der Armen steigt – und die Mittelschicht verliert nicht nur in der Krise, sondern selbst noch im Boom. Früher konnten sich die Angestellten darauf verlassen, dass ihre Reallöhne stiegen, wenn die Wirtschaft wuchs. Doch beim letzten Aufschwung zwischen 2005 und 2008 galt dieses scheinbar eherne Gesetz nicht länger. Während die Firmengewinne explodierten, stagnierten die Gehälter.

Warum aber schrumpft die Mittelschicht? Warum sinken ihre Gehälter? Oft wird vermutet, dass der Staat schuld sei, der die Mittelschicht durch Steuern und Sozialabgaben ausplündere.[1] Völlig falsch ist diese Beobachtung nicht. Tatsächlich haben die jüngsten Steuerreformen vor allem die Spitzenverdiener begünstigt, während die Mittelschicht damit allein gelassen wird, die wachsende Zahl der Armen zu finanzieren.

Trotzdem bleibt es seltsam, ausgerechnet die Mittelschicht als Opfer des Staates zu bedauern. Denn die Mittelschicht stellt noch immer die weitaus meisten Wahlberechtigten. Ihre Mehrheit wirkt sich an der Urne sogar überproportional aus, weil die Armen ihre Stimme oft gar nicht erst abgeben.[2] Auch die Politik weiß genau, dass Wahlen nur mit der Mittelschicht zu gewinnen sind, weswegen alle etablierten Parteien monoman auf die »Mitte« zielen. Die FDP etwa warb im vergangenen Bundestagswahlkampf mit dem Slogan »Die Mitte stärken«.

Die Mittelschicht kann also nicht nur Opfer, sondern muss auch Täter sein. Wenn sie absteigt, dann nur, weil sie an diesem Abstieg mitwirkt. Sie selbst ist es, die für eine Steuer- und Sozialpolitik stimmt, die ihren Interessen völlig entgegengesetzt ist.

In Deutschland haben die Wähler sogar mehr Macht als in vielen anderen EU-Staaten: Der Föderalismus sorgt dafür, dass eine Bundesregierung nicht nur alle vier Jahre die Bundestagswahl bestehen muss – sondern zwischendurch auch bei diversen Landtagswahlen abgestraft werden kann, die stets als Stimmungstest gelten und regelmäßig zu Kurskorrekturen führen.

Wenn also die rot-grüne Regierung den Spitzensteuersatz von 53 auf 42 Prozent gesenkt hat, wovon allein die sehr hohen Einkommen profitierten – dann muss sie geglaubt haben, dass auch die Mittelschicht einverstanden wäre, wenn die Spitzenverdiener ein Milliardengeschenk erhalten. Ähnlich verhält es sich mit der neuen schwarz-gelben Regierung: Wieder werden Steuersenkungen versprochen, diesmal in Höhe von 24 Milliarden Euro, von denen vor allem die Bessergestellten profitieren. Gleichzeitig sollen aber die Sozialabgaben steigen, was alle Arbeitnehmer belastet. Die neue Regierung war für die meisten Bürger ein absehbar schlechtes Geschäft – und trotzdem hat die Mehrheit diese »Koalition der Mitte« an die Macht gewählt.

Warum also stimmt die Mittelschicht immer wieder gegen ihre eigenen Interessen? Nicht selten wird vermutet, dass Medien und Lobbyisten die Bundesbürger so lange gezielt verwirren, bis sie hörig den Eliten folgen.[3] Und tatsächlich ist der Einfluss von Journalisten und Verbänden enorm – aber grenzenlos ist er nicht. Zeitungen müssen gekauft, Sendungen gesehen und Lobby-Botschaften geglaubt werden. Wer die Interessen einer Minderheit durchsetzen will, muss die Emotionen der Mehrheit berühren.

Lobbyisten sind nur erfolgreich, weil sie auf das Selbstbild der Mittelschicht zielen. Sie sprechen deren Träume und Hoffnungen an, bedienen ihre Ängste und Vorurteile. Konkret: Wenn Lobbyisten Steuersenkungen für die Reichen durchbringen wollen, dann müssen sie der Mittelschicht das Gefühl geben, dass sie ebenfalls zur Elite gehört. Man muss die Mittelschicht zum Selbstbetrug animieren.

Zunächst mag es erstaunen, dass die Mittelschicht überhaupt je auf die Idee verfallen konnte, sich in der Nähe der Elite zu glauben. Denn begütert ist die Mittelschicht nicht. Zu ihr zählt, wer zwischen siebzig und hundertfünfzig Prozent des Durchschnittseinkommens zur Verfügung hat. Bei einem Single wären dies zwischen 1000 und 2200 Euro netto im Monat. Bei Familien liegt die Spannbreite deutlich höher, weil auch der Bedarf größer ist. So benötigt ein Ehepaar mit zwei kleinen Kindern zwischen 2100 und 4600 Euro netto, um zur Mittelschicht zu gehören. Darunter beginnt die Unterschicht, darüber schon die Oberschicht.[4]

Diese sozio-ökonomischen Begriffe haben sich jedoch im alltäglichen Sprachgebrauch nicht immer durchgesetzt. So ist »Mittelschicht« zwar sehr gängig, doch »Oberschicht« wird kaum benutzt. Stattdessen hat sich das Wort »Elite« eingebürgert, das daher auch in diesem Buch verwendet wird – und damit alle meint, die sich mit ihrem Einkommen und Vermögen oberhalb der Mittelschicht etablieren konnten.

Doch zurück zur eigentlichen Frage: Wie kann es also sein, dass die Mittelschicht, mit ihrem eher bescheidenen Wohlstand, eine Politik unterstützt, die vor allem den Eliten dient? Drei Mechanismen scheinen ineinanderzugreifen.

Erstens: Die Reichen rechnen sich arm und erklären sich selbst zu einem Teil der Mittelschicht. Sie verschleiern ihren Wohlstand derart gekonnt, dass völlig unklar ist, wie reich sie wirklich sind. Fest steht nur, dass Billionen Euro aus der Statistik verschwinden. Zudem suggerieren die Eliten der Mittelschicht, dass ein Aufstieg in die oberen Ränge jederzeit möglich sei – und verbrämen damit geschickt, dass sich die Eliten faktisch nach unten abschließen, was schon mit der Partnerwahl beginnt. Diese heimlichen Techniken der Dominanz lassen sich von niemandem besser lernen als vom deutschen Adel, der sich noch immer an der Spitze hält, ohne eigentlich Macht zu besitzen.

Zweitens: Umgekehrt nimmt die Mittelschicht nicht wahr, wie groß der Abstand zu den Eliten tatsächlich ist. Die Mehrheit der Deutschen hält sich für einigermaßen wohlhabend und neigt dazu, die Grenze des Reichtums knapp oberhalb ihres eigenen Einkommens und Vermögens anzusetzen.[5] In dieser Weltsicht muss man sich also nur ein bisschen anstrengen oder ein wenig Glück haben – und schon gehört man selbst zur Elite. Leistung lohnt sich, davon ist die Mittelschicht noch immer überzeugt. Und sollte man selbst nicht an die Spitze gelangen, dann könnten zumindest die eigenen Kinder Karriere machen. Der Glaube an den eigenen Aufstieg ist in der Mittelschicht ungebrochen, wie auch der Boom der Privatschulen zeigt.

Drittens: Die Mittelschicht überschätzt ihren Status auch deshalb, weil sie viel Kraft und Aufmerksamkeit darauf verwendet, sich vehement von der Unterschicht abzugrenzen. Nur zu gern pflegt die Mittelschicht das Vorurteil, dass die Armen eigentlich Schmarotzer seien. So meinen immerhin 57 Prozent der Bundesbürger, dass sich Langzeitarbeitslose »ein schönes Leben auf Kosten der Gesellschaft machen«.[6] Aus dieser Verachtung für die Unterschicht entsteht dann eine fatale Allianz: Die Mittelschicht sieht sich an der Seite der Elite, weil sie meint, dass man gemeinsam von perfiden Armen ausgebeutet würde.

Die Kosten dieses Selbstbetrugs sind enorm. Während die Eliten immer weniger belastet werden, verliert die Mittelschicht rapide. Schon jetzt müssen Arbeitnehmer bis zu 53 Prozent ihrer Arbeitskosten als Steuern und Sozialabgaben abführen – während umgekehrt Millionäre ihre Einkünfte mit nur durchschnittlich 34 Prozent versteuern.

Künftig dürfte die Mittelschicht sogar noch stärker belastet werden. Die Finanzkrise hat die Staatsverschuldung stark erhöht – und diese Kosten wird erneut allein die Mittelschicht tragen, wenn sie sich nicht aus ihrer fatalen Allianz mit den Eliten löst.

Die Mittelschicht ahnt bereits, dass die Kosten der Finanzkrise an ihr hängen bleiben sollen. Trotzdem wendet sie sich weiterhin gegen die Unterschicht und nicht etwa gegen die Eliten. So sagen fast 65 Prozent aller Menschen, die sich selbst von der Wirtschaftskrise betroffen fühlen: »In Deutschland müssen zu viele schwache Gruppen mitversorgt werden.«[7] Wieder gerät völlig aus dem Blick, dass vor allem die Vermögenden davon profitiert haben, dass der Staat mit Milliardensummen Banken und Wirtschaft gerettet hat. Stattdessen werden nun die Armen einmal mehr zu Schmarotzern erklärt, obwohl sie Opfer der Krise sind.

Dass die Armen so wenig Solidarität erfahren, kann man zu Recht moralisch verurteilen. Trotzdem verfolgt dieses Buch einen anderen Ansatz: Es versucht zu zeigen, dass es nicht nur ethisch geboten wäre, die Unterschicht zu unterstützen – sondern dass es im eigenen Interesse der Mittelschicht ist, sich mit den Armen zu verbünden. Denn solange sich die Mittelschicht weiterhin mit aller Macht gegen die Unterschicht abgrenzt, wird sie jene Allianz mit den Eliten fortsetzen, die allein den Reichen nutzt.

Dieser Selbstbetrug wird in drei Abschnitten beschrieben, die jeweils einen anderen Fokus wählen: Zunächst geht es um die Macht der Eliten, dann um die Irrtümer der Mittelschicht und schließlich um die Verachtung für die Unterschicht. Dabei tauchen zentrale Themen wie die Verteilung von Einkommen oder der Bildungswettbewerb immer wieder auf. Trotzdem sind Doppelungen nicht zu befürchten, weil der Kampf um Status und Anerkennung für jede Schicht anders funktioniert. Wie teuer der Selbstbetrug für die Mittelschicht ist, wird dann in den Kapiteln zu Steuern (17) und Sozialversicherungen (19) erläutert.

Es ist ein Buch über die falsche Selbstwahrnehmung der Deutschen. Daher beginnt es mit einer Darstellung, wie die Bundesbürger ihre eigene Lage empfinden.

2 Die Selbstwahrnehmung der Deutschen: Fast jeder fühlt sich fast reich

Für jede Lappalie gibt es inzwischen eine Umfrage. Keine Regung entkommt der Statistik. So wurde kürzlich völlig ernsthaft erhoben, was die Deutschen machen, wenn ihre Fernbedienung kaputt ist. Antwort: Dann stehen doch tatsächlich 89 Prozent auf und gehen höchstpersönlich zum Fernseher, um das Programm zu wechseln, falls eine Sendung zu langweilig geworden ist. Nur eine kleine Minderheit guckt aus reiner Bequemlichkeit weiter, selbst wenn es öde wird. Dazu passt, dass angeblich 77 Prozent lieber Treppen steigen, als den Aufzug zu nehmen – jedenfalls wenn nur zwei Stockwerke zu überwinden sind. Auch das Verhältnis zur Schwiegermutter ist längst geklärt: Sie hätten keinerlei Probleme, geben 90 Prozent der verheirateten Deutschen an.

Die Trivialitäten des Alltags sind also bestens erfasst. Doch nur wenige Studien sind komplex genug, um die Selbstwahrnehmung der Deutschen tiefer zu erforschen. Eine sehr aufwendige Erhebung entstand Anfang 2006 – und zwar im Auftrag der Friedrich-Ebert-Stiftung, die bekanntlich den Sozialdemokraten nahesteht. Der Zeitpunkt war nicht zufällig gewählt: Nach den weitreichenden Steuer- und Sozialreformen unter Rot-Grün wollte man herausfinden, wie die SPD in der großen Koalition am besten weitermachen sollte. Waren die Deutschen etwa reformmüde? Oder konnte man ihnen noch weitere Maßnahmen zumuten? Wer empfand sich als Verlierer? Wer als Gewinner? Und wie kommuniziert man schmerzhafte Reformen am besten?[1]

Die Repräsentativbefragung ergab sehr widersprüchliche Befunde. Man könnte glauben, dass die Deutschen patentierte Masochisten sind, die politisch nur goutieren, was sie quält.

So zeigte sich zunächst einmal eklatant, wie verunsichert die meisten Menschen schon damals waren:

- 63 Prozent machten die gesellschaftlichen Veränderungen Angst
- 52 Prozent waren orientierungslos
- 46 Prozent empfanden ihr Leben als ständigen Kampf
- 44 Prozent fühlten sich vom Staat alleingelassen
- 15 Prozent waren generell verunsichert
- 14 Prozent fühlten sich ins Abseits geschoben

Vor allem ihre finanzielle Zukunft sahen viele recht düster:

- 59 Prozent gaben an, sich finanziell einschränken zu müssen
- 49 Prozent befürchteten, ihren Lebensstandard nicht halten zu können
- 39 Prozent hatten die Sorge, dass sie im Alter auf Sozialhilfe angewiesen sein werden, weil die Rente nicht reicht
- 21 Prozent waren mit ihrer finanziellen Situation unzufrieden
- 13 Prozent plagten finanzielle Sorgen

Dazu passt, dass die allermeisten eine wachsende Ungleichheit konstatierten:

- 71 Prozent meinten, dass die Gesellschaft immer weiter auseinandertreibt
- 61 Prozent stimmten der Aussage zu, dass es keine Mitte mehr gibt, sondern nur noch ein Oben und ein Unten
- 51 Prozent sagten, dass ihnen die Ellbogenmentalität in unserer Gesellschaft schwer zu schaffen macht

Daher ist es auch wenig überraschend, dass die rot-grünen Reformen als Einschnitt erlebt wurden:

- 48 Prozent glaubten, sie hätten Nachteile erlitten
- für 46 Prozent hatten sich keine Veränderungen ergeben
- nur 4 Prozent hielten sich für Profiteure der Reformen

So weit, so klar. Viele Deutsche schienen Schlimmstes für die Zukunft zu befürchten. Doch dann wurde es verwirrend. Denn die Steuer- und Sozialreformen der vergangenen Jahre wurden keineswegs abgelehnt, obwohl doch fast niemand glaubte, profitiert zu haben:

- 43 Prozent plädierten für weitere Reformen – aber in kleineren Schritten
- 30 Prozent wollten das Reformtempo sogar noch steigern
- nur 17 Prozent waren für eine Reformpause

Genauso erstaunlich waren die Antworten, wenn direkt danach gefragt wurde, wer sich zu den Gewinnern oder Verlierern der gesellschaftlichen Entwicklung zählte. Dann stellte sich heraus:

- 58 Prozent hielten sich für Gewinner
- 28 Prozent waren unentschieden
- nur ganze 14 Prozent sahen sich auf der Verliererseite

Die Deutschen sind schon seltsam. Einerseits sorgen sie sich um die Zukunft und halten sich für Reformverlierer – andererseits wollen sie eben diese Reformen und geben mehrheitlich an, dass sie zu den Gewinnern der gesellschaftlichen Entwicklung gehörten. Irgendetwas stimmt nicht mit dem Selbstbild der Deutschen.

Um die Bundesbürger zu verstehen, muss man wohl vor allem eine der Selbstaussagen wirklich ernst nehmen, die in dieser

Studie der Friedrich-Ebert-Stiftung zutage trat: Die meisten wollen auf gar keinen Fall zu den Verlierern zählen, selbst wenn sie objektiv an Wohlstand einbüßten. Es gibt eine breite Orientierung nach oben, die noch nicht einmal erschüttert werden kann, wenn der Abstieg droht. Die Deutschen scheinen zur Selbsttäuschung zu neigen.

Wie diese Selbstüberhöhung psychisch funktioniert, zeigte sich – eher zufällig – bei einer weiteren Untersuchung, die diesmal von der Bundesregierung veranlasst wurde. 2008 erschien der dritte Armuts- und Reichtumsbericht, und vorab wollte das Arbeitsministerium endlich einmal wissen, was sich die Deutschen eigentlich unter Reichtum vorstellen. Das war bis dato unbekannt. Man wusste nur, dass es selbst in der Wissenschaft keinen einheitlichen Begriff von Reichtum gibt.

Also wurden in einer repräsentativen Erhebung fünftausend Personen befragt, hinzu kamen drei Gruppen- und fünf Einzelinterviews.[2] In den Gesprächen fiel vor allem auf, wie schwer es der Unter- und der Mittelschicht fällt, überhaupt ein konkretes Haushaltsnettoeinkommen zu benennen, das als »reich« einzustufen wäre. Sobald sie einen genauen Betrag angeben sollten, waren die Befragten eher ratlos.

Ein 47-jähriger Angestellter sagte zum Beispiel: »Wenn man so viel hat, dass man nach Bestreiten seines normalen Lebensunterhaltes sich noch ein bisschen Freizeit leisten kann und am Ende noch ein paar Euro übrig bleiben, das ist eigentlich schon Reichtum. Ob das 50, 100 oder 1000 sind. Am Ende des Geldes ist nicht nur Monat übrig, sondern am Ende des Monats ist noch ein bisschen Geld übrig.«

Da äußert sich Bescheidenheit: Wenn »ein bisschen Geld übrig« bleibt – dann empfinden dies viele offensichtlich schon als Reichtum. Nach einigem Nachdenken meinten die meisten Teilnehmer in der Gruppendiskussion, dass man bereits reich sei, wenn man über ein Haushaltsnettoeinkommen von zwei- bis dreitausend Euro verfüge. Nüchtern stellen die Wissenschaftler fest: Es falle »den Diskutanten schwer, von der persönlichen Ebene zu abstrahieren«. Da es einen objektiven Begriff von Reichtum offenbar nicht gibt, wird zum eigenen Einkommen nur ein wenig dazuaddiert. Diese Bescheidenheit ist durchaus tröstlich für den Einzelnen: Fast jeder kann sich beinahe reich fühlen. Nur wenige Hundert Euro trennen einen selbst von der Elite.

Fast jeder macht sich zum Maßstab, wie auch die repräsentative Umfrage bestätigte. Manche finden, dass schon 1500 Euro netto das Ticket zum Reichtum seien, bei andern liegt die Untergrenze bei wilden zehn Millionen Euro. Selbst wenn man die Ausreißer nach oben und unten weglässt, ergibt sich noch immer ein äußerst breiter Korridor von 2000 bis 20 000 Euro Nettoeinkommen im Monat.

Geht es um Vermögen, schwanken die Schätzungen sogar noch stärker als beim Einkommen, selbst wenn die extremsten Antworten unberücksichtigt bleiben: Während bei den einen der Reichtum schon bei einem Vermögen von 50 000 Euro beginnt, müssen es bei den anderen mindestens zwei Millionen sein. Wieder zeigt sich, dass Reichtum kein objektiver Begriff ist, sondern stark vom individuellen Einkommen abhängt. Wohlhabende setzen die Grenzen weitaus höher an als Arme. Fast jeder kann damit dem Reichtum subjektiv ganz nah sein, egal wie viel er besitzt oder verdient.

Zudem ist Reichtum ein schwammiger Begriff. Man kann sich durchaus als reich einstufen, ohne vermögend zu sein. Denn wichtiger als Geld ist den meisten Menschen ihr Wohlbefinden. Wenn man sie nur entsprechend fragt, dann sagen neun von zehn Deutschen, dass sie sich bereits reich fühlten, wenn sie gesund seien.

Wenn man schon fast reich ist, dann muss man ja nicht noch reicher werden. Das erklärt vielleicht die erstaunliche Bescheidenheit, die eine weitere repräsentative Umfrage zutage förderte.[3] Gerade einmal 13 Prozent aller Männer in Deutschland hielten es für sehr wichtig in ihrem Leben, finanziell reich zu werden. Bei Frauen waren es sogar nur sechs Prozent. Umgekehrt war es 48 Prozent der Deutschen unwichtig, nach Reichtum zu streben.

Die Deutschen fühlen sich nicht reich, sondern nur fast reich. Also verorten sie sich allesamt in der Mittelschicht. Obwohl die Bundesrepublik objektiv eine Klassengesellschaft ist, ist sie in der subjektiven Wahrnehmung tatsächlich eine nivellierte Mittelstandsgesellschaft – das gilt vor allem für Westdeutschland. Vom leitenden Angestellten bis zum Arbeitslosen vermuten sich alle irgendwie in der Mitte. Wenn man die Deutschen etwa bittet, sich auf einer Unten-Oben-Skala zwischen 1 und 10 einzusortieren, dann geben westdeutsche Manager nur 6,6 an. Umgekehrt platzieren sich selbst ungelernte Arbeiter immer noch bei 4,6. Weder die obersten noch die untersten Ränge sind also in der Selbsteinschätzung besetzt.[4]

Dieser Drang zur Mitte zeigt sich auch, wenn man die Frage etwas anders stellt und von den Deutschen wissen will, welcher konkreten Schicht sie sich zuordnen. 2006 erklärten nur 9 Prozent in Westdeutschland, dass sie sich zur Oberschicht rechneten. Zur Unterschicht wollte sowieso niemand gehören: Dort verorteten sich ganze 3 Prozent.[5]

Die ökonomische Realität sieht jedoch anders aus: Wenn man die Einkommensverteilung misst, dann stellt sich heraus, dass etwa 20 Prozent oberhalb der Mittelschicht anzusiedeln sind.[6] Wieder zeigt sich das Phänomen, dass sich viele Privilegierte nicht als privilegiert wahrnehmen und dass sie auch die gesellschaftliche Dynamik völlig verkennen. Sie übersehen einfach, dass sie reicher werden.

Dieser Drang zur Mitte ist bei den Unterschichten allerdings genauso stark. Während subjektiv nur drei Prozent glauben, dass sie zu den Abgehängten dieser Gesellschaft gehören, kommen objektive Erhebungen auf mindestens 25 Prozent, die sich unterhalb der Mittelschicht befinden.[7] Doch es will eben niemand vom Stigma der Armut betroffen ein. Selbst die Allerärmsten scheuen sich davor, sich als arm zu bezeichnen. Ein Beispiel ist der 43-jährige Frank Schmidt, der als Obdachloser jahrelang auf der Straße gelebt hat. »Nur manchmal« habe er sich arm gefühlt, versicherte er der *Süddeutschen Zeitung* in einem Interview über Geld.[8] Ganz konkret erinnere er sich überhaupt nur an zwei Nächte, in denen er sich arm vorkam.

Was die eigene soziale Lage betrifft, herrscht in Deutschland also eine bemerkenswerte Verwirrung. Viele Reiche fühlen sich ärmer, als sie sind, dafür empfinden sich die Armen oft als reicher – und die Mittelschicht ist subjektiv dem Reichtum sowieso ganz nah. Aber richtig zufrieden ist keine Schicht.

Dieses Durcheinander lässt sich auch damit erklären, dass über die Reichen so wenig bekannt ist, die sich nach Kräften bemühen, ihren wahren Reichtum zu verschleiern. Während jeder Hartz-IV-Empfänger seine gesamten Konten offenlegen muss, sind die Daten über die großen Besitztümer und Top-Einkommen eher nebulös. Der Reichtum in Deutschland verschwindet im statistischen Dunkelfeld.

Die Macht der Eliten

3 Die wundersame Vermehrung der Milliardäre: Der wahre Reichtum bleibt ein Geheimnis

Zumindest das *Forbes-Magazin* scheint genau zu wissen, wer auf dieser Welt zu den Superreichen zählt. Jährlich erscheint die berühmte Liste der Milliardäre. Für 2008 meldete das Magazin, dass es weltweit genau 793 Milliardäre gegeben habe. Ein Jahr zuvor wurden allerdings noch 1125 Milliardäre ausgemacht, doch die Finanzkrise habe die weltweiten Vermögen stark reduziert. Reichster Mann der Welt ist noch immer Bill Gates; der Gründer von Microsoft soll 40 Milliarden Dollar sein Eigen nennen.

Als besonderen Service erstellt *Forbes* auch Listen für einzelne Länder, so dass bequem nachzulesen ist, wer zu den zehn reichsten Deutschen gehört.[1] Angeführt wird das Ranking von den Brüdern Karl und Theo Albrecht. Die Aldi-Besitzer sollen gemeinsam auf ein Vermögen von 31,5 Milliarden Euro kommen. Der Familie Otto vom gleichnamigen Versandhaus werden 10,3 Milliarden nachgesagt. Insgesamt lebten 2008 in Deutschland angeblich 54 Milliardäre, nachdem es im Jahr zuvor noch 59 gewesen sein sollen.[2]

Angesichts dieser überaus genauen Zahlen nagen dann doch die Zweifel: Woher weiß *Forbes* eigentlich, wie viel die Aldi-Brüder nun wirklich besitzen? Schließlich sind die beiden dafür berüchtigt, dass sie ihr Privatleben und ihre Geschäftszahlen am liebsten für sich behalten. Angeblich ist noch nicht einmal bekannt, wo die beiden Brüder wohnen.[3] Auch die Familie Otto geht nicht mit ihrem Kontostand hausieren. Wie also informiert sich *Forbes*? Verräterisch ist ein Satz der Nachrichtenagentur dpa: Die Zahlen des Magazins basierten »auf Recherchen der Redakteure und auf Schätzungen«.[4] Wirklichen Durchblick hat *Forbes* also nicht.

Methodisch ähnlich windig ist der zweite Publikumsknüller: der Weltreichtumsbericht. Jährlich wird er von der US-Investmentbank Merrill Lynch und der Beratungsfirma Capgemini veröffentlicht – und hat sich als ein geniales Marketinginstrument erwiesen. Großflächige Berichte in fast allen Zeitungen sind den Initiatoren stets sicher. Anders als *Forbes* widmen sich Merrill Lynch und Capgemini nicht nur den Milliardären, sondern auch die Millionäre werden wohlwollend berücksichtigt. Dabei kommt für Deutschland heraus: 2008 soll es hier genau 809 700 Dollar-Millionäre gegeben haben, nachdem es ein Jahr zuvor noch 826 000 waren. Also konstatiert der Bericht akribisch, dass die Zahl der deutschen Millionäre um exakt 2,7 Prozent gefallen sei.[5] Das sieht doch nach echter Statistik und vertieftem Wissen aus.

Dieser schöne Schein verblasst allerdings, wenn man zum Methodik-Teil der Studie blättert. Dort wird es abenteuerlich. Offenbar wird die Zahl der Millionäre dank einer »Capgemini Lorenz Kurvenmethode« ermittelt, die »Schätzungen« auf der »Makro-Ebene« fortschreibt.[6] Es bleibt allerdings unklar, was wohl diese »Capgemini Lorenz Kurvenmethode« sein soll, und es ist höchst unwahrscheinlich, dass die Zahlen stimmen – wie schon der Vergleich mit einem Konkurrenzunternehmen zeigt. Die Beratungsfirma Boston Consulting hat nämlich ebenfalls entdeckt, dass Reichen-Rankings ein wunderbares Marketinginstrument sind und kommt für das Jahr 2008 auf 373 565 Dollar-Millionäre für Deutschland.[7] Bei Capgemini, wie gesagt, waren es weit mehr als das Doppelte. Noch seltsamer: Capgemini weist zwar deutlich mehr Millionäre aus, dafür sollen diese aber weitaus weniger besitzen als bei Boston Consulting. Für 2008 schätzt Capgemini das Vermögen der »High Net Worth Individuals« auf weltweit insgesamt 32,8 Billionen Dollar. Boston Consulting kommt auf stolze 92,4 Billionen.[8]

Inzwischen haben auch deutsche Medien entdeckt, dass sich mit den Superreichen Aufmerksamkeit erheischen lässt. So bringt das *Manager Magazin* jährlich ein Spezialheft heraus, das sich den »300 reichsten Deutschen« widmet. Dort kann man dann erneut nachlesen, dass die beiden Aldi-Brüder auf Platz eins bei den Milliardären stehen. Übrigens beruht auch diese Liste nur auf »Schätzungen«.[9] Dem Wahnwitz entkommt dieses Ranking ebenfalls nicht: 2008 wurden genau »122 Einzelpersonen oder Familien« ausgemacht, die in Deutschland über ein Vermögen von mindestens einer Milliarde Euro verfügten.[10] *Forbes*, nur zur Erinnerung, kam für das gleiche Jahr auf nur 54 deutsche Milliardäre. Nirgendwo vermehrt sich der Reichtum offenbar so schnell wie auf Hochglanzseiten.

An all diesen Rankings fällt auf, dass sie erst seit ein paar Jahren existieren. Das *Manager Magazin* veröffentlichte 2009 seine »300 reichsten Deutschen« zum neunten Mal, auch Boston Consulting hat den neunten Bericht erstellt. Der Weltreichtumsbericht von Capgemini erscheint seit 13 Jahren. Nur *Forbes* spürt den Milliardären schon seit 1987 nach. Das Bedürfnis scheint also noch recht jung zu sein, sich mit den Eliten und ihrem Vermögen zu beschäftigen. Dieser Befund gilt übrigens auch für die Wissenschaft. In der Soziologie sind die wichtigen Studien zur Herkunft der Eliten ebenfalls nur etwas mehr als zehn Jahre alt.

Obwohl die Rankings der Milliardäre und Millionäre methodisch absurd sind, werden sie fleißig gelesen. Denn ansonsten gibt es kaum statistische Quellen, die Auskunft über die Reichen geben würden. Sogar seriöse Einrichtungen wie das Deutsche Institut für Wirtschaftsforschung (DIW) sehen sich genötigt, die Listen zu zitieren, als wären sie ernst zu nehmende Erhebungen.[11] Zumindest zwei Erkenntnisse lassen sich aus den Rankings tatsächlich gewinnen: Seitdem sie erstellt werden, verzeichnen sie weltweit immer mehr Millionäre und Milliardäre – und davon leben erstaunlich viele in Deutschland.

Doch die amtliche Statistik weiß wenig über diesen wachsenden Wohlstand. Die offiziellen Daten sind sehr lückenhaft. Um die wichtigsten Erhebungen kurz vorzustellen:

Einen ersten groben Überblick bietet die Deutsche Bundesbank, die jährlich eine »gesamtwirtschaftliche Finanzierungsrechnung« erstellt. Dort wird unter anderem ermittelt, über wie viel Vermögen die Deutschen überhaupt verfügen. Dabei kam für 2008 heraus, dass die privaten Haushalte 4,4 Billionen an Finanzvermögen besaßen – hinzu kamen Sachwerte wie Immobilien in Höhe von rund 5,2 Billionen Euro. Gleichzeitig hatten die Deutschen natürlich Schulden, denn gerade Häuser werden oft über Hypothekenkredite finanziert. Wenn man diese Darlehen von rund 1,5 Billionen wieder abzieht, dann lag das Reinvermögen im Durchschnitt bei 206 000 Euro pro Haushalt.[12] Dieser Durchschnittswert sagt jedoch nichts darüber aus, wie sich das Vermögen individuell zwischen Armen und Reichen verteilt. Dafür sind die Statistiken der Bundesbank blind.

Daher erstellt das Statistische Bundesamt alle fünf Jahre die Einkommens- und Verbrauchsstichprobe (EVS). Befragt werden knapp 60 000 Haushalte – also etwa 0,2 Prozent der Wohnbevölkerung. Das Statistikamt selbst ist sehr stolz auf diese Masseninterviews: Die EVS sei »die größte Erhebung dieser Art innerhalb der Europäischen Union«.[13] Über die Reichen erfährt man trotzdem nicht viel. Großverdiener wie der ehemalige Porsche-Chef Wendelin Wiedeking oder Deutsche-Bank-Chef Josef Ackermann werden nämlich nicht erfasst. Die Statistik berücksichtigt keine Haushalte, die über ein monatliches Nettoeinkommen von mehr als 18 000 Euro verfügen. Sie würden »in der Regel nicht in so ausreichender Zahl an der Erhebung teilnehmen, dass gesicherte Aussagen über ihre Lebensverhältnisse getroffen werden können«.[14] Übersetzt: Das Statistikamt hat festgestellt, dass die

Reichen eine gewisse Scheu zeigen, über ihr Einkommen und ihr Vermögen freiwillig Auskunft zu geben.

Nicht freiwillig ist hingegen eine andere Stichprobe: der Mikrozensus. Jährlich ist ein Prozent der Bevölkerung verpflichtet, sich an dieser Erhebung zu beteiligen. Auch die Reichen können sich also nicht entziehen. Allerdings wird das Vermögen gar nicht abgefragt – und das Einkommen nur sehr pauschal erhoben. Spitzenverdiener wie Wiedeking müssen dort nur ankreuzen, ob ihr persönliches Nettoeinkommen »18 000 Euro oder mehr beträgt«. Mit dem Mikrozensus ist also nicht besonders viel anzufangen.

Bleiben noch die Finanzämter. Denn auch ein Wendelin Wiedeking muss Einkommensteuern zahlen. Jeder Superreiche ist bei den Ämtern erfasst und hat eine Steuererklärung abzugeben. Daher sitzen die Behörden auf einem immensen Schatz an Daten, der auch gehoben wird: Einmal jährlich wird die Einkommensteuerstatistik veröffentlicht. Den aktuellsten Daten von 2004 ist zu entnehmen, dass es damals 31 390 Steuerpflichtige gab, die ein Jahreseinkommen von mehr als 500 000 Euro brutto zu versteuern hatten.[15]

Auch auf dieses Zahlenwerk ist das Statistische Bundesamt durchaus stolz, das die Daten aus den Finanzämtern zusammenführt, denn »in keiner anderen statistischen Quelle« würden die Spitzenverdiener »so genau erfasst«.[16] Dieses Selbstlob ist sogar berechtigt – und dennoch bleiben Lücken. Gerade für Unternehmer, Selbstständige und Freiberufler gibt es ungezählte Möglichkeiten, sich fürs Finanzamt arm zu rechnen. Da wird sogar jede private Restaurantrechnung aufbewahrt, um sie später als Geschäftsessen von den Steuern abzusetzen. Zudem werden längst nicht alle Erträge angegeben, die aus Kapitalanlagen anfallen. Legendär ist auch die Tatsache, dass zwar 52 Prozent der Deutschen zu Miete wohnen, bei den Finanzämtern jedoch kaum Mieteinnahmen versteuert werden. Stets wissen es die Hausbesitzer so darzustellen, dass ihre Mehrfamilienhäuser eigentlich nur Kosten verursachen.[17]

Künftig wird die Einkommensteuerstatistik sogar noch lückenhafter sein, weil ab 2009 die Abgeltungsteuer auf Kapitalerträge eingeführt wurde. Jetzt werden Zinsen und Dividenden nicht mehr mit dem persönlichen Steuersatz belastet, sondern pauschal mit 25 Prozent an der »Quelle« eingesammelt – also bei den Banken und Aktiengesellschaften. Der Nebeneffekt: Die Kapitalerträge der Vermögenden tauchen gar nicht mehr in ihren Steuererklärungen auf, so dass es künftig unmöglich sein wird, ihr Gesamteinkommen abzuschätzen.

Zudem erhebt eine Einkommensteuerstatistik – wie der Name schon sagt – nur das jährliche Einkommen. Über das Gesamtvermögen der Reichen haben die Finanzämter keine Übersicht. Weder das opulente Ferienhaus am Tegernsee noch die Villa in München sind dort erfasst.

Früher gab es immerhin noch eine Vermögensteuer, die zumindest ein wenig verriet, wer wie viel besaß. Doch seit 1997 wird sie nicht mehr erhoben, weil das Bundesverfassungsgericht moniert hatte, dass Immobilien anders behandelt wurden als Geldvermögen. Denn bei den Häusern wurden nur veraltete »Einheitswerte« angesetzt, die meist weit unterhalb der aktuellen Verkehrswerte lagen. Beim Finanzvermögen hingegen wurde der volle Wert berücksichtigt. Statt die Vermögensteuer zu reformieren, hat die Regierung Kohl sie dann lieber gleich abgeschafft.[18]

Als eine ziemlich verlässliche Quelle bleibt daher nur noch das Sozio-oekonomische Panel, kurz SOEP. Seit 1984 gibt es diese repräsentative Langzeiterhebung, die jährlich die gleichen rund 12 000 Haushalte befragt. Seit 2002 gehört auch eine »Hocheinkommensstichprobe« dazu, um endlich bessere Daten über die Reichen zu erhalten. Es gibt keine genauere Erhebung, wenn man sich über das Vermögen der obersten Schichten informieren will – und trotzdem liefern auch diese SOEP-Befragungen keine lückenlosen Erkenntnisse. Denn es zeigt sich ein irritierendes Phänomen: Die SOEP-Zahlen passen nicht zu den Daten der Bundesbank. Wie schon erwähnt, hat die Bundesbank ermittelt, dass die Deutschen aktuell etwa 4,4 Billionen Euro an Finanzvermögen besitzen müssten. Davon tauchen aber in den SOEP-Hochrechnungen nur rund 34 Prozent wieder auf.[19] Für die restlichen Billionen fehlt jede genaue Erkenntnis, wer die Geldanlagen nun eigentlich besitzt.[20]

Der Wirtschaftshistoriker Werner Abelshauser glaubt, dass es politisch gewollt sei, möglichst wenig über die Reichen zu erfahren. Mit Akribie würden stattdessen lieber die Nebensächlichkeiten erfasst: »So exakt die Bundesstatistik über die Höhe der Weinmosternte und die Zahl der Honigbienen Auskunft gibt, so wenig leistungsfähig zeigt sie sich im politisch-sensiblen Bereich der gesellschaftlichen Distribution.«[21]

Doch nicht immer ist die Statistik schuld, wenn sich Lücken in den Daten auftun. So weiß zum Beispiel niemand, wie viel Vermögen illegal im Ausland lagert. Der ehemalige SPD-Finanzminister Peer Steinbrück nahm an, dass dem deutschen Staat jährlich 100 Milliarden Euro durch Steuerflucht und Steuerbetrug entgehen.[22] Jedenfalls scheint sich das Geschäft mit Steuerflüchtlingen zu lohnen. Die Deutsche Bank betreibt eine eigene »Offshore Group«, die in diversen Steueroasen zu Hause ist. Filialen gibt es auf Mauritius und den Kaiman-Inseln sowie auf den Kanalinseln Jersey und Guernsey. Explizit wendet man sich nur an »vermögende Kunden«, denen dann dabei geholfen wird, ihre »Geschäftsinteressen« zu wahren.[23]

In Deutschland gibt es einen Armuts- und Reichtumsbericht, der 226 eng beschriebene Seiten umfasst. Doch nur zehn Seiten davon widmen sich den Reichen, der Rest beschäftigt sich mit den Armen. Denn die Unterschichten sind statistisch bestens erfasst, während man über die Vermögenseliten kaum etwas weiß.

Doch so lückenhaft die Daten sind, ist aus ihnen dennoch ablesbar, dass in Deutschland fast alles den Reichen gehört. Wie sich der Wohlstand bei wenigen Familien konzentriert, lässt sich allerdings nicht beschreiben, ohne diverse Statistiken heranzuziehen. Das dürfte für einige Leser ermüdend sein. Wer sich für Zahlen nicht besonders interessiert, kann daher das nächste Kapitel überspringen – und sollte dort nur den letzten Absatz lesen.

4 Reich müsste man sein: Den Vermögenden gehört fast alles in Deutschland

Wer wird Millionär? Dieses Fernseh-Quiz ist ein Dauerhit beim Publikum und wird gleich zweimal wöchentlich ausgestrahlt. In der Realität, jenseits der Studiokulissen, müsste die Frage allerdings ein wenig anders lauten: Wer ist Millionär? Denn Reichtum wird in Deutschland nur selten erworben und meistens vererbt.

In den nüchternen Zahlen der Statistiker: 2007 besaß das reichste eine Prozent der Bundesbürger 23 Prozent des gesamten Vermögens in Deutschland. Die obersten fünf Prozent verfügten gar über 46 Prozent – und das reichste Zehntel kontrollierte 61,1 Prozent. Damit hat die Ungleichheit weiter zugenommen. Bei der letzten Erhebung 2002 verfügte das oberste Zehntel erst über 57,9 Prozent des Gesamtbesitzes. Innerhalb von nur fünf Jahren haben die Reichen ihren Anteil am Volksvermögen also um drei Prozentpunkte steigern können.

Für die Mehrheit bleibt da nicht mehr viel übrig. So besaßen zwei Drittel der Bevölkerung gar nichts oder nur sehr wenig. Die unteren 70 Prozent kommen noch nicht einmal auf neun Prozent vom Gesamtvermögen – das sind 1,5 Prozentpunkte weniger als noch 2002. Auch die Mittelschicht hat also relativ verloren.[1]

Dieser Befund lässt sich auch anders ausdrücken. Würde man alle Bundesbürger nach der Höhe ihres Vermögens in einer Reihe aufstellen, dann würde jener Mensch, der genau in der Mitte steht, über 15 288 Euro verfügen. Dieser sogenannte »Median« gibt die Grenze an, welche die reiche Hälfte der Bevölkerung von der ärmeren trennt. Die deutliche Mehrheit in Deutschland muss demnach ohne großes Vermögen auskommen. Das oberste Prozent der Bevölkerung hingegen besitzt durchschnittlich 817 000 Euro pro Person.[2]

Vor allem die Bevölkerung in Ostdeutschland verarmt. Denn der Wert der Häuser sinkt dort; gleichzeitig müssen viele ihr Erspartes anzapfen, weil sie arbeitslos geworden sind. Seit 2002 hat das Vermögen in Ostdeutschland um knapp zehn Prozent abgenommen. Berücksichtigt man auch noch die Inflation, dann ist das Vermögen der Ostdeutschen sogar um 17 Prozent geschrumpft.

Bei diesen Zahlen sind die Folgen der Finanzkrise noch nicht eingerechnet. Auf dem Papier sieht es so aus, als würden die Vermögenden durch den Crash am meisten getroffen. *Forbes* rechnete schon eilig aus, dass die Milliardäre 2008 fast die Hälfte ihres Vermögens eingebüßt hätten. Diese Nachricht wurde dann mit einem Bill Gates bebildert, der leicht traurig aussah, weil er angeblich 18 Milliarden Dollar verloren hatte. In einem Jahr! Da scheint Mitgefühl angebracht, suggeriert das Magazin. Doch ist es unnötig, Gates zu bedauern, fährt er doch nur auf dem Papier ein Minus ein. Sobald die Börsenkurse wieder steigen, schwillt auch sein Vermögen erneut an. Selbst im Crash muss er seinen Besitz nicht antasten, um den eigenen Lebensstil zu finanzieren, sondern kann die Wirtschaftsflaute gelassen abwarten. Ganz anders ergeht es den Arbeitslosen, die in dieser Rezession ihre Stelle verloren haben. Sie müssen ihre kleinen Ersparnisse auflösen, wenn das Arbeitslosengeld nicht reicht oder sie in Hartz IV abrutschen.

Bei den vorangegangenen Überlegungen ging es nur um die allgemeine Verteilung des Gesamtvermögens – ob es nun Eigenheime, Firmen oder festverzinsliche Wertpapiere waren. Die Ungleichheit zeigt sich jedoch noch viel krasser, wenn allein das »Produktivvermögen« betrachtet und also analysiert wird, wer überhaupt Betriebe besitzt. Dort zeigt sich dann eine erstaunliche Konzentration auf wenige Familien. So ergaben Schätzungen in der Frühphase der Bundesrepublik, dass 1960 ganze 1,7 Prozent der Haushalte 70 Prozent des Produktivvermögens kontrollierten. 1969 hatte dieser Personenkreis seine Macht dann schon auf 74 Prozent des Produktivvermögens ausgedehnt.[3]

Das Sozio-oekonomische Panel hat ermittelt, dass 2007 lediglich vier Prozent aller Bundesbürger Betriebsvermögen besaßen.[4] Dazu zählten dann allerdings auch Kleinstgewerbler wie Friseurmeister, die sich einen eigenen Salon eingerichtet haben. Würde man die Statistik um diese erweiterten Ich-AGs bereinigen, dann dürfte sich ergeben, dass sich die bedeutenden Betriebsvermögen unverändert auf ganz wenige Familien konzentrieren. Die Bundesrepublik lässt sich also als eine typische Klassengesellschaft beschreiben: Wenige Kapitaleigner besitzen sämtliche Produktionsmittel – während stets mehr Menschen nur ihre eigene Arbeitskraft verkaufen können. Der Historiker Hans-Ulrich Wehler hält es daher für »ganz und gar irreführend, von einem Abschied der Klassen zu sprechen«.[5]

Aber Reichtum wird ja nicht nur durch das Vermögen bestimmt. Mindestens genauso wichtig ist das Einkommen, das die Einzelnen erzielen können. Den Historikern ist es inzwischen gelungen, auch uralte Finanzakten aufzuschlüsseln. Wer wie viel zu versteuern hatte, das können sie nun bis in das Jahr 1891 zurückverfolgen, als in Preußen erstmals eine moderne Einkommensteuer eingeführt wurde. Und wieder zeigt sich: Zwei Weltkriege und zwei Inflationen haben nur wenig daran geändert, wie die Spitzenverdienste in Deutschland verteilt sind.

1913 zum Beispiel kassierten die reichsten 10 Prozent der Bevölkerung 40 Prozent des Gesamteinkommens. 1974 waren es immer noch 33 Prozent.[6] Und diese Kontinuität hält bis heute an: Wie die aktuellste Einkommensteuerstatistik ausweist, verfügte das oberste Zehntel 2004 über 35,8 Prozent der Einkünfte.[7]

Zugleich haben sich die untersten 50 Prozent sogar verschlechtert: 1913 konnten sie noch 24 Prozent der Einkünfte bei sich verbuchen – bis 1974 waren sie dann auf 22 Prozent abgesackt. Inzwischen erzielt die untere Hälfte sogar nur noch 14,9 Prozent aller Einkommen.

Aber die Analyse lässt sich noch verfeinern. Vor allem das Topsegment der Einkommen hat die Historiker interessiert. Denn bei genauerem Hinsehen stellten sie fest, dass in Deutschland keineswegs alle Reichen gleich reich sind. Selbst an der Spitze herrscht eine Art Klassengesellschaft. Zwar konnte sich das oberste Zehntel, wie erwähnt, 1913 rund 40 Prozent aller Einkünfte sichern – doch allein 17 bis 20 Prozent gingen an das alleroberste Prozent der Superreichen.[8] Nach dem Ersten Weltkrieg sind deren Einkünfte dann relativ gesunken, aber noch immer kassiert das reichste Prozent der Deutschen 10,8 Prozent der Gesamteinkommen.

Diese extreme Ungleichheit, die selbst unter den Spitzenverdienern zu beobachten ist, unterscheidet die Bundesrepublik sehr deutlich von anderen Ländern. Bis in die späten 80er Jahre waren »die deutschen Superreichen sogar reicher als die Superreichen in Amerika«.[9] Diese Tatsache ist in der Bundesrepublik nie wahrgenommen worden – so fixiert war man darauf, sich als nivellierte Mittelstandsgesellschaft misszuverstehen. Man übersah einfach, dass gerade die Unternehmer enorme Gewinne verbuchen konnten. Daher wurde auch gar keine Notwendigkeit gesehen, den Firmenbesitz zumindest ein wenig zu besteuern. Auswärtige Forscher staunen immer wieder, wie niedrig die hiesigen Erbschaft- und Vermögensteuern im internationalen Vergleich ausfallen.[10]

Deutschland war also nie die soziale Marktwirtschaft, wie sie sich als Klischee eingebürgert hat: Die Chancengleichheit war immer eingeschränkt. Doch über Jahrzehnte wurde diese Ungerechtigkeit nicht nur akzeptiert, sondern geradezu ignoriert. Man war zufrieden, weil der Wohlstand in allen Schichten stieg.

Selbst Arbeiter konnten sich plötzlich eine Urlaubsreise oder auch ein Auto leisten. Die Historiker sprechen von einem »Fahrstuhleffekt«: Die Ungleichheit blieb zwar gleich, aber alle fuhren nach oben.

Doch neuerdings wird die Gesellschaft nervös. Plötzlich wird zum Thema, wie ungerecht es eigentlich zugeht. Vor allem die Mittelschicht ist enttäuscht und findet, dass ihr Lohn zu gering ausfällt. Dieser Effekt lässt sich genau messen: Die Unzufriedenheit stieg vor allem in den Einkommensklassen ab 2300 Euro brutto.[11]

Die Mittelschicht hat auch allen Grund, verstört in die Zukunft zu blicken. Denn die gesamte soziale Architektur gerät ins Wanken, weil ein seltsames Phänomen zu beobachten ist: Seit dem Zweiten Weltkrieg sind die realen Nettolöhne tendenziell immer gestiegen, doch jetzt sinken sie plötzlich – und zwar nicht nur während einer Konjunkturkrise. Sie sind zwischen 2004 und 2008 gefallen, obwohl die Wirtschaft damals kräftig wuchs. Das ist historisch einmalig. Bisher galt als Regel, dass bei jedem Aufschwung auch die Beschäftigten profitierten. Doch diesmal kam das Wachstum allein den Unternehmern und Kapitaleignern zugute.

Allein zwischen 2004 und 2006 sind die realen Arbeitskosten in Deutschland pro Stunde um 1,5 Prozent gesunken. Das war einzigartig in Europa. Nirgendwo sonst fielen die Reallöhne in dieser Geschwindigkeit. In Österreich sind sie zum Beispiel in der gleichen Zeit um 2,7 Prozent gestiegen, in der Schweiz lag das Plus bei 2,1 Prozent.[12]

Der permanente Verlust bei den Reallöhnen bleibt nicht folgenlos: Die Mittelschicht schrumpft in Deutschland. Im Jahr 2000 gehörten ihr noch 62 Prozent an; 2006 waren es nur noch 54 Prozent. Dieser Trend lässt sich auch in Köpfen messen. Früher zählten 49 Millionen Menschen in Deutschland zur Mittelschicht, jetzt sind es nur noch 44 Millionen. Dafür blähte sich vor allem die Unterschicht auf: Dort sammelt sich schon ein Viertel der Bevölkerung. Zur Oberschicht wiederum gehört rund ein Fünftel der Bürger.[13]

Aber wie viel verdienen die Einzelnen nun genau? Wo beginnt Reichtum, und wo befindet sich das durchschnittliche Nettoeinkommen? Diese Fragen klingen ganz simpel und sind doch sehr schwer zu beantworten.

Eine erste Näherung findet sich in der Einkommens- und Verbrauchsstichprobe von 2008. Da stellte sich heraus, dass die übergroße Mehrheit der Bevölkerung über ein Haushaltseinkommen von maximal 3600 Euro netto verfügt. Nur eine kleine Minderheit sortierte sich jenseits dieser Grenze ein.[14]

Doch so richtig erhellend sind diese Angaben nicht. Schließlich bedeutet es einen entscheidenden Unterschied, wie viele Personen in einem Haushalt leben. Ein Single steht sich mit 3600 Euro deutlich besser, als wenn von diesem Einkommen eine ganze Familie mit drei Kindern leben muss.

Deswegen haben die Statistiker das »Nettoäquivalenzeinkommen« entwickelt, um unterschiedliche Haushaltsgrößen miteinander vergleichbar zu machen. Der Haushaltsvorstand geht immer mit 1,0 in die Rechnung ein. Weitere Erwachsene zählen nur noch 0,5, weil davon ausgegangen wird, dass sich in einem größeren Haushalt viele Kosten aufteilen lassen, die ein Single allein tragen muss. Kinder unter 14 Jahren werden mit 0,3 berücksichtigt. Daraus folgt: Wenn zum Beispiel ein Paar mit drei Kindern über ein Nettoeinkommen von 3600 Euro verfügt, dann liegt das Nettoäquivalenzeinkommen dieses Haushalts nur noch bei 1500 Euro. Oder anders ausgedrückt: Damit eine fünfköpfige Familie so reich ist wie ein Single, der über 3600 Euro netto verfügt, müsste sie ein Einkommen von 8640 Euro netto aufweisen.

Sind die Haushalte mit diesem Kunstgriff erst einmal vergleichbar gemacht, stellt sich schon die nächste Frage: Wie errechnet man ein Durchschnittseinkommen, das nicht verzerrt ist? Dieses theoretische Problem wird immer wieder gern mit dem Beispiel erläutert, im dem der Multimilliardär Bill Gates eine Kneipe aufsucht, in der sich fünf normale Farmer befinden. Bevor Gates eintritt, liegt das Durchschnittseinkommen in dieser Kneipe bei rund 2000 Dollar pro Kopf. Doch kaum hat Gates die Schwelle passiert, saust das Durchschnittseinkommen nach oben und beträgt pro Besucher jeweils viele Millionen.

Es ist also recht sinnlos, einfach nur diesen »arithmetischen Durchschnitt« zu bilden, der das vorhandene Nettoeinkommen auf die Zahl der Haushalte umlegt. Denn dann wirkt die Mittelschicht immer wohlhabender, als sie eigentlich ist, weil das Einkommen der Reichen den Durchschnitt nach oben zerrt. Es könnte passieren, dass die Reichen reicher werden, während die Mittelschicht ärmer wird – es im Durchschnitt aber so aussehen würde, als hätte sich gar nichts getan. Die Statistiker verwenden daher lieber den »Median«. Er wird gebildet, indem man alle Haushalte nach ihrem Nettoäquivalenzeinkommen hintereinander aufreiht und sich dann betrachtet, wie viel derjenige Haushalt zur Verfügung hat, der sich genau in der Mitte befindet.

Bleibt nur noch eine letzte Frage: Und wo genau liegt dieser Median des Nettoäquivalenzeinkommens nun eigentlich? Die SOEP-Zahlen von 2008 antworten da eindeutig. Der Median befand sich genau bei 1482 Euro im Monat. So viel hatte ein Single durchschnittlich netto zur Verfügung.[15]

Von diesem Median aus wird dann die gesamte Sozialstruktur berechnet. Der Median entscheidet, wer zu den Armen zählt und wer zu den Reichen. Er legt fest, wo die Mittelschicht beginnt und wo sie endet.

Zur Mittelschicht zählt das DIW, wem zwischen 70 und 150 Prozent des Medians zur Verfügung stehen. Für einen Alleinstehenden würde das eine Bandbreite von 1037 bis 2223 Euro netto im Monat bedeuten. Bei einer vierköpfigen Familie mit zwei Kindern unter 14 Jahren liegt der Median des Nettoäquivalenzeinkommens bei 3112 Euro. Zur Mittelschicht gehört diese Familie also, wenn sie ein Haushaltseinkommen zwischen 2178 und 4668 Euro netto aufweist.

Wer nicht zur Mittelschicht gehört, zählt logischerweise entweder zur Unter- oder zur Oberschicht. Dies ist jedoch nicht zu verwechseln mit Armut und Reichtum. Denn für beides gelten noch einmal eigene Grenzen, die zum Teil auch amtlich definiert sind. So gilt in der EU als arm, wer weniger als 60 Prozent vom Median des Nettoäquivalenzeinkommens zur Verfügung hat. Beim Reichtum kursieren diverse Ansätze. Die Bundesregierung hat sich entschieden, als reich einzustufen, wer über mehr als 200 Prozent des Medians vom Nettoäquivalenzeinkommens verfügt.

Reich wäre also, wer aktuell als Single mindestens 2964 Euro netto verdient. Eine vierköpfige Familie hingegen müsste schon auf mehr als 6863 Euro kommen. In diesem Sinne sind aktuell etwa sieben Prozent reich.[16]

Gerade Singles sind oft schwer schockiert von diesen Zahlen. Sie empfinden sich nicht als reich, wenn sie 2964 Euro netto im Monat bekommen – sondern halten sich für normalste Mittelschicht. Die empörte Reaktion ist dann meist, dass sie sich über die amtliche Statistik erregen: Das sei ja absolut lächerlich, dass man mit einem solch geringen Einkommen bereits zu den Reichen zählen soll! Und schnell wird gefolgert, dass es mit dem Reichtum in Deutschland nicht weit her sein könne, wenn sogar schon »Normalverdiener« als reich gelten würden.

Doch diese Gedankenkette ist ein glatter Fehlschluss. Die empörten Singles fallen auf bedauerliche Tücken der Statistik herein. Diese Fallen werden nicht etwa von der Regierung gestellt, sondern gehören zwingend zur oft verqueren Logik von Durchschnittswerten.

Dieses statistische Problem lässt sich am besten erläutern, wenn man sich noch einmal die aktuelle Einkommensentwicklung in Deutschland ansieht. Wie schon gesagt sinken die Reallöhne neuerdings selbst in Boomzeiten, während gleichzeitig die Gewinne explodieren. Die Mittelschicht wird also ärmer, während die Reichen reicher werden. Doch in der Statistik sieht das anders aus: Weil die Einkommen der meisten Haushalte sinken, sinkt auch der Median – und damit gleichzeitig die Grenze zum Reichtum. Während also die Reichen immer reicher werden, ist gleichzeitig immer weniger Einkommen nötig, um zu den Reichen zu zählen. Das ist paradox, aber so funktioniert Statistik.

Deswegen seien die beiden entscheidenden Kennziffern noch einmal wiederholt: Die obersten dreißig Prozent der Bevölkerung besitzen praktisch das gesamte Volksvermögen – und das Top-Zehntel kassiert 35,8 Prozent aller Einkünfte.

5 Die Eliten bleiben unter sich: Der soziale Aufstieg ist selten

Der Frühschoppen der Berliner Industrie- und Handelskammer ist bestens besucht. Es gibt ja auch einen Star zu besichtigen. Martin Blessing ist angekündigt, der neue Chef der Commerzbank, der das Institut sanieren soll, nachdem es sich mit Ramschpapieren aus den USA verspekuliert hat. Bei Kaffee und bei Brötchen wollen die Berliner Unternehmer endlich einmal live erfahren, wie man eine Bank rettet. Doch Blessing hat noch nichts gesagt, da hat er die Zuhörer schon von sich überzeugt. Denn vorab wird ausgiebig der Lebenslauf des 46-Jährigen vorgestellt. Und je länger aus dem »Curriculum vitae« zitiert wird, desto beeindruckter ist das Publikum. Beim Design seiner Karriere scheint Blessing nie auch nur einen einzigen Fehler begangen zu haben.

Im Schnelldurchlauf: Blessing hat eine Banklehre absolviert, in Rekordzeit Betriebswirtschaftslehre in Frankfurt, St. Gallen und Chicago studiert, dann als Berater bei McKinsey angeheuert, wo er prompt zum Partner aufstieg. Es folgten Stationen bei der Dresdner Bank, der Advance Bank und schließlich bei der Commerzbank. Zwischendurch hat Blessing auch noch drei Töchter gezeugt und ist regelmäßig gejoggt. Schon mit 37 Jahren hatte er es dann zum Vorstandsmitglied bei der Commerzbank gebracht. Etwas betreten sehen all jene Herren an den Tischen aus, die auch mit 55 Jahren noch nicht mehr als die Position eines Abteilungsleiters erreicht haben.

Aber vielleicht fehlte ihnen ja nur der richtige Vater. Martin

Blessing jedenfalls stammt aus einer Dynastie von Bankern. Sein Großvater Karl Blessing war Präsident der Bundesbank, sein Vater Werner diente als Vorstandsmitglied bei der Deutschen Bank. Auch sonst fehlt es dem neuen Commerzbank-Chef nicht an Kontakten, denn er hat seine Ehefrau standesgemäß gewählt. Dorothee Blessing ist Managing Director bei der Investmentbank Goldman Sachs und wurde ebenfalls in eine Bankiersfamilie hineingeboren. Ihr Vater Paul Wieandt sanierte einst die Bank für Gemeinwirtschaft. Bruder Carl ist Partner bei der Unternehmensberatung McKinsey – und Bruder Axel wurde zum neuen Chef der Pleitebank Hypo Real Estate berufen.

Die Eliten rekrutieren sich selbst, wie auch der Lebenslauf von Axel Wieandt zeigt. Der Schwager von Martin Blessing hat eine stringente Karriere hingelegt. Wieandt ist promovierter Diplomkaufmann, hat an einer Privatuni studiert und begann dann bei McKinsey in Düsseldorf und in Boston. Anschließend folgte eine Station bei der Investmentbank Morgan Stanley in London, danach wechselte Wieandt zur Deutschen Bank in Frankfurt. Dort stieg er im Jahr 2000 zum jüngsten Bereichsvorstand auf und war zuständig für den strategischen Bereich der »Konzernentwicklung«.

Zu den Auffälligkeiten dieser steilen Karriere zählt, dass Wieandt zum Chef der Hypo Real Estate ernannt wurde, obwohl er bis dahin noch nie mit Immobilienkrediten zu tun gehabt hatte. Trotzdem passt seine Berufung ins Bild: Bei der Rettung der Hypo Real Estate waren die Deutsche Bank und die Commerzbank stark beteiligt – und mit beiden Instituten ist Wieandt persönlich wie familiär engstens verbandelt.

In der Finanzkrise ist besonders deutlich geworden, dass der Aufstieg ins Spitzenmanagement einer kleinen Kaste vorbehalten ist. Das gilt nicht nur bei Banken. Diese Familienkarrieren sind typisch bei allen deutschen Großunternehmen. Der Soziologe Michael Hartmann hat den Werdegang von Topmanagern untersucht und festgestellt, dass nicht allein die Leistung entscheidend ist bei der Besetzung der Spitzenpositionen – sondern dass zudem die soziale Herkunft zentral ist. Fast immer stammen die Chefs der 100 größten deutschen Firmen aus dem Großbürgertum oder aus dem gehobenen Bürgertum, die gemeinsam ganze 3,5 Prozent der Bevölkerung umfassen.[1] Es sei eine Frage des Habitus, erklärt Hartmann: »Man muss zeigen, dass man sich in den Chefetagen auf vertrautem Terrain bewegt.«

Psychologisch ist es sogar verständlich, dass die Chefs am liebsten Co-Manager rekrutieren, die ihnen ähnlich sind – und also auch aus der Oberschicht stammen. Gerade in unübersichtlichen Stresssituationen muss man sich auf seine Partner im Vorstand verlassen können, und fragloses Vertrauen entsteht nur, wo intuitives Verständnis existiert. »Der Druck, unter dem Topmanager bei ihren Entscheidungen stehen, und die häufig äußerst unsichere Informationsbasis, aufgrund derer sie diese Entscheidungen treffen müssen, lassen sie nach Männern suchen, denen sie vertrauen oder deren Persönlichkeit sie zumindest gut einschätzen können. Die Wahl solcher Personen gibt ihnen am ehesten das gewüschte Gefühl von Sicherheit und Beherrschbarkeit der Situation.«[2]

Dieses wortlose Verständnis wird dann in Metaphern ausgedrückt wie »gleiche Wellenlänge« oder »richtige Chemie«. Wer im Vorstellungsgespräch erfolgreich sein will, muss also das Gefühl hinterlassen, dass er sich in der Welt der Vorstandsetagen bestens auskennt – und zwar noch bevor er diese überhaupt betreten hat. Das kann nur Kindern aus der Oberschicht gelingen, die stets das Vorbild ihrer Eltern vor Augen hatten.[3]

Schon das Benehmen ist entscheidend. Die Signale der Elite sind so subtil, dass sie sich kaum in Worte fassen lassen. Hartmann versucht dennoch, den Kodex zumindest annähernd zu beschreiben: »Der gekonnte Umgang mit der Weinkarte gehört ebenso dazu wie die freundliche, zugleich aber gesellschaftliche Distanz ausdrückende Behandlung untergeordneten Personals.«

Doch nicht nur der Kodex ist wichtig, der Vorstands-Aspirant sollte auch über eine breite bildungsbürgerliche Allgemeinbildung verfügen. Vor allem aber muss er sich darstellen können wie ein Unternehmer. Er muss optimistisch sein, führen wollen und stets Selbstsicherheit ausstrahlen. Diese Persönlichkeitsmerkmale kann man sich als Erwachsener nicht mehr antrainieren – sie müssen seit der Geburt eingeübt worden sein. Denn als souveräne Führungskraft wirkt nur, wem nicht anzumerken ist, dass er sich seine Souveränität mühsam aneignen musste.

Wie instinktsicher die Eliten einander erkennen, hat niemand besser beschrieben als der Sozialphilosoph Max Horkheimer, der selbst aus dem Großbürgertum stammte. Sein Vater besaß mehrere Textilfabriken und führte zudem den so begehrten Titel des Kommerzienrats.

»Die Freiheit, Selbstverständlichkeit, ›Natürlichkeit‹, die einen Menschen in gehobenem Kreis sympathisch machen, sind eine Wirkung des Selbstbewusstseins; gewöhnlich hat sie nur der, welcher immer schon dabei war und gewiss sein kann, dabei zu bleiben. Die Großbourgeoisie erkennt die Menschen, mit denen sie gern umgeht, die ›netten‹ Menschen an jedem Wort.«[4]

Nur selten gelingt der Aufstieg Kindern, die aus einfachen Verhältnissen stammen. Ganze 15 Prozent der Topmanager kommen aus den breiten Mittelschichten oder der Arbeiterklasse.[5] Einer dieser Ausnahmen ist der ehemalige Daimler-Chef Jürgen Schrempp, dessen Vater Verwaltungsangestellter an der Universität Freiburg war. Auch Schrempp hatte zunächst nur den Realschulabschluss und eine Kfz-Mechanikerlehre absolviert, bevor er dann doch noch ein Ingenieursstudium anhängte. Vielleicht lag es an dieser eher bescheidenen Herkunft, dass sich Schrempp nie an den typischen Kodex der Chefetagen anpassen konnte. Er galt als Rambo unter den Managern, der immer für eine degoutante Anekdote gut war.[6]

Es wirkt, als hätte Schrempp immer das Gefühl gehabt, er

müsse um Aufmerksamkeit kämpfen. Die angestammte Elite hat das nicht nötig. Sie ist unaufdringlich selbstbewusst und nimmt einfach als gegeben an, dass die Gesellschaft ihr Respekt schuldet. Dieser Habitus wird ganz automatisch von den Eltern auf die Kinder vererbt:

»Wer als Kind eines Arztes, eines Oberstaatsanwalts, eines Geschäftsführers oder eines Unternehmers aufgewachsen ist, der hat schon früh gemerkt, dass er nicht einfach einer von vielen ist. Er nimmt (zumeist unbewusst) wahr, dass dem Vater Respekt entgegengebracht wird, erlebt ihn bei öffentlichen und privaten Anlässen als Führungspersönlichkeit und weiß damit eine starke Person im Rücken.«[7]

Wer zur Oberschicht gehört, kann eigentlich nicht mehr scheitern. Abitur, Studium und Karriere sind selbstverständlich. Offen bleibt nur noch, in welchem Bereich die Karriere dann stattfindet. Dabei profitiert der elitäre Nachwuchs sehr stark von den Kontakten der Eltern. Damit ist gar nicht das schnöde »Vitamin B« gemeint – es reicht schon, dass die Kinder früh erfahren, welche Stationen notwendig sind für die Karriere und wie sich diese ansteuern lassen. So rasante Lebensläufe wie bei den beiden Bankchefs Blessing und Wieandt sind nur möglich, wenn man zeitig mit der Planung beginnt und sich nicht erst orientierungslos durchs Studium hangelt. Niemand glaubt fester an »einen planbaren Lebensweg« als die Elite, hat auch die junge Journalistin Julia Friedrichs festgestellt, als sie eine Recherchereise durch die Privatunis und Luxusinternate dieser Republik unternahm. »Sie alle geben viel Geld aus, um den Zufall aus ihrem Leben herauszuhalten.«[8]

Die Elite drängt es vor allem in die Wirtschaft. In den Spitzenpositionen der Wissenschaft, der Justiz und der Politik finden sich deutlich weniger Nachkommen aus der Oberschicht. Besonders in der Politik kann ein kleinbürgerlicher Habitus sogar hilfreich sein – die normalen Wähler müssen einen ja verstehen, wenn man zu ihnen spricht. Allzu viel Lateinunterricht in frühster Jugend kann da stören. Daher passt es zur Arbeitsplatzbeschreibung eines Politikers, dass Exkanzler Gerhard Schröder aus einer Familie von Hilfsarbeitern stammt und dass der ehemalige grüne Außenminister Joschka Fischer einen ungarndeutschen Metzger zum Vater hatte. Allerdings werden diese Tellerwäscherkarrieren auch in der Politik seltener, seitdem immer mehr Akademiker einfach quer einsteigen und die Ochsentour durch die Partei nicht mehr zwingend ist. Wie sehr selbst die Politik »verbürgerlicht«, zeigt ein Vergleich der beiden großen Koalitionen in der deutschen Geschichte. Im Kabinett Kiesinger kam nur ein Drittel der Minister aus dem gehobenen Bürgertum, im Kabinett Merkel waren es schon fast zwei Drittel.[9] Familienministerin Ursula von der Leyen ist gar nicht mehr untypisch: Die Ärztin ist die Tochter von Ernst Albrecht, der erst Geschäftsführer bei Bahlsen war und dann CDU-Ministerpräsident in Niedersachsen. Ein mühsamer Aufstieg durch die Partei war für sie nicht mehr nötig, stattdessen wurde sie direkt ins Kabinett Merkel berufen.

Von der Leyen ist der klassische Fall, dass der berufliche Status der Eltern auf die Kinder vererbt wird. Dieses Phänomen wird vom Statistischen Bundesamt sogar gemessen, das allerdings eine etwas seltsame Terminologie verwendet. »Obere Dienstklasse« heißt dort die elitäre Gruppe, die unter anderem die leitenden Angestellten und die freien Berufe wie Ärzte und Anwälte umfasst. Wer dort als Mann beschäftigt ist, hat zu 43 Prozent einen Vater, der bereits die gleiche berufliche Position eingenommen hat.[10]

Die soziale Realität ist den meisten Deutschen nicht entgangen. Die übergroße Mehrheit weiß, dass die Herkunft zentral ist, um zu Reichtum zu gelangen. So meinen 28 Prozent, dass die Ausgangsbedingungen »sehr oft« eine Rolle spielen; weitere 52 Prozent halten sie »oft« für wichtig. Doch diese Einsicht mündet nicht etwa in Sozialkritik. Der Glaube an die Leistungsgesellschaft ist weiterhin intakt, denn immerhin 68 Prozent sind der

Meinung, dass es auch die »Fähigkeiten« sind, die mit Reichtum belohnt werden.[11] Zudem wird Reichtum keineswegs grundsätzlich in Frage gestellt: 82 Prozent stimmen der Aussage zu, dass es gut sei, »dass jeder die Freiheit hat, selbst reich werden zu können«.[12]

Die Bundesbürger verhalten sich also ambivalent: Obwohl die meisten klar erkennen, dass die Startchancen keineswegs gleich verteilt sind, wird Reichtum umstandslos akzeptiert.

Die Mittelschicht hat offenbar die Hoffnung nicht aufgegeben, dass sie selbst ebenfalls aufsteigen könnte. Dieser Eindruck ist falsch und richtig zugleich. Deutschland ist durchaus eine mobile Gesellschaft – aber es gelingt nur selten, bis in die Oberschicht durchzudringen. Die Mitte ist zwar in Bewegung, doch meist führt der Aufstieg nicht aus der Mittelschicht heraus, obwohl viele Söhne und Töchter eine bessere berufliche Position einnehmen, als ihre Eltern sie hatten. Die jüngsten Daten für diese »Aufwärtsmobilität« stammen aus den Jahren 2000 bis 2006. Für Westdeutschland stellte sich heraus, dass 39 Prozent der Männer nach oben aufgerückt waren, wenn man sie mit ihren Eltern vergleicht. Bei den Frauen waren es 37 Prozent. Die Abstiege hingegen waren deutlich seltener: 19 Prozent der Männer und 24 Prozent der Frauen hatten an Status verloren.

Dieser breite soziale Aufstieg spiegelt wider, dass die Deutschen im Durchschnitt immer besser qualifiziert sind. Aus Facharbeitern wurden Angestellte, aus Realschülern Abiturienten. Doch folgt aus dieser Bildungsoffensive eben noch lange nicht, dass die Mehrheit auch ökonomisch profitieren würde – oder gar den Sprung in die Elite schafft. Stattdessen ist das Paradox zu besichtigen, dass die Arbeitnehmer immer qualifizierter sind und real trotzdem weniger verdienen, während die Firmengewinne explodieren.

In Ostdeutschland sieht es sowieso düsterer aus: Dort konnten nur 26 Prozent der Männer aufsteigen, während gleichzeitig 25 Prozent einen Abstieg hinnehmen mussten. Ähnlich sind die

Zahlen für die Frauen. 31 Prozent konnten sich verbessern, während sich 29 Prozent verschlechterten.[13]

Die Eliten sind durchaus ehrlich. Auch sie geben bereitwillig zu, dass die soziale Herkunft entscheidend ist, um zu Reichtum zu gelangen.[14] Beispielsweise sind knapp 67 Prozent der deutschen Manager überzeugt, dass in ihrem eigenen beruflichen Umfeld »die Zugehörigkeit zu bestimmten Netzwerken« und »Machteliten« eine Rolle spielt, um befördert zu werden.

Oder wie es eine der befragten Führungskräfte ausdrückt: »Die fachlichen Fähigkeiten reichen für eine berufliche Karriere bis zur Spitzenposition nicht aus. Vielmehr benötigt man dazu entsprechende Beziehungen und Kontakte zu einflussreichen Personen im Unternehmen, die den Kandidaten fördern und promoten. Ist das nicht der Fall, gibt es keinen beruflichen Aufstieg. Mit den entsprechenden Kontakten haben sogar fachlich und menschlich mittelmäßige oder unterdurchschnittliche Personen sehr gute Chancen, Spitzenpositionen zu erreichen, die die anderen ohne die entsprechenden Kontakte nicht haben.«[15]

Viele Manager machen sich auch keine Illusionen, wie dieses Kastenwesen entsteht. Ihnen ist bewusst, dass die Eliten am liebsten unter sich bleiben, weil man sich aufgrund der gleichen Herkunft instinktiv versteht. Dazu eine befragte Führungskraft: »Die Zugehörigkeit zu Netzwerken ist oft gleichbedeutend mit der Vertrauensbasis, die zu Beförderungen in Toppositionen notwendig ist.«

Durchaus konsequent glauben daher auch nur noch knapp 45 Prozent der Manager, dass »in Deutschland jeder prinzipiell die Möglichkeit besitzt, in die Wirtschaftselite aufzusteigen«. Fast genauso viele stimmen dieser Aussage nicht zu, der Rest ist unentschieden.

Allerdings ist eine gewisse Eitelkeit zu beobachten. Bei ihren Standesgenossen erkennen die Vertreter der Eliten zwar sofort, dass meist die Herkunft über den sozialen Erfolg entscheidet – aber auf sich selbst wenden sie diesen Gedanken nicht gern an.

Fragt man sie nach ihrer persönlichen Biografie, dann glauben sie weiter fest daran, dass es die eigene Befähigung war, die sie ins Topmanagement katapultiert hat. In aller Breite erzählen sie dann, wie sie »nie« mit ihrem Spitzenposten überfordert waren oder immer das Alphatier gegeben haben.

Bei Exbahnchef Hartmut Mehdorn klingt das dann so: »Glauben Sie, dass ein Weichei ein so großes Unternehmen wie die Bahn führen kann? Was meinen Sie denn, was da für einer sitzen muss? Ein Zögerer? Einer, der schreckhaft und zart besaitet ist? Unmöglich. Schwäche können Sie zu Hause bei Ihrer Frau zeigen.«[16]

Wenn man nicht wüsste, dass dieses Zitat von Mehdorn stammt, könnte man es genauso gut etwa einem Autoverkäufer zuordnen. Aber Autoverkäufer hatten eben meist nicht die richtige Herkunft, um es bis zum Bahnchef zu bringen.

Trotzdem sind die Eliten nicht in ihrem Glauben zu erschüttern, dass es letztlich nur ihre eigene Leistung war, die sie in eine Spitzenposition befördert hat. Dies lässt sich bereits bei Studenten beobachten, die ein Stipendium erhalten haben. Repräsentative Untersuchungen weisen eindeutig nach, dass nicht allein die Begabung entscheidet, wer gefördert wird, denn Akademikerkinder sind deutlich überrepräsentiert. Trotzdem thematisieren befragte Stipendiaten höchstens am Rande, dass es eine Hilfe sein könnte, wenn man aus einem wohlhabenden oder gebildeten Elternhaus stammt. Stattdessen lassen sich drei »Erzähltypen« ermitteln, wie der eigene Erfolg begründet wird.[17]

Typ 1 betont die eigene Zielstrebigkeit. Man will sein »Studium relativ schnell durchziehen« und außerdem gehörten »ein Auslandsaufenthalt oder ein attraktives Praktikum natürlich auch dazu, um dann einen attraktiven Job zu finden«. In dieser Weltsicht müssten sich die anderen Studenten nur genauso anstrengen, dann hätten sie den gleichen Erfolg.

Typ 2 hält sich für besonders begabt. »Du hast auch eine Gaußsche Normalverteilung bei der Intelligenz«, weiß ein Stipendiat.

Man könne Kinder zwar früher fördern – »aber intelligenter kriegst Du sie nicht«. Eine andere Studentin sagt, sie könne doch auch nichts dafür, dass sie überdurchschnittlich intelligent sei.

Typ 1 und 2 ähneln sich insofern, als sie die soziale Ungleichheit indirekt anerkennen, sie aber nicht für ungerecht halten.

Anders funktioniert Typ 3: Diese Stipendiaten glauben, dass es Schicksal war und sie einfach Glück hatten, dass sie in eine Stiftung aufgenommen wurden. »Da bin ich jetzt halt hineingerutscht«, meint etwa ein Physikstudent an der TU München, dem dann Auslandssemester in Cambridge spendiert wurden. Der Erfolg war angeblich nie wichtig. »Ich habe das mit viel Liebe gemacht, da merkt man gar nicht, was man so nebenher an Leistung erbringt.«

Dieser dritte Typ nimmt die soziale Ungleichheit zwar wahr, definiert sie aber in Gleichheit um. Jeder würde halt machen, wozu er berufen sei – der Handwerksmeister genauso wie der Ingenieur. »Akademiker haben einen anderen Lebensweg, den müssen sie haben. Deswegen werden sie nicht a priori besser, deswegen erfüllen sie andere Aufgaben.«

Diese Rationalisierung der eigenen Privilegien funktioniert, weil die Eliten ja tatsächlich Leistung bringen. In den Chefetagen sitzen keineswegs nur »Nieten in Nadelstreifen«, die allein qua Geburt in die Spitzenposition gehievt wurden. Nicht jeder Sprössling der Oberschicht schafft es auf einen Managerposten, denn viele sind schlicht ungeeignet. Trotzdem stammen Manager meist aus dem gehobenen Bürgertum. Die Auswahl verläuft also durchaus subtil: Eine persönliche Befähigung ist nötig, aber sie reicht eben meist nicht. Die Herkunft muss ebenfalls passen. Diese Doppelstruktur erzeugt dann die Ambivalenz, die in allen Schichten zu beobachten ist. Man weiß um die Selbstrekrutierung der Eliten – und dennoch werden die sozialen Hierarchien nicht rundherum abgelehnt.

Zu dieser Ambivalenz gehört auch, den eigenen Status zu überschätzen. Wenn rund 80 Prozent der Deutschen glauben, dass die Herkunft wichtig sei, um zu Reichtum zu gelangen – dann ist daraus noch lange nicht zu schließen, dass sie die eigene Familie als chancenlos einstufen. Ganz im Gegenteil: Wenn ebenfalls rund 80 Prozent finden, es sei doch positiv, dass jeder nach Reichtum streben könne, so äußert sich darin die Erwartung, man könnte selbst irgendwann aufsteigen.

Die Eliten mühen sich nach Kräften, diesen Optimismus der Mittelschicht zu unterstützen, indem sie sich selbst als zugänglich geben. Sie suggerieren, dass jeder dazugehören könnte – wenn er sich denn anstrengt oder die richtige Begabung mitbringt. Sie fördern also den Selbstbetrug der Mittelschicht, sich schon fast zur Elite zu zählen. Vor allem der Adel hat diese Kunst perfektioniert, sich hermetisch abzuschließen und dabei ganz offen zu wirken.

6 Die Strategien des Adels: Wie man auch ohne Macht mächtig bleibt

Das Interesse am Adel scheint unersättlich zu sein. Niemand weiß dies besser als die Mediengruppe Klambt, die Deutschland wöchentlich mit diversen Adels-Postillen versorgt. Der Klassiker ist *Frau mit Herz*. Das Blatt sei »seit über 50 Jahren in der Welt des europäischen Hochadels zu Hause«, wirbt der Verlag, der auf die gereifte Leserin jenseits der 40 zielt. Sie wird wöchentlich ausführlichst »über das schillernde Leben gekrönter Häupter« informiert sowie über »den Life-Style attraktiver Prinzessinnen und Prinzen« und die »schicksalhaften Ereignisse im Schatten der Krone«.

Frau mit Herz erscheint jeden Samstag und erreicht 740 000 Leser, die sich für 1,50 Euro in die Welt des Adels träumen. Wer sich am Montag dann schon wieder nach gekrönten Häuptern sehnt, kann zu dem Klambt-Titel 7 *Tage* greifen, der als »Deutschlands großes Adelsmagazin« firmiert. Auch hier sammeln sich wöchentlich 420 000 Leser, wie die unabhängige MA-Analyse erhoben hat.

Leid und Leidenschaften des Adels sind zudem noch in den Klambt-Blättern *Heim und Welt*, *Die neue Frau* sowie *Woche der Frau* nachzulesen, wobei Letztere auf »eine großzügige Optik« und »pointierte Szenefotos« setzt. Doch nicht nur Klambt kümmert sich um gekrönte Herzen; auch die Konkurrenz beobachtet wachsam, wie sich das Liebesleben in den Fürstenhäusern entwickelt. Die Titel heißen dann etwa *Echo der Frau*, *Das Goldene Blatt*, *Viel Spaß*, *Das neue Blatt* oder *Neue Post*. Zudem füllen

Gala und *Bunte* zumindest einige ihrer Seiten mit dem Herz-Schmerz des Hochadels.

Die Wissenschaft hat Phänomene wie die Heftchenleser und ihre Adelssehnsucht lange ignoriert. Erst sehr spät kam die Frage auf, wie es eigentlich sein kann, dass der Adel weiterhin eine dominante soziale Stellung innehat, obwohl er doch politisch und ökonomisch entmachtet ist.[1] Noch 1990 musste der Historiker Hans-Ulrich Wehler konstatieren, dass sich die Forschung ausschließlich auf die Herrscherhäuser im Mittelalter und in der frühen Neuzeit konzentriert hatte. Über den Adel im 19. und 20. Jahrhundert wusste man hingegen fast nichts – er war eine »terra incognita«.[2]

Inzwischen hat sich die Adelsforschung jedoch stark belebt, und es ist kein Zufall, dass sie zeitgleich mit dem ebenfalls noch jungen Interesse an den Eliten erwacht ist. Denn der Adel funktioniert wie ein Brennglas: Nirgendwo sonst lässt sich so genau studieren, wie sich Privilegien kommunikativ und sozial selbst dann verteidigen lassen, wenn die ökonomische Basis eigentlich fehlt. Wer den modernen Adel verstanden hat, versteht besser, wie die Eliten insgesamt agieren.

Doch zunächst zu den historischen und sozialen Fakten: In der Weimarer Republik machten die Adeligen rund 0,1 bis maximal 0,3 Prozent der Bevölkerung aus – je nach Region. So gab es in Preußen deutlich mehr Adelige als etwa in der Pfalz. Die Bastion des Adels war der Grundbesitz, vor allem in Ostelbien. In Schlesien besaß der Adel 30,8 Prozent des Bodens, in Pommern waren es 27,8, in Mecklenburg 26,7 und in Brandenburg 22,3 Prozent der Gesamtfläche. In Bayern und in Baden hingegen verfügte der Adel nur über rund drei Prozent des Bodens. Allerdings war dieser Grundbesitz nicht unbedingt gleichzusetzen mit sorgenfreiem Reichtum, denn die meisten adligen Großagrarier waren schon seit dem Kaiserreich schwer verschuldet. Die hohen Kredite wurden zwar während der Inflation entwertet, doch nur vier Jahre später waren die Adeligen schon wieder dem Bankrott nahe.[3] Dies traf vor allem die Großgrundbesitzer in Ostelbien, die auf relativ schlechten Böden Getreide anbauten. Sie hatten auf dem Weltmarkt keine Chance mehr gegen die neue Konkurrenz aus den USA.

Nach dem Zweiten Weltkrieg lebten dann rund 70 000 Adelige in Westdeutschland. Allerdings waren viele von ihnen Flüchtlinge aus dem Osten, die ihre Besitztümer verloren hatten. Insgesamt gehörten dem Adel noch etwa 1,3 Millionen Hektar Land, wobei einige süddeutsche Familien sehr begütert waren, die vor allem Forstwirtschaft betrieben: Die Fürsten von Thurn und Taxis verfügten über enorme 32 000 Hektar, was sie zu den größten Grundbesitzern Europas machte. Die Fürstenbergs aus Donaueschingen besaßen 23 000 Hektar. Reich waren auch die Familien Hohenzollern-Sigmaringen, Württemberg und Waldburg-Zeil, denen jeweils mehr als 10 000 Hektar gehörten.[4]

Nur wenige Adelsgeschlechter haben sich in die Industrie gewagt wie etwa das Fürstenhaus Hohenzollern-Sigmaringen, das 1708 mit der Eisenverhüttung begann. Inzwischen hat die »Zollern Gruppe« mehr als 20 000 Produkte im Angebot – dazu gehören Senderöhren für Radios, Turbinenräder oder Getriebe für Windkraftanlagen. Das gesamte Vermögen des schwäbisch-katholischen Familienzweigs wird auf mindestens 500 Millionen Euro geschätzt.[5] Auch die Guttenbergs verfügen über umfangreiche Unternehmensbeteiligungen, die aber als Familiengeheimnis gehütet werden. Einen kurzen Einblick bekam die Öffentlichkeit, als die Guttenbergs 2002 ihren Anteil am Rhön-Klinikum an die HypoVereinsbank verkauften: Der Wert ihrer Aktien belief sich an der Börse auf rund 260 Millionen Euro.[6]

Die meisten westdeutschen Adeligen können jedoch nicht mehr von ihrem Erbe leben, sondern müssen bürgerliche Berufe ergreifen. Dabei fällt allerdings auf, wie häufig es ihnen gelingt, weit nach oben aufzusteigen. Ob in den Banken, in der Diplomatie oder in der Großindustrie – in den höheren Etagen finden sich stets weit mehr Adelige, als es ihrem Bevölkerungsanteil entsprechen würde.

Ganz offensichtlich nutzt es dem Adel, dass er bis heute als Adel wahrgenommen wird. Das »von« ist zwar offiziell nur ein Namenszusatz, doch tatsächlich könnte kein Statussymbol wertvoller sein. Dem Adel ist es gelungen, eine »adelige Subkultur« zu erhalten, die vom Rest der Bevölkerung mit einer »merkwürdigen Mischung aus wohlwollendem Respekt und neugieriger Nostalgie« betrachtet wird.[7]

Wie jede Elite setzt auch der Adel auf Exklusivität, um die eigene Bedeutung zu betonen. Dabei ist sehr hilfreich, dass der erlauchte Kreis seit 1918 nicht mehr expandiert. Bis dahin hatte der Kaiser immer wieder Bürgerliche nobilitiert, die ihm zu Diensten gewesen waren. Dieser Zustrom von frisch geadelten Beamten und Großindustriellen hörte mit der Novemberrevolution abrupt auf. Der Adel kann jetzt unter sich bleiben – und muss nicht mehr fürchten, dass sein Von-Prädikat auch von allzu vielen Schmidts oder Müllers dieses Landes getragen wird.

Die Exklusivität des Adels wird natürlich noch gesteigert, wenn nicht allzu viele Adelige Bürgerliche heiraten. Über Jahrhunderte galten daher eherne Gesetze des »ebenbürtigen Konnubiums«. Auch in der Bundesrepublik werden noch Adelsbälle, Adelsfeste und Adelstage abgehalten, auf denen sich der Von-Nachwuchs begegnen und verlieben kann. Trotzdem dürften die Mischehen mit Bürgerlichen zunehmen. Allerdings fehlen genaue Zahlen über die Partnerwahl der Adeligen.[8]

So bleiben nur zufällige Stichproben: Beispielsweise könnte man ja glauben, dass gerade adelige Politiker zur Verbindung mit Bürgerlichen neigen, sind doch alle Parteien darauf geeicht, sich um die »Mitte« der Gesellschaft zu kümmern. Doch zeigt sich das glatte Gegenteil: Fast alle adeligen Politiker sind mit Adeligen verheiratet. Verteidigungsminister Karl-Theodor zu Guttenberg ist mit einer Gräfin von Bismarck-Schönhausen getraut, und Ex-Bundespräsident Richard von Weizsäcker hat eine von

Kretschmann zur Gattin gewählt, die einer sehr reichen Kaufmannsfamilie entstammt. Der kürzlich verstorbene Ex-Wirtschaftsminister Otto Graf Lambsdorff wiederum nahm in zweiter Ehe eine von Quistorp zur Frau, und sein Neffe, der Europa-Abgeordnete Alexander Graf Lambsdorff, ist mit einer von Klitzing verheiratet, deren Mutter wiederum eine Prinzessin zu Wied ist. Der FDP-Finanzexperte Hermann Otto Solms, eigentlich Prinz zu Solms-Hohensolms-Lich, ist mit einer Meyer zu Eissen verheiratet, deren Vater ein Gutsbesitzer war, wie das Genealogische Handbuch des Adels ausweist. Die führenden adeligen Politiker haben es also allesamt verstanden, sich standesgemäß zu verbinden.

In den vergangenen Jahrzehnten hat sich die Partnerwahl des Adels allerdings ein wenig modernisiert. So wäre es früher undenkbar gewesen, dass sich Katholiken und Protestanten vereinen oder dass arme preußische Junker in den Hochadel einheiraten. Auch hatten nobilitierte Bürgerliche meist keine Chance, Beziehungen mit dem Geburtsadel einzugehen. Diese ständischen Schranken existieren nicht mehr. Der deutsche Adel hat sich im 20. Jahrhundert »nationalisiert«. Im Adel kann jetzt jeder jeden heiraten. Die Historiker stellen eine durchaus paradoxe Entwicklung fest: »Das Verlöschen der rechtlichen Kategorie ›Adel‹ ließ insgesamt den Zusammenhalt des deutschen Adels wachsen.«[9]

Der Adel definiert sich selbst als Elite, indem er bis heute behauptet, dass es typisch adelige Tugenden gäbe wie Anstand und Treue, Mut und Führungswillen, die als Familientradition von Generation zu Generation weitergereicht würden. Diese Idee der Erblichkeit von Charaktereigenschaften ist in anderen Schichten oder Bevölkerungsgruppen nicht vorhanden. Auch dort zählen Tugenden wie Anstand oder Mut – aber Normalbürger würden nie behaupten, dass sie diese Eigenschaften schon deswegen besitzen, weil sie einer bestimmten Familie entstammen. Stattdessen gehört es zum bürgerlichen Konzept, dass Leistungen immer dem Individuum zugeschrieben werden. Der Adel funktioniert genau anders herum: Dort zählt die Herkunft, um prinzipiell mit bestimmten Tugenden gesegnet zu sein. Und weil die Familientradition wichtiger ist als der Einzelne, können selbst schwarze Schafe dieses Selbstbild von der aufrechten Tugendhaftigkeit nicht erschüttern: »Das Selbstverständnis der adeligen Familie kann damit auch dann aufrechterhalten werden, wenn einzelne Familienmitglieder den hohen Ansprüchen nicht gerecht werden.«[10]

Wie diese Selbstüberhöhung durch die Sakralisierung der Familientugenden funktioniert, hat kürzlich der Dirigent Enoch zu Guttenberg vorgeführt. In einem ganzseitigen Interview mit der *Süddeutschen Zeitung* erläuterte er, warum sich sein Sohn niemals so opportunistisch verhalten würde wie andere Minister: Dazu sei Karl-Theodor »zu viel Guttenberg«.[11] Man stelle sich einmal vor, der Vater von einem Politiker namens Peter Schulze erklärte, sein Sprössling würde schon deswegen stets unabhängigen Mut beweisen, weil er ein Schulze sei. Der Hohn wäre ihm sicher. Aber dem Adel wird dieser Unsinn nicht nur verziehen, sondern sogar geglaubt.

Die behaupteten Familientugenden gehören zum »symbolischen Kapital« des Adels, wie es der französische Soziologe Pierre Bourdieu genannt hat. Ihm ist die Erkenntnis zu verdanken, dass Einfluss und Macht in einer Gesellschaft nicht nur darauf gründen, wie viel Vermögen die Einzelnen besitzen. Neben diesem ökonomischen Kapital sind auch das kulturelle, das soziale und eben das symbolische Kapital entscheidend, wenn es um die Verteilung von Chancen geht.[12] Denn diese verschiedenen Kapitalsorten lassen sich gegeneinander tauschen. Selbst wer wenig Geld geerbt hat, kann in die höchsten Kreise der Gesellschaft aufsteigen, wenn er über die richtigen Kontakte verfügt oder den bildungsbürgerlichen Wissenskanon perfekt beherrscht. In diesem permanenten Kampf um Anerkennung ist auch entscheidend, ob man sich glaubhaft zum Richter über den guten Geschmack aufschwingen kann. Denn wer seinen eigenen Lebensstil als Norm durchsetzt, ist in der sozialen Prestigeskala ganz oben angekommen.

In der Auseinandersetzung um den richtigen Geschmack ist der Adel allen anderen Gruppen überlegen. Seit Jahrhunderten hat er eingeübt, wie sich Distinktionsgewinne erzielen lassen, indem man die Vorlieben der anderen Schichten als unpassend abqualifiziert. Der Trick ist so simpel wie effektiv und funktioniert nach dem Prinzip Wanderdüne: Wann immer sich die niederen Schichten Teile des adeligen Kulturguts angeeignet haben, wird dieses für obsolet erklärt – und eine neue Mode kreiert. Selbst die harmlose Wahl eines Getränks kann da schnell zur Scheidelinie zwischen den Schichten werden und die selbsternannte Avantgarde von den angeblichen Banausen trennen.

Wie dieses Spiel funktioniert, lässt sich inzwischen auch nachlesen, denn der Journalist Alexander von Schönburg war so freundlich, eine Stilfibel zu verfassen. Zum Thema »Schön essen gehen« fällt dem Grafen unter anderem ein: »Es gibt immer noch Leute, die glauben, es sei Ausweis einer besonders mondänen Lebensart, wenn sie sagen, sie hätten außer einer Flasche Champagner und einem Kodakfilm (oder Nagellack, je nachdem) nichts im Kühlschrank. Dabei ist diese Haltung völlig démodé. Erstens ist Champagner ohnehin ein minderwertiges Getränk, für das man Trauben verwendet, die bei der Weinproduktion aussortiert wurden. Und zweitens, gibt es, bei Lichte betrachtet, wenige Dinge, die so kleinbürgerlich sind wie ›essen gehen‹, womöglich gar in der Kombination mit ›schön‹ essen gehen.«[13]

Da ist er, der erfolgreichste Kampfbegriff der Moderne: »kleinbürgerlich«. Niemand will kleinbürgerlich sein. Wer mit diesem Schmachwort betitelt wird, der ist gesellschaftlich tot. Allerdings schützt auch Vermögen nicht unbedingt vor der Verachtung des Grafen, denn auch innerhalb der Eliten gibt es noch Hierarchien. Nur wenig besser als »kleinbürgerlich« ist das Adjektiv »neureich«. Schönburg kann von schauerlichen Ausflügen in die Welt des stillosen Luxus berichten: »Unangenehm wird es nur, wenn man eine Einladung Neureicher angenommen hat. Die Tischdekoration von Neureichen sieht immer so aus, als habe sie ein Florist gemacht, der sich von einem üblen Ecstasy-trip erholt.«[14]

Niemand weiß wohl besser als der Adel, wie man die eigenen Kinder zu perfekten Snobs erzieht. Mit hemmungsloser Selbst-sicherheit wissen sie ihre Umwelt davon zu überzeugen, dass sich die gesellschaftliche Spitze dort befindet, wo sie gerade Platz ge-nommen haben. Wie ein Veteran erzählt der kaum 40-jährige Schönborn von gewonnenen Prestige-Schlachten im Edelres-taurant: »Ich erinnere mich noch an die gute alte Zeit der Sterne-küche, als Eki Witzigmann das ›Aubergine‹ in München führte und für seine liebsten Gäste geschmorten Ochsenschwanz und danach Kaiserschmarren servierte, während die Anwälte an den Nebentischen in ihrer Nouvelle Cuisine herumstocherten und neidisch zu uns rüberblickten, aber das, was wir aßen, nicht auf der Karte fanden.«[15]

Die armen Anwälte haben keine Chance. Sollten sie je ver-suchen, ebenfalls einfache Gerichte wie Ochsenschwanz zu be-stellen, wird die selbsternannte Avantgarde längst weiterge-zogen sein und neue Menus als angesagt definieren.

Dieses Prinzip Wanderdüne ist so raffiniert, weil es stets eine Offenheit signalisiert, die es in Wahrheit konterkariert. Nichts wäre für die Eliten sozial gefährlicher, als wenn wahrgenommen würde, wie abgeschlossen sie tatsächlich sind. Gegen eine Ober-schicht, die sich sichtbar abschottet, wird schnell rebelliert. Doch stattdessen wird den Massen suggeriert, sie könnten in die Eliten aufsteigen, wenn sie nur richtig kleiden oder das passende Getränk wählen. Dass sich die Codes der Oberschichten unter-dessen wandeln, bleibt weiter unten lange unbemerkt.

Der Adel mag zwar eine politisch unbedeutende Gruppe sein, aber als Studienobjekt taugt er bestens. In kristalliner Reinheit sind dort jene Strategien zu besichtigen, die längst auch andere Eliten übernommen haben, um den eigenen Status zu sichern. Auch bei ihnen wird jede Lebensregung zum Symbol der eigenen Schicht und Ansprüche: Wie man wohnt, welchen Sport man treibt, welches Musikinstrument man beherrscht, welche Frisur man bevorzugt, welches Auto man fährt oder welche Schule man für seine Kinder auswählt. Obwohl jede einzelne dieser Entscheidungen individuell wirkt, ist sie zugleich immer ein soziales Signal, das die Schichtzugehörigkeit markiert und benutzt wird, um sich nach unten abzugrenzen.

7 Gleich und gleich gesellt sich gern: Die Partnerwahl der Deutschen

Das Private ist politisch. Diese berühmte Erkenntnis der Frauenbewegung ist nur allzu wahr. Nichts ist so intim wie die Partnerwahl, und dennoch wird durch diese scheinbar so individuelle Entscheidung die gesamte Gesellschaft zementiert. Denn fast niemand ist bereit, unter seinem eigenen Stand zu heiraten.

Diese Sehnsucht nach sozialer Bedeutung hat eine Internet-Kontaktbörse prompt zum Eigennamen erhoben – und nennt sich ElitePartner.de. Man sei »die Adresse für Singles mit Niveau«. Ihnen wird eine »Premium-Mitgliedschaft« offeriert, was nach Luxus klingt. Wer zu diesen »kultivierten Singles« gehört, wird schon auf der Startseite per Foto klargestellt. Abgebildet sind eine Designerin, ein Architekt, eine Journalistin und ein Kardiologe. Es darf aber auch eine Schauspielerin, ein Pilot oder ein Kunsthändler sein. Mehr als eine Million Mitglieder hat die Partnerbörse schon, wenn der Eigenwerbung zu trauen ist.[1] An selbsternannter Elite scheint in Deutschland also kein Mangel zu herrschen. Bei der Konkurrenz zeigt sich ein ähnliches Bild: Auch die Online-Kontaktbörse Parship zielt auf »Singles mit Niveau«.

Für diese triviale Welt der Internet-Kontakte interessiert sich inzwischen auch die Soziologie, bietet sich doch ein ganz neues Forschungsfeld: Erstmals lässt sich untersuchen, wie Menschen ihre Partner wählen, wenn sie nicht auf die Strukturen des Alltags angewiesen sind. Bisher bahnten sich die Kontakte meist in der Nachbarschaft, über Freunde, während der Ausbildung oder im Beruf an. Da war es kein Wunder, dass die sozialen Milieus der Partner oft ähnlich waren. Das Internet hingegen bietet völlig neue Freiheiten. Theoretisch könnte sich dort jeder mit jedem paaren. Faktisch aber verhalten sich die Menschen auch beim Online-Dating sehr traditionell: Erneut bevorzugen sie Partner, die über den gleichen Bildungsabschluss verfügen. Oder wie die Soziologen es so unnachahmlich formulieren: Es zeigt sich eine »klare Tendenz zu bildungshomophilem Kontaktverhalten«.[2]

Gerade akademisch gebildete Frauen sind unerbittlich, wie sich zeigte, als Soziologen ihr Klickverhalten im Internet untersuchten. Wenn ein Mann nicht ebenfalls ein Studium zu bieten hat, dann drücken sie ihn sofort weg. Ein Blick auf den Lebenslauf genügt, um für immer zu entscheiden, dass dieser Mann kein Partner sein kann. Dieses Muster zeigt sich aber nicht nur bei Akademikerinnen. Für fast alle Frauen scheint es undenkbar zu sein, einen Partner zu wählen, der nicht mindestens so gut ausgebildet ist wie sie selbst. Männer sind da weniger strikt. Zwar bevorzugen die meisten ebenfalls eine Partnerin auf Augenhöhe, doch sind viele auch bereit, Frauen mit niedrigerem Bildungsniveau zu kontaktieren. Offenbar wirken noch immer die traditionellen Rollenbilder nach. Die Gesellschaft findet nichts dabei, wenn ein Arzt eine Krankenschwester heiratet – ist aber schwer erschüttert, wenn sich eine Ärztin für einen Tankwart entscheidet.

Doch obwohl den Männern von der Gesellschaft mehr Wahlfreiheit eingeräumt wird, heiraten nur noch 20 Prozent »nach unten«. Früher waren es 50 Prozent, doch wissen es die Männer offenbar zu schätzen, dass sich die Ausbildung bei den Frauen deutlich verbessert hat. Nun wählen sie bevorzugt Partnerinnen, die ihnen ähnlich sind. Denn es erleichtert eine Ehe, wenn man Wissen und Interessen teilt – es ist schlicht einfacher, miteinander zu kommunizieren. Man missversteht sich nicht und lacht mühelos über die Witze des anderen. Viele Konflikte treten gar nicht erst auf, weil man sowieso dergleichen Meinung ist und denselben Geschmack entwickelt hat. Das beginnt beim Reisen und endet bei der Kindererziehung. Zudem ist es für die Männer auch ökonomisch vorteilhaft, wenn sie Frauen wählen, die ebenfalls über ein möglichst hohes Berufseinkommen verfügen.

Eine Momentaufnahme bietet das Statistische Bundesamt: Im Jahr 2007 hatten genau 61 Prozent aller Paare den gleichen Bildungsabschluss. Bei 30 Prozent war der Mann höher gebildet, bei neun Prozent war es umgekehrt.[3]

Der Trend zur bildungsgleichen Ehe vererbt sich durch die Generationen. Wenn bereits der Vater über einen hohen Abschluss verfügt, dann steigt die Wahrscheinlichkeit noch weiter, dass auch seine Söhne und Töchter einen sehr gut ausgebildeten Partner wählen.[4] Gleichzeitig ist es für die Kinder der Elite nicht ganz so schlimm, wenn sie in der Schule oder im Studium versagen. Meist können sie trotzdem einen Partner mit hohen Abschlüssen heiraten. Ihre Kontakte und ihr Sozialprestige sorgen dann dafür, dass sie auch ohne Schulerfolg in den obersten Schichten verbleiben.

Aber nicht nur die Bildung der Partner ist ähnlich – auch ihr ökonomischer Status gleicht sich. Kinder aus gutem Haus wählen mit hoher Wahrscheinlichkeit einen Gatten, der ebenfalls wohlhabende Eltern hat. Der Begriff »gute Partie« mutet antiquiert an, und dennoch beschreibt er genau die Ehen der Eliten. Es ist statistisch jedenfalls sehr unwahrscheinlich, dass ein Kind gut verdienender Eltern später einen Partner aus ärmlichen Verhältnissen heiratet.[5] Dieser Trend zeigt sich nicht nur in Deutschland, sondern in ganz Europa. Überall neigen die Paare dazu, sich nach dem gleichen Bildungsabschluss und damit Status zu sortieren.[6]

In der Postmoderne wird oft suggeriert, jedes Individuum hätte die volle Wahlfreiheit und würde ganz selbstbestimmt die eigenen Wünsche ausleben. Doch tatsächlich ist der Einzelne sehr stark konditioniert durch seine Herkunft. Der Soziologe

Ulrich Beck hat daher eher einen Traum, denn die Wirklichkeit beschrieben, als er eine zunehmende Individualisierung zu beobachten glaubte. Tatsächlich bleiben die allermeisten in ihrer Schicht gefangen.

Viele kleine private Entscheidungen summieren sich zu einem rasanten sozialen Trend: Die Schichten separieren sich immer stärker voneinander, und schon durch die Wahl ihrer Partner schottet sich die Elite ab. Vermögen und Einkommen sind bereits jetzt sehr ungleich verteilt, doch nimmt diese Konzentration sogar noch zu, wenn Generation um Generation nur innerhalb der eigenen Schicht heiratet. Aschenputtel bleibt jedenfalls ein Märchen. Die arme Magd wird nicht vom Prinzen erwählt, denn dieser entscheidet sich viel lieber für eine Prinzessin.

8 Elite gebiert Elite: Die Studienstiftung des deutschen Volkes

Diese elitären Paare sind allerdings mit dem Problem konfrontiert, dass sie in einer Demokratie leben, die in ihrem Selbstverständnis auf Chancengleichheit besteht. Daher ist es zwingend erforderlich, dass der eigene Status so wirkt, als sei er durch Leistung erwirtschaftet worden. Als geradezu genialer Trick hat sich dabei die Begabtenförderung erwiesen, die dem Nachwuchs der Elite verlässlich bestätigt, dass sie zu den Hochintelligenten zählt. Die Privilegien der Herkunft werden damit zu Priviligien des Geistes umetikettiert.

Dieser Mechanismus lässt sich nirgends besser beobachten als bei der »Studienstiftung des deutschen Volkes«, die das größte und auch das älteste der elf Begabtenförderungswerke in Deutschland ist. Schon 1925 wurde diese Stiftung in Dresden gegründet, um die neue Demokratie mit einer Elite zu versehen, die sich nicht durch die Nähe zu den Königshäusern definierte. Die Studienstiftung ist eines der ganz wenigen Förderungswerke, das nicht an eine Partei oder eine Konfession gebunden ist – und auch nicht von einem einzigen privaten Gönner abhängt. Stattdessen wird sie überwiegend vom Staat finanziert. Das wirkt zunächst ungemein demokratisch, doch genau diese Unabhängigkeit macht sie zu einem elitären Gütesiegel: Kein Förderungswerk ist derartig renommiert wie die Studienstiftung. Während bei Stipendiaten der Konrad-Adenauer- oder der Friedrich-Ebert-Stiftung leicht der Verdacht mitschwingt, sie könnten auch wegen ihrer Nähe zur CDU oder zur SPD ausgewählt worden sein, scheinen die Studienstiftler allein kraft ihrer Intelligenz gefördert zu werden.

Der Staat ist durchaus spendabel. »Die finanziellen Vorgaben des BMBF waren 2008 so großzügig, dass wir keinerlei Engpässe befürchten mussten«, heißt es dankbar im aktuellen Jahresbericht der Studienstiftung.[1] Rund 51 Millionen Euro stehen jährlich zur Verfügung. Damit werden rund 10 000 Studierende gefördert – das sind etwa 0,5 Prozent aller Studierenden in Deutschland. Hinzu kommen noch mehr als 900 Doktoranden, die ein Promotionsstipendium erhalten. Insgesamt wurden inzwischen mehr als 50 000 Stipendiaten betreut, die nun ihren Lebenslauf damit zieren können, dass sie zu den amtlich geprüften Hochbegabten dieses Landes zählen. In einem Land ohne klassische Eliteuniversitäten ist die Studienstiftung die »heimliche Eliteuniversität Deutschlands« – so sieht es jedenfalls das angelsächsische Ausland.[2]

Das Wort von der »heimlichen Eliteuniversität« trifft auch insofern zu, als die meisten Studienstiftler nur im engsten Freundeskreis erkennen lassen, dass sie gefördert werden. Es muss ja nicht jeder wissen, dass man zu den beglaubigten Hochbegabten zählt. Zum Verhaltenskodex der Stiftung gehöre seit ihrem Bestehen eine »vornehme Zurückhaltung bis fast hin zu geheimbündlerischer Verschwiegenheit«, konstatiert der Hirnforscher Gerhard Roth, der momentan Präsident der Studienstiftung ist.[3] Diese klandestine Bescheidenheit erklärt sich Roth damit, dass die Studienstiftler offenbar fürchteten, ihre Kommilitonen könnten sie als »arrogante Streber oder gar als abnorme Wesen« abqualifizieren, sobald sie sich als auserwählte Elite zu erkennen geben. Vielleicht ist es aber gar nicht der Neid, den die Studienstiftler meiden wollen – sondern die soziale Kontrolle. Schließlich wissen die Kommilitonen aus nächster Nähe oft am besten, wer zu den Leistungsträgern in einem Uni-Seminar zählt. Es ist jedoch keineswegs ausgemacht, dass die Studienstiftung immer zielsicher die Begabtesten fördert. Die richtige Herkunft ist mindestens ebenso wichtig, denn das Auswahlverfahren begünstigt die Kinder der Eliten.

Zu den Besonderheiten der Auswahl gehört es, dass es bisher nicht möglich war, sich bei der Studienstiftung selbst vorzuschlagen. Erst ab dem Frühjahr 2010 ist es gestattet, sich auch selbst zu bewerben. Doch damit wird das eigentliche Verfahren nicht ersetzt, sondern nur ergänzt: Die meisten Stipendiaten werden auch weiterhin je zur Hälfte von den Schulen und den Hochschulen empfohlen, wobei jedes Gymnasium zwei Kandidaten benennen darf. Meist entscheiden sich die Schulen schlicht für die beiden besten Abiturienten eines Jahrgangs. Die Kandidaten müssen dann an einem Auswahlseminar der Studienstiftung teilnehmen, das noch nicht einmal die Hälfte übersteht. 2008 wurden 9024 Studierende vorgeschlagen, doch nur 3455 wurden am Ende auch tatsächlich aufgenommen.[4] Offiziell lauten die Kriterien der Auswahl »Leistung, Initiative und Verantwortung«. Die Studienstiftler sollen nicht nur hochbegabt sein, sondern sich zudem für die Gesellschaft engagieren. Doch tatsächlich findet auch eine soziale Selektion statt, denn es werden vor allem Akademikerkinder gefördert, obwohl nicht anzunehmen ist, dass nur sie bereit sind, gesellschaftliche Verantwortung zu übernehmen.

Nur äußerst selten werden Stipendiaten wie die Soziologiestudentin Ines Busch aufgenommen, die sich auf einem Abendgymnasium zum Abitur durchgeschlagen hat. Niemand in ihrer Familie hatte je eine Universität besucht, und ihr Wunsch zu studieren löste bei den Eltern Misstrauen aus: »Ein Studium wurde von ihnen als abgehoben empfunden, gerade Soziologen als besserwisserische Miesmacher mit besten Aussichten auf ein Leben als Taxifahrer.« Mit dem Blick einer sozialen Außenseiterin hat Ines Busch sehr treffend beschrieben, wie die Studienstiftung vor allem die angestammten Eliten fördert.

Irritierend war etwa der Besuch einer der Sommerakademien, die die Stiftung jährlich für ihre Zöglinge abhält. »Ich lernte unter mehr als 100 Teilnehmern einige wenige kennen, die wie ich leider keine tieferen Kenntnisse klassischer Musik hatten, weder Klavier noch Geige spielten, Latein nicht fließend sprachen und auch Schach nur mäßig beherrschten.«[5]

Diese anderen Ahnungslosen, auf die sie so selten traf, waren Kinder von Migranten oder aus Arbeiterfamilien sowie ehemalige Berufstätige. »Gemeinsam trösten wir uns über unsere partiellen Unkenntnisse des bildungsbürgerlichen Wissenskanons hinweg.« Auch bemerkten sie irgendwann, dass »jeder Einzelne von uns Fähigkeiten und Wissen besaß, die uns völlig zu Recht in die Studienstiftung gebracht hatten«. Aus diesen letzten Worten klingt heraus, wie sehr sie sich als Eindringlinge gefühlt haben. Ihnen fehlte das typische Selbstbewusstsein der Eliten, dass ihnen ihre Privilegien sowieso zustehen. Die Hierarchie ist völlig klar. Die Aufsteiger haben dankbar zu sein, wenn sie dazugehören dürfen. Diese subtile Rollenzuweisung hat Ines Busch nicht etwa unterlaufen, sondern unbewusst übernommen: Am Ende fühlte sie sich »stolz als akzeptierter Teil eines größeren Ganzen, als Studienstiftlerin«.

Der Studienstiftung ist durchaus deutlich, dass ihre Auswahlverfahren nicht alle Schichten gleichmäßig erreicht. Daher wurden Ende 2007 erstmals die damals 7807 Stipendiaten in einer Sozialerhebung befragt.[6] Das Resultat bestätigte den landläufigen Eindruck, dass die Studienstiftung vor allem Kinder aus akademischen Elternhäusern fördert: Bei achtzig Prozent der Stipendiaten besitzt mindestens ein Elternteil das Abitur und bei 79 Prozent hat zumindest ein Elternteil ein Hochschulstudium abgeschlossen. Von den »normalen« Studierenden haben nur 62 Prozent einen Vater oder eine Mutter mit Abitur – und nur bei 51 Prozent kann zumindest ein Elternteil einen Hochschulabschluss vorweisen. Zudem nehmen die Eltern von Stipendiaten häufig gehobene oder leitende Positionen als Angestellte, Beamte oder Freiberufler ein. Insgesamt wird die soziale Herkunft bei 64 Prozent der Studienstiftler als »hoch« eingestuft, was nur für 42 Prozent aller Studierenden gilt.

Offenbar findet eine starke soziale Selektion statt, bevor sich Studierende damit schmücken dürfen, ein Studienstiftler zu sein. Der Status der Eltern wird auf den Nachwuchs vererbt. Aber wie genau findet diese Selbstrekrutierung der Eliten statt? Ein naheliegender Verdacht wäre, dass die Auswahlseminare der Studienstiftung so konzipiert sind, dass fast nur Akademikerkinder durchkommen können. Dieser Vermutung hat sich die Studienstiftung offensiv gestellt – und Stichproben gezogen. Dabei kam heraus, dass die Studienstiftung die bildungsfernen Schichten bei ihrer Auswahl nicht benachteiligt. 2007 stammten von den vorgeschlagenen Kandidaten zwar nur ganze 21 Prozent aus nichtakademischen Elternhäusern, aber auch unter den abgelehnten Bewerbern fanden sich nur etwa 21 Prozent aus eher bildungsfernen Schichten. Wenn es ein Arbeiterkind also erst einmal bis zu einem Auswahlseminar der Studienstiftung geschafft hat, dann sind seine Chancen genauso groß wie bei einem Akademiker-Sprössling, auch aufgenommen zu werden.

Die Studienstiftung sieht darin einen »deutlichen Hinweis«, dass in ihren Auswahlseminaren »keine Selektion in Bezug auf die soziale Herkunft stattfindet«. Das ist richtig, aber eben nur die halbe Wahrheit. Die Studienstiftung verstärkt die soziale Selektion nicht – aber sie setzt die Spaltung ungebrochen fort, die bereits in der Schule eingesetzt hat. Traumnoten im Abitur schaffen eben vor allem Akademikerkinder, die schon von Kindesbeinen an mit dem humanistischen Bildungsgut gefüttert wurden. Zudem nutzen nicht wenige Bildungsbürger ihre Kontakte, um dafür zu sorgen, dass ihr Kind bei der Studienstiftung vorgeschlagen wird. Vor allem unter Professoren ist es gängige Praxis, den Nachwuchs gegenseitig zu empfehlen.

Es ist der Studienstiftung durchaus anzurechnen, dass sie nun versucht, sich für bildungsferne Schichten stärker zu öffnen, indem sie die Selbstbewerbung zulässt. Trotzdem dürften weiterhin vor allem die Eliten unterstützt werden, wie die Erfahrung der anderen zehn Begabtenförderungswerke zeigt, wo es schon immer möglich war, sich selbst zu bewerben – und die dennoch kaum Arbeiterkinder unter ihren Stipendiaten haben.[7]

Wie erstaunlich ähnlich sich die Stipendiaten sind, fällt auch den Studienstiftlern selbst auf. Die meisten begrüßen es allerdings, dass sie endlich ganz ungestört unter sich bleiben können. »Wie ich innerhalb meiner Stipendiatengruppe feststellen konnte, sind Stipendiaten der Studienstiftung eine außerordentlich homogene Gemeinschaft, und es ist nicht übertrieben zu sagen, dass ich mich selten so wohl gefühlt habe wie bei den Stammtischen der Studienstiftung. Es erscheint kitschig von einer ›Seelenverwandtschaft‹ innerhalb der Studienstiftung zu sprechen, aber genau dies ist der Eindruck, den ich in den vergangenen zwei Jahren gewonnen habe. Das Auswahlverfahren der Studienstiftung ist ohne Zweifel erschreckend subjektiv, unberechenbar, am Ende jedoch erstaunlich treffsicher. Manchmal überlege ich, wie ich wohl darüber denken würde, wenn ich nicht aufgenommen worden wäre …«[8]

Da die meisten Stipendiaten aus durchaus begüterten Elternhäusern kommen, erhielten 2008 rund 58 Prozent nur ein Büchergeld von achtzig Euro. Doch trotz dieser eher ideellen Unterstützung lohnt es sich für sie, von der Studienstiftung gefördert zu werden: Wichtig ist gar nicht der Geldbetrag – es sind die Netzwerke, die entstehen, und vor allem der Hinweis im Lebenslauf. Wer bei der Studienstiftung war, kann sich sicher sein, dass er zu fast jedem Vorstellungsgespräch eingeladen wird.[9]

Zudem dürfte die Höhe der Stipendien bald steigen. Dieses Anliegen war der schwarz-gelben Regierung so dringend, dass sie gleich in ihren Koalitionsvertrag hineingeschrieben hat, dass das Büchergeld auf dreihundert Euro angehoben wird. Darüber hinaus wolle man »den Anteil der Stipendiaten mittelfristig von heute zwei auf zehn Prozent der Studierenden erhöhen«. Das wird die Eliten freuen. Bisher mussten sie damit leben, dass nicht ihr gesamter Nachwuchs gefördert wird, weil zu wenige Stipendien zur Verfügung standen. Doch nun sollen die elf

Begabtenförderungswerke ja expandieren, so dass demnächst noch mehr Kinder aus akademischen Elternhäusern bescheinigt bekommen, dass sie zu den Hochbegabten zählen. Damit zumindest der Schein einer fairen Auswahl gewahrt bleibt, mahnt die neue Koalition etwas verschämt an: »Wir erwarten von den Begabtenförderungswerken, dass sie sich bislang unterrepräsentierten Gruppen stärker öffnen.«[10]

Die gestiegene Zahl der Stipendiaten wird eine paradoxe Wirkung entfalten. Zunächst könnte man ja geneigt sein zu glauben, dass mehr Förderung auch mehr Chancengleichheit bedeutet. Doch tatsächlich wird sich die soziale Selektion noch erhöhen. Bisher gab es so wenige Stipendien, dass es keine Schande bedeutete, wenn man nicht gefördert wurde. Denn niemand nahm an, dass alle Begabten von diesen Programmen erfasst würden. Die Stipendien waren ein Zusatz-Bonus, aber kein Ausschlusskriterium. Das wird sich künftig ändern: Wer nicht zu den obersten zehn Prozent der amtlich gestempelten Leistungsträgern gehört, wird sich bei Bewerbungen der Frage stellen müssen, warum er es nicht bis ins Topsegment der Studierenden geschafft hat. Gerade durch die Ausweitung der Stipendien erreicht die Elite also ihr Ziel, sich nach unten abzugrenzen – und soziale Privilegien in eine offizielle Bescheinigung ihrer Hochbegabung umzudeuten.

Derweil ist die Studienstiftung rührig damit beschäftigt, zwischen ihren ehemaligen Stipendiaten ein Netzwerk zu schaffen.[11] Inzwischen existieren 33 Alumni-Initiativen im In- und Ausland, zudem kommt man einmal jährlich zu Alumni-Treffen zusammen. 2008 versammelte man sich unter dem durchaus egozentrischen Titel »Welche Elite brauchen wir?«. Diese Frage hätte man sich vor zehn oder zwanzig Jahren noch nicht gestellt. Damals war man einfach nur Elite, selbstbewusst und verschwiegen. Wenn inzwischen jedoch selbst Studienstiftler darüber reden müssen, dass sie zu den Hochbegabten zählen, dann ist die gesamtgesellschaftliche Nervosität offenbar auch bei den Eliten angekommen.

9 Das »Schickedanz-Syndrom«: Die Reichen rechnen sich arm

Deutschland ist ein sehr reiches Land. Aber wo sind die Reichen? Sie sind nicht aufzufinden. Selbst vermögende Fürstenhäuser erwecken den Eindruck, als gehörten sie in das Heer der normalen Angestellten. »Wir sind weiß Gott nicht reich«, sagt etwa Fürstin Gloria von Thurn und Taxis über ihre Familie und erläutert, dass die wirklich Reichen längst ins Ausland gezogen seien. »Wir sind absoluter Mittelstand.«[1] Das glaubt sie offenbar wirklich, obwohl ihr Sohn zum Jet-Set zählt. Das *Manager Magazin* taxiert sein Vermögen auf aktuell 500 Millionen Euro.

Fürstin Gloria ist keinesfalls die Einzige, die ihre Einkünfte herunterrechnet. Für diesen Trend gibt es inzwischen ein Symbol: Madeleine Schickedanz. Die Quelle-Erbin sorgte bundesweit für Aufruhr, als sie in einem *Bild*-Interview kundtat, dass sie nur noch von 500 bis 600 Euro monatlich leben würde. »Wir kaufen auch beim Discounter. Gemüse, Obst und Kräuter haben wir im Garten.« Nur noch selten würden sie und ihr Mann zum Italiener um die Ecke gehen und dort je eine Pizza, ein Viertel Rotwein und ein alkoholfreies Bier bestellen. »Das kostet dann keine 40 Euro.«

Sehr detailliert rechnete sie den *Bild*-Lesern vor, wie ihr Vermögen geschrumpft ist, das einst mehr als drei Milliarden Euro betrug. Doch inzwischen sind die Aktien nichts mehr wert, und außerdem habe sie dreistellige Millionenbeträge in den Karstadt-Quelle-Konzern gepumpt, um die Pleite abzuwenden. »Wenn die Rettung von Arcandor scheitert und die Banken die Kredite fällig stellen, verliere ich alles – Häuser, Aktien, Beteiligungen an anderen Firmen.« Wenig subtil lässt sie anklingen, dass ihr demnächst die Altersarmut drohe. »Ich bekäme mit meinen 65 Jahren noch nicht einmal Rente.«[2] Von der Milliardärin ist sie also zur Hartz-IV-Empfängerin abgestiegen: Diese Assoziation stellte sich sofort bei den Lesern ein, obwohl das Wort Hartz IV im Interview nicht fiel.

Aber wie arm ist Madeleine Schickedanz wirklich? Schon im *Bild*-Interview gab sie zu, dass sie mit ihrem Mann Leo Herl eine Gütertrennung vereinbart habe – und ihm die Kunstwerke gehörten, die ihre Türmchen-Villa im fränkischen Hersbruck schmücken. Die *Bunte* ermittelte dann, dass sie bei ihrem Stamm-Italiener noch immer teuer isst und am liebsten Scampis bestellt. Frau Schickedanz möge gar keine Pizza, ließ der gesprächige Wirt wissen. Auch kam die Frage auf, wie die Quelle-Erbin eigentlich ihre Hausangestellten bezahlt, wenn sie doch angeblich nur über 500 Euro monatlich verfügt. Und schließlich stellte sich heraus, dass sie schon vor Jahren die Familienvilla in Fürth auf ihren Sohn überschrieben hat, was die Residenz wohl vor dem Zugriff der Insolvenzverwalter schützen sollte.[3] Madeleine Schickedanz hat offenbar doch nicht ihren gesamten Privatbesitz riskiert, um Arcandor zu retten. Sie ist zwar keine Milliardärin mehr, dürfte aber immer noch Millionärin sein.

Jedenfalls ist Madeleine Schickedanz weit davon entfernt, auch nur in die Nähe von Hartz-IV-Sätzen zu geraten. Trotzdem scheint sie selbst den krassen Graben zwischen ihrem Reichtum und der Lebensrealität der ärmeren Bundesbürger nicht zu sehen. Ihr Interview ist naiv, nicht zynisch.

Die Quelle-Erbin ist kein Einzelfall. Bundesweit ist ein seltsames Phänomen zu beobachten: Objektiv nimmt der Reichtum zu, doch subjektiv sorgen sich immer mehr Reiche um ihre Zukunft.

Dieses »Schickedanz-Syndrom« wurde kürzlich vom Deutschen Institut für Wirtschaftsforschung (DIW) näher untersucht.[4]

Dabei stellte sich heraus, dass zwar sieben Prozent der Deutschen als reich gelten können, aber nur ein Prozent zu den »sorgenfreien Reichen« zählt. Denn die meisten Spitzenverdiener waren in den vergangenen fünf Jahren zumindest zeitweise beunruhigt, sobald sie an ihre eigene wirtschaftliche Zukunft dachten. Offenbar hat der soziale Stress enorm zugenommen, wenn selbst die obersten Einkommensgruppen unter Abstiegsängsten leiden.[5] Diese gefühlte Unsicherheit scheint dann zu einem psychologischen Fehlschluss zu führen: Weil ihnen ihr eigener Reichtum prekär erscheint, rechnen sie sich prompt zum Prekariat.

Jeder einzelne macht sich wirklich Sorgen, doch in der Summe formiert sich damit ein »Klassenkampf von oben«, der sich einer sehr wirksamen Waffe bedient: Die Reichen werden arm gerechnet, während die Armen zu den eigentlich Reichen ernannt werden. Sie werden als Schmarotzer denunziert, die einem nichtsnutzigen Leben nachhängen und die »Leistungsträger« aussaugen würden.

Wie diese rhetorische Figur prototypisch funktioniert, führte kürzlich der Philosoph Peter Sloterdijk vor. In immer neuen Artikeln beklagte er, dass der »Steuerstaat« eine riesige »Transfermaschine« sei, um die »erfolglosen Segmente der Bevölkerung« durchzufüttern. Er diagnostizierte einen »fiskalisch basierten Semisozialismus« in Deutschland und rief zum »antifiskalischen Bürgerkrieg« auf, um die »Ausbeutung der Produktiven durch die Unproduktiven« zu beenden.[6]

Völlig argumentfrei zürnt Sloterdijk nicht. Er hat nämlich einen flüchtigen Blick in die amtliche Einkommensteuerstatistik geworfen und dort einen vermeintlichen Skandal entdeckt: »Allein das oberste Zwanzigstel der Leistungsträger bestreitet gut 40 Prozent des Gesamtaufkommens an Einkommenssteuern, das obere Fünftel 70 Prozent.«

Diese Erkenntnis ist nicht ganz falsch. Tatsächlich zahlt die untere Hälfte der Bevölkerung fast gar keine Einkommensteu-

Einkommenssteuer

ern mehr. 2004 trugen die niedrigen Einkommen nur noch ganze 4,4 Prozent zur Steuerlast bei, während die obersten 20 Prozent der Steuerbürger 71,6 Prozent des Gesamtaufkommens allein stemmten. Zu diesem oberen Fünftel gehörte bereits, wer 44 406 Euro Einkünfte im Jahr hatte.[7] Es könnte also wirklich so scheinen, als würden die Besserverdienenden kräftig geplündert.

Trotzdem begeht Sloterdijk vier zentrale Denkfehler. Zunächst einmal ist es natürlich völlig absurd zu vermuten, dass sich hinter jedem hohen Einkommen ein »Leistungsträger« verberge. Denn in Deutschland entscheidet, wie gezeigt, vor allem die Herkunft, wie hoch das Einkommen später ausfällt. Der Status wird von den Eltern an ihre Kinder vererbt. Man muss sich schon fragen, ob Sloterdijk überhaupt selbst ein »Leistungsträger« ist, wenn er munter über die Gesellschaft schreibt, ohne sich für die soziale Wirklichkeit näher zu interessieren.

Der zweite Irrtum: Sloterdijk zitiert die Steuerstatistik nicht vollständig. Er suggeriert einfach, dass ein hoher Anteil an der Einkommensteuer automatisch bedeute, dass die Reichen übermäßig belastet würden. Dies ist schlicht falsch. Selbst die absoluten Spitzenverdiener zahlen im Durchschnitt nur 23,8 Prozent an Steuern auf ihr Einkommen, wie im Armuts- und Reichtumsbericht nachzulesen ist.[8]

Selbst Multimillionäre wissen sich so arm zu rechnen, dass sie deutlich unter dem offiziellen Spitzensteuersatz bleiben. Das DIW hat einmal die Steuerlast der 450 reichsten Deutschen untersucht, die 2002 im Durchschnitt jeweils 22 Millionen Euro an Einkünften erzielten. Das erstaunliche Ergebnis: Auch diese Superreichen zahlten durchschnittlich nur 34 Prozent an Einkommensteuern – »und damit deutlich weniger als den gesetzlichen Steuersatz«. Denn eigentlich wären damals 48,5 Prozent fällig gewesen. Doch für die Multimillionäre gab es vielfältige Freibeträge, Abzugsbeträge und andere Vergünstigungen, die sie steuersparend zu nutzen wussten.[9]

Einkommens —vs. Verbrauchssteuern

Drittens: Die großen Lasten entstehen gar nicht mehr bei der Einkommensteuer, die schon fast zu einer Bagatellsteuer verkommen ist. Ihr Gesamtaufkommen dürfte im Jahr 2010 nur noch bei rund 170 Milliarden Euro liegen. Zum Vergleich: Bei der Mehrwertsteuer wird mit 180 Milliarden gerechnet. Und es gibt ja noch weitere Verbrauchsteuern. Allein die Energie- und die Tabaksteuer sollen noch einmal 53 Milliarden einbringen.[10] Das deutsche Steuergefüge hat sich also völlig verschoben. Die Spitzenverdiener und die Firmen wurden entlastet – und stattdessen finanziert sich der Staat nun immer stärker durch die indirekten Steuern, die alle Bürger gleich betreffen, den Niedriglöhner genauso wie den Multimillionär.

Dieser Trend wird nirgends so deutlich wie bei den Großunternehmen, die besonders stark von den Steuerreformen profitiert haben: Für 2010 sind als Körperschaftsteuer nur noch ganze 7,2 Milliarden eingeplant. Da wird sogar schon die Versicherungsteuer mit 10,45 Milliarden deutlich ergiebiger sein.

Wie stark die Einkommensteuern schrumpfen, zeigt sich auch im Vergleich mit früheren Jahren: Bis 1990 machten diese direkten Steuern etwa 60 Prozent des Gesamtaufkommens aus – und lagen damit weit vor den indirekten Steuern wie der Mehrwertsteuer. Doch seither steigen die Verbrauchssteuern stetig und haben die Einkommen- und Unternehmensteuern überholt.[11]

Viertens: Sloterdijk schließt von sich auf andere. Dieser Tunnelblick ist immer gefährlich. Als Rektor der Staatlichen Hochschule für Gestaltung in Karlsruhe ist er Beamter – und also nicht damit belastet, in die Rentenkassen oder in die Arbeitslosenversicherung einzuzahlen. Für die meisten Bürger sind aber die Sozialabgaben die eigentliche Bürde. Selbst die Ärmeren werden nicht geschont. Bei einem alleinstehenden Geringverdiener machen Steuern und Sozialabgaben inzwischen 47,3 Prozent der Arbeitskosten aus, wie die OECD ermittelt hat.[12] Das ist nach Belgien der zweithöchste Wert in allen Industrieländern. Bei einem Ehepaar mit zwei Kindern, wo beide durchschnittlich verdienen, liegt die Gesamtbelastung bei 45,2 Prozent. Die Multimillionäre kommen also sehr billig davon, wenn sie nur 34 Prozent ihres Einkommens abführen müssen.

Natürlich müssen sich auch Spitzenverdiener um ihre Gesundheit kümmern, doch diese Vorsorge ist für sie fast gratis. Bei den gesetzlichen Krankenkassen lag die »Beitragsbemessungsgrenze« 2009 bei 3675 Euro monatlich; das Einkommen darüber wird nicht mehr herangezogen.

Übrigens werden diese Beitragsbemessungsgrenzen von der OECD regelmäßig kritisiert, weil sie völlig widersinnige Folgen haben: Die Progression bei den Steuer- und Sozialabgaben sinkt wieder, je weiter das Einkommen steigt. So wird die maximale Belastung bei einem Single erreicht, der rund 53 000 Euro im Jahr verdient. Bei ihm fallen Abzüge in Höhe von 53,7 Prozent seiner Arbeitskosten an. Bei einem Jahresgehalt von 110 000 Euro müssen hingegen nur noch 50 Prozent abgeführt werden. Damit liegt die Steuer- und Abgabenquote wieder auf dem Niveau eines Arbeitnehmers, der nur über ein Jahresgehalt von 36 500 Euro verfügt. Deutschland ist also ein seltener Fall auf der Welt: Die Reichen werden weniger stark belastet als die Mittelschicht.

Die Irrtümer der Mittelschicht

10 Die »nivellierte Mittelstandsgesellschaft«: Warum ein falscher Begriff erfolgreich war

Für die Elite ist es rational, ihr Vermögen zu verschleiern und ihren Einfluss herunterzuspielen. Sie kann nur verlieren, wenn die Bevölkerung begreift, wie viel Macht sich bei wenigen konzentriert. Dennoch bleibt erklärungsbedürftig, warum sich die Mittelschicht so willig täuschen lässt. Ein Grund: Nachkriegszeit und Wirtschaftswunder wirken bis heute mental fort. Die »Stunde null« förderte die Illusion, dass alle wieder bei null anfangen mussten und die Chancen nun gleich verteilt wären.

Wenige Völker haben eine derart totale Niederlage erlebt wie die Deutschen im Zweiten Weltkrieg. Ganze Städte waren zerbombt, Millionen aus ihrer Heimat vertrieben, und die Inflation hatte das Ersparte aufgefressen. Die Umbrüche ab 1945 waren so enorm, dass man leicht übersehen konnte, dass die sozialen Hierarchien weitgehend unbeschadet fortbestanden.

Bis zum Mauerbau 1961 trafen rund neun Millionen Flüchtlinge aus den Ostgebieten in der Bundesrepublik ein. Aber auch die Westdeutschen selbst hatten einen Teil ihres Besitzes verloren – durch Luftangriffe und Bodenkrieg, manche auch durch die Verfolgung im Dritten Reich. Allein die privaten Verluste durch die Vertreibung im Osten wurden auf 62 Milliarden Reichsmark geschätzt. Der Luftkrieg hatte 27 Milliarden an Vermögen zerstört. Hinzu kamen 100 Milliarden Reichsmark an Ersparnissen, die durch die Inflation entwertet worden waren. Davon wurden dann 25,8 Milliarden als »entschädigungspflichtig« anerkannt – und im Lastenausgleich berücksichtigt.

Auch dieser Lastenausgleich hat dazu beigetragen, dass die Deutschen glaubten, in einer Gesellschaft aus Gleichen zu leben. Denn diese Sondersteuer schien das Vermögen gezielt umzuverteilen: Wer seinen Besitz durch den Krieg hatte retten können, sollte nun den Neuanfang der Geschädigten finanzieren. So weit die Idee. Tatsächlich wurde davon abgesehen, die Begüterten stark zu belasten, denn der Wirtschaftsaufschwung sollte nicht gefährdet werden. Der damalige CDU-Bundeskanzler Konrad Adenauer bekannte sich ganz offen zu seinen Prioritäten: »Der Wiederaufbau unserer Wirtschaft ist die vornehmste, ja einzige Grundlage für jede Sozialpolitik und für die Eingliederung der Vertriebenen. Nur eine blühende Wirtschaft kann die Belastungen aus dem Lastenausgleich auf die Dauer tragen.«[1]

Also wurde der Lastenausgleich auf 30 Jahre gestreckt, so dass die nominalen Beiträge real stark entwertet wurden. Durch das Wachstum, aber auch durch die Inflation, finanzierte sich die Abgabe fast von selbst. Für die Vermögenden »ging die Belastung nahezu bis zur Bedeutungslosigkeit zurück«, stellt der Wirtschaftshistoriker Werner Abelshauser fest. Bis zum Jahr 1979 wurden zwar insgesamt 113,9 Milliarden Mark aufgebracht und an die Kriegsopfer weitergereicht – aber an der Verteilung des Produktivvermögens hatte sich überhaupt nichts geändert.[2]

Dieser Reichtum der Firmenbesitzer fiel jedoch nicht besonders auf. Kollektiv prägend war stattdessen die Währungsreform: Am 21. Juni 1948 erhielt jeder Bürger ein »Kopfgeld« von 40 Mark – was die allgemeine Illusion erneut belebte, jeder Kopf sei gleich.

Noch wichtiger war dann das »Wirtschaftswunder«, das zu einem beispiellosen Wohlstand in allen Schichten führte. Zwischen 1950 und 1989 stieg das reale Pro-Kopf-Einkommen um mehr als das Vierfache. Das war beispiellos: Von 1800 bis 1950 hatte das reale Pro-Kopf-Einkommen nur um das Dreifache zugenommen. Zudem hatte dieses Wachstum vor allem im 19. Jahrhundert stattgefunden – während es dann nach dem Ersten

Weltkrieg zu einem weitgehenden Stillstand kam. Anders ausgedrückt: Zwischen 1950 und 1989 wuchs das Volkseinkommen etwa 13-mal so stark wie in der ersten Hälfte des 20. Jahrhunderts.[3]

Dieser neue Wohlstand war zwar keineswegs gleich verteilt, aber der Massenkonsum erreichte auch die unteren Schichten: Selbst Arbeiter und kleine Angestellte konnten sich plötzlich Kühlschrank, Fernseher, Auto und einen Urlaub in Italien leisten. Diese Entwicklung ist dann als die »Demokratisierung des Konsums« in die Geschichte eingegangen. Auch ärmere Bevölkerungsgruppen hatten nun die nötigen Mittel, um sich Statussymbole zu leisten: Produkte, die speziell für die Unterschicht konzipiert wurden, hatten keine Chance mehr. Der »Kabinenroller« von Messerschmitt ließ sich beispielsweise kaum verkaufen.[4]

Gleichzeitig sammelten die Deutschen neue kulinarische Erfahrungen: »Als besonders raffiniertes Experiment, das sich stetig steigender Nachfrage erfreute, galten die ›Chinarestaurants‹, von denen man in Hamburg 1964 bereits 14, in Düsseldorf zwölf und in Köln acht zählte.«[5]

Die Babyboomer haben in ihrer Kindheit noch erlebt, wie auch die Mittelschicht die Butter aufs Brot »kratzte« und im Alltag nur Margarine aß. Doch schon wenige Jahre später herrschte Fülle, und es war für jeden Supermarkt selbstverständlich, Butter gleich in mehreren Varianten anzubieten – gesalzen und ungesalzen, aus Dänemark, Irland oder dem Allgäu. Dieser Überfluss kann stressen: Konsumforscher haben inzwischen herausgefunden, dass gerade die bessergestellten Kunden nicht etwa bei Aldi einkaufen, weil sie ernsthaft sparen wollten, sondern weil es sie beruhigt, dass sie dort nur zwei Marken Toilettenpapier und eine Sorte Camembert finden.

Doch nicht nur der weitreichende Konsum wurde allen Schichten möglich. Genauso wichtig: Auch im Berufsalltag begannen die Standesunterschiede zwischen Arbeitern und Angestellten zu verschwimmen. Die berühmte »Lohntüte« verschwand, stattdessen hatten nun auch Arbeiter ein Gehaltskonto. Zudem hießen sie plötzlich »Mitarbeiter«, um sie den Angestellten anzugleichen. Und schließlich machten Maschinen die Werkshalle zu einem immer saubereren Arbeitsplatz. Der Aufstieg fand jedoch nicht nur im Atmosphärischen statt, sondern auch ganz real: Immer mehr Arbeiterkinder konnten Stellen als kleine Angestellte oder Beamte erobern. 1978 war es schon 63 Prozent der Arbeiterkinder gelungen, die Schicht ihrer Eltern zu verlassen.[6]

Dieser massenhafte Aufstieg war nur möglich, weil immer mehr Angestellte benötigt wurden. »Wenn es in der deutschen Sozialgeschichte des 20. Jahrhunderts einen atemberaubenden Expansionsvorgang gibt, dann ist es der Aufstieg der neuen Sozialfigur des Angestellten«, konstatiert der Historiker Hans-Ulrich Wehler. 1882 registrierte die Reichsstatistik nur maximal zwei Prozent »Privatbeamte«, wie damals der Verlegenheitsbegriff für die Angestellten lautete. Nach dem Zweiten Weltkrieg zählte man bereits 16 Prozent Angestellte, 1990 waren es 42 Prozent. Gleichzeitig stieg die Zahl der Beamten auf 2,5 Millionen – so dass Angestellte und Beamte gemeinsam 54 Prozent aller Berufstätigen ausmachten.[7] Innerhalb von nur zwei Generationen hat sich die deutsche Gesellschaft weitgehend entproletarisiert.

Diesen rasanten Wandel versuchte der konservative Soziologe Helmut Schelsky schon 1953 mit seinem Begriff der »nivellierten Mittelstandsgesellschaft« zu fassen. Kaum eine Beschreibung hat die Selbstdeutung der Deutschen so nachhaltig beeinflusst. Denn dieser Begriff war nicht nur prägnant – er schien auch »Gegenwartsanalyse und Zukunftsentwurf zu verbinden«.[8] Die Deutschen fanden sich plötzlich in einer Realität wieder, die gleichzeitig als Utopie taugte.

Es schien keine Schichten mehr zu geben, sondern nur noch Konsumenten, die ganz individuelle Lebensstile ausprobierten.

Immer neue Moden wurden von immer kleineren Untergruppen gepflegt. Die Gesellschaft schien sich in einer Postmoderne aufzulösen, die nur noch von vielen Ich-Einheiten bevölkert war, die angeblich alle selbst wählen konnten, wie sie ihr Leben gestalteten.

Dieses neue Selbstbild spiegelte sich auch in der Soziologie, deren Begriffe und Theorien ein guter Indikator dafür sind, wie sich eine Gesellschaft wahrnimmt – und wie sie sich auch über sich selbst täuschen kann. Statt Schichten begann man nun, die einzelnen Untergruppen zu erforschen, die sich nicht mehr ökonomisch definierten, sondern durch ihren Geschmack. Besonders berühmt wurden die »Sinus-Milieus«, die seit 1979 von der Sinus Sociovision GmbH in Heidelberg beobachtet werden. Selbstbewusst heißt es im Prospekt der Firma: »Im Gegensatz zu sozialen Schichten beschreiben die Sinus-Milieus real existierende Subkulturen in unserer Gesellschaft.«[9] Die Hierarchien in der Gesellschaft erschienen nicht mehr interessant, solange nur jeder irgendwie am Konsum teilhaben konnte. Oder kurz und knapp: »Der Mensch ist der Markt!« Dieses Credo führte dann zu einem Tortendiagramm, auf dem aktuell zehn Milieus verzeichnet sind. Dort gibt es Hedonisten, Etablierte, Postmaterielle, Moderne Performer, Konservative, Traditionsverwurzelte, DDR-Nostalgische, Bürgerliche Mitte, Konsum-Materialisten und Experimentalisten. Die »real existierenden Subkulturen« scheinen in der Tat sehr vielfältig zu sein.

Doch bei näherem Hinsehen offenbart sich dann: Ohne eine Zuordnung zu Schichten lassen sich diese unterschiedlichen Milieus gar nicht deuten. So finden sich zum Beispiel die »Hedonisten« nur in der Unter- und unteren Mittelschicht. Sie werden als »spaßorientiert« beschrieben und würden sich der Leistungsgesellschaft verweigern. Auch die »Konsum-Materialisten« sind nur in den niederen Rängen anzutreffen. Es handele sich um eine »stark materialistisch geprägte Unterschicht«, die versuche, »Anschluss zu halten an die Konsumstandards der breiten Mitte«.

Die Milieus mögen also modern und vielfältig wirken, doch hinter dieser scheinbaren Ausdifferenzierung verbirgt sich eine eher schlichte Erkenntnis: Es gibt zwar verschiedene Arten, mit der eigenen Armut umzugehen – aber Armut bleibt Armut.

Doch nicht nur die Armen sind an ihre Schicht gekettet – auch die Eliten werden durch ihre Herkunft zutiefst beeinflusst. So ist das Lifestyle-Milieu der »Etablierten« nur ganz oben in der sozialen Hierarchie zu finden: Dieses »selbstbewusste Establishment« sei vom »Machbarkeitsdenken« geprägt und kultiviere »ausgeprägte Exklusivitätsansprüche«.

Auch bei allen anderen Milieus lässt sich klar zuordnen, welcher Schicht sie angehören.[10] Es hat also wenig Sinn, Lebensstile und Schichten gegeneinander auszuspielen. Offenbar kann sich das Individuum nicht von seinen wirtschaftlichen Verhältnissen befreien und völlig eigene Mittel der Selbstinszenierung wählen. Die Postmoderne, angefüllt nur mit Postmaterialisten, gab es nie.

Diese Realität setzt sich nun auch in der Selbstwahrnehmung der Deutschen durch. Die Gesellschaft entwickelt ein neues Sensorium für Ungleichheit, wie etwa die Millionärslisten belegen, die seit einigen Jahren als Marketing-Gag veröffentlicht werden. Und auch die Soziologie beginnt nun verstärkt, die Eliten und den Adel zu erforschen.

Trotzdem bleibt ein Widerspruch: Obwohl die sozialen Hierarchien in letzter Zeit wieder bewusster wahrgenommen werden, ordnen sich noch immer fast alle Bundesbürger der Mittelschicht zu. Dieses Phänomen überrascht nicht, solange alle mit dem viel zitierten »Fahrstuhl« nach oben reisen und sich der Wohlstand für jeden mehrt. Aber wie die fallenden Reallöhne zeigen, sind die meisten inzwischen wieder auf dem Weg nach unten. Warum also bleibt die Selbstwahrnehmung als »Mitte« trotzdem so stabil?

Eine erste Erklärung liefert die Glücksforschung, die sich inzwischen zu einer eigenständigen Disziplin bei den Volkswirten etabliert hat. Um das Kernergebnis vorwegzunehmen: Die Alltagweisheit trifft zu, dass Geld allein nicht glücklich macht. »Nach zwei, drei Wochen ist das Fahren im Maserati eben Gewohnheit«, fasst es der Schweizer Ökonom Bruno Frey zusammen.[11] Auch ist längst erwiesen, dass Lottogewinner durch ihre Millionen nicht deutlich zufriedener werden. Stattdessen geht ihnen nun ihr Alltag auf die Nerven, der ihren gehobenen Ansprüchen nicht mehr genügt.

Der Zusammenhang zwischen Einkommen und Lebensgefühl scheint also eher lose zu sein – solange die Grundbedürfnisse gestillt sind. Es wäre pure Romantik zu glauben, dass die Einwohner von Bangladesch mit ihrem einfachen Leben rundum glücklich sind, obwohl der Monsun jederzeit ihre Hütten davonspülen kann. Die Armen werden mit jedem Dollar zufriedener. Allerdings lässt dieser Effekt nach, je höher das Einkommen schon gestiegen ist. Ökonomen nennen das den »abnehmenden Grenznutzen« zusätzlicher Einkünfte.

Westdeutschland bildete ein geradezu klassisches Experimentierfeld für die Frage, wie steigender Wohlstand die Zufriedenheit verändert. In den 1950er und 1960er Jahren nahm das subjektive Wohlbefinden der Bevölkerung deutlich zu. Immer mehr Menschen gaben in Umfragen an, sie seien »zufrieden« oder »glücklich«. Ab den 70er Jahren waren dann keine Verbesserungen mehr zu messen, obwohl die Reallöhne weiter stiegen. Seither geben konstant etwa zehn Prozent der Bevölkerung an, sie seien »unzufrieden«.[12]

Allerdings ist das Glück innerhalb reicher Gesellschaften nicht ganz gleichmäßig verteilt: Die Wohlhabenden sind im Durchschnitt zufriedener als ihre armen Mitbürger. Völlig unerheblich ist das Einkommen also nicht. Trotzdem sind andere Faktoren wichtiger für das Befinden. Paare sind meist glücklicher als Singles, Gesunde fühlen sich besser als chronisch Kranke. Ältere kommen besser zurecht als Menschen in der »Midlifecrisis«.

Gleichzeitig ist fast niemand so unglücklich wie ein Arbeitsloser. Der Verlust der Stelle traumatisiert sogar stärker als eine Trennung oder eine Scheidung. Langzeitarbeitslose sind mit ihrem Leben so unzufrieden wie chronisch Kranke, die auf Pflege angewiesen sind. Auch konnte gezeigt werden, dass sich Menschen nie wieder von dem Schock erholen, ihre Stelle verloren zu haben. Selbst wenn sie erneut angestellt sind, bleiben sie unglücklicher als jene Kollegen, die ständig beschäftigt waren. Damit greift die Arbeitslosigkeit stärker in ein Leben ein als etwa der Tod von nahen Angehörigen, der nach einer Trauerphase meist verwunden wird.[13]

Die Arbeitslosigkeit scheint die Menschen so schwer zu treffen, weil sie nicht nur einen Job verlieren – sondern auch soziale Anerkennung. Wer keine Stelle hat, fühlt sich schnell als Versager. Diese Scham bleibt auch dann als Narbe zurück, wenn es gelungen ist, wieder eine Beschäftigung zu finden.

Der Beruf ist das zentrale Statussymbol in der deutschen Gesellschaft.[14] Nicht umsonst werben die Online-Kontaktbörsen schon auf ihrer Startseite mit den Tätigkeiten, die ihre suchenden Singles angeblich ausüben. Niemand ist so attraktiv wie ein Herzchirurg oder ein promovierter Anwalt. Obwohl faktisch vor allem die Herkunft darüber entscheidet, welche Chancen der Einzelne hat, verstehen sich die Deutschen geradezu exzessiv als Leistungsgesellschaft, in der möglichst jeder ein »Leistungsträger« zu sein habe.

Es ist erstaunlich, dass auch mehr als 30 Jahre Massenarbeitslosigkeit keinen Lernprozess ausgelöst haben. Im Gegenteil: Gerade weil Arbeit zunehmend knapper wird, steigt sie auch noch im Wert. Wer einen Beruf ausübt, ist anerkanntes Mitglied dieser Gesellschaft, während die Arbeitslosen verachtet werden.

Das hat widersprüchliche Folgen: Obwohl die Realeinkommen sinken, können sich die allermeisten noch immer als Mittelschicht fühlen. Denn inzwischen ist jeder »drinnen«, der als Arbeitsloser nicht »draußen« ist. Mit den Erwerbslosen ist eine neue Schicht der Ausgeschlossenen entstanden: »Was sie können, braucht keiner, was sie denken, schätzt keiner, und was sie fühlen, kümmert keinen.«[15]

Für diese Ausgrenzung haben Soziologen den Begriff der »Exklusion« gefunden. Programmatisch heißt es bei Heinz Bude: »Die Frage ist nicht, wer oben und wer unten, sondern wer drinnen und wer draußen ist. Diese Menschen leiden darunter, dass ihnen Zugänge verwehrt werden, dass sie Missachtung erfahren und dass sie vom Gefühl der Unabänderlichkeit und Aussichtslosigkeit gelähmt sind. Die Soziologie hat dafür einen neuen Begriff geprägt: Es geht nicht allein um soziale Ungleichheit, auch nicht um materielle Armut, sondern um soziale Exklusion. Der Bezugspunkt dieses Begriffs ist die Art und Weise der Teilhabe am gesellschaftlichen Leben, nicht der Grad der Benachteiligung nach Maßgabe allgemein geschätzter Güter wie Einkommen, Bildung und Prestige.«[16]

Zweifellos ist es richtig, sich mit den Ausgegrenzten zu befassen. Doch wenn man sich allein auf die »Exkludierten« konzentriert, dann gerät aus dem Blick, dass die »Inkludierten« keineswegs alle gleich sind. Es verwischt den berühmten Unterschied zwischen dem Manager und seinem Fahrer, wenn alle als »eingeschlossen« gelten, die nicht »ausgeschlossen« sind.

Oder wie es der Soziologe Berthold Vogel formuliert: »Auf diese Weise erscheinen alle, die irgendeiner Form der Erwerbstätigkeit nachgehen, als privilegierte Besitzer eines Arbeitsplatzes, die an den Segnungen moderner Wohlfahrtstaatlichkeit und an der Fülle der Konsumgesellschaft teilhaben (...) In der breiten Zone der Inklusion verschwinden die kleinen Nöte und die großen Sorgen derjenigen, die eine rechtlich und materiell veränderte Arbeitswelt zu ertragen haben.«[17]

Es wird nicht mehr thematisiert, dass es Herrscher und Beherrschte, Ausbeuter und Ausgebeutete, Arme und Reiche gibt.[18] Während sich die Gesellschaft faktisch spaltet, wird sie in der Wahrnehmung eingeebnet. Niemand würde mehr den Begriff der »nivellierten Mittelstandsgesellschaft« für die heutige Bundesrepublik wählen – aber die Fixierung auf die »Exklusion« hat einen ähnlichen, nivellierenden Effekt.

Anders ausgedrückt: Ausgerechnet die Massenarbeitslosigkeit verleitet die Beschäftigten der Mittelschicht dazu, sich mit der Elite zu identifizieren. Sie fühlen sich bereits herausgehoben, nur weil sie nicht zu den Ausgestoßenen zählen.

Arbeitsplatz inkluding

Dabei werden große Ungleichheiten innerhalb der derartig Inkludierten überdeckt.

11 Die Wut über die Manager: Wie Empörung täuschen kann

Die deutsche Gesellschaft ruht meist still wie ein Vulkan, der schon erloschen scheint. Aber gelegentlich ereignen sich spontane Eruptionen, die erahnen lassen, wie sehr es tief drunten im Kern brodelt. Vor allem zwei Themen können die Deutschen immer wieder aufregen: die Managergehälter und die Dienstwagen der Politiker.

Plötzlich scheinen die Deutschen doch zu protestieren, dass es so ungleich zugeht. Allerdings fällt auf, dass diese Wut allein Manager und Politiker trifft – und nicht etwa die milliardenschweren Eigner von Familienbetrieben. Die Deutschen scheinen intuitiv zwischen »gutem« und »schlechtem« Reichtum zu unterscheiden. Aber wie funktioniert dieser Mechanismus?

Um zunächst bei den Managern zu bleiben: Die Wut über ihre Selbstbedienung ist sehr berechtigt, sind doch die Gehälter der Firmenchefs in den vergangenen Jahren geradezu explodiert. Allein zwischen 2001 und 2007 ist das Einkommen eines DAX-Vorstands im Schnitt von rund 1,17 auf 2,5 Millionen angestiegen. Allerdings lässt sich das Gehaltsplus nicht ganz genau beziffern. Denn auch bei den Managern ist zu beobachten, wie sorgsam Reiche ihre Einkünfte verschleiern. So gibt es zwar diverse Statistiken, die bis aufs Komma genau die Gehälter der Vorstände und Aufsichtsräte auflisten – nur kommen diese Erhebungen meist auf recht unterschiedliche Zahlen.

Ein prominentes Beispiel ist der Siemens-Chef Peter Löscher, der im Jahr 2008 etwa 9,8 Millionen Euro verdient haben soll –

sagt die Deutsche Schutzvereinigung für Wertpapierbesitz (DSW). Auf nur 8,5 Millionen kommt hingegen die Schutzgemeinschaft der Kapitalanleger (SdK). Bei RWE-Chef Jürgen Großmann wiederum schätzt die DSW das Jahreseinkommen auf 7,1 Millionen, während das *Manager Magazin* sogar 9 Millionen ermittelt hat.[1]

Die Aktionärsschützer können nichts für diese Differenzen. Sie haben tatsächlich »bei den großen Aktiengesellschaften ganz genau hingesehen«, wie die DSW auf ihrer Homepage wirbt. Das Problem sind die Ausgangsdaten, die von den Konzernen geliefert werden. Zwar gilt seit 2006 »das Gesetz über die Offenlegung der Vorstandsvergütungen«, das alle börsennotierten Unternehmen zwingt, die Gehälter von Vorstand und Aufsichtsrat im Geschäftsbericht zu publizieren.[2] Doch diese neue »Transparenzregel« sorgt nicht unbedingt für Transparenz. Manchmal hat dies nachvollziehbare Gründe: Vor allem bei den Aktienoptionen, die rund 20 Prozent der Gehälter ausmachen, ist nicht deutlich, wie man sie bewerten soll. Aber viele Unklarheiten sind auch gewollt. So sind die diversen Pensionszusagen derartig undurchsichtig, dass sie von den Aktionärsschützern gar nicht erst ausgewertet werden.[3]

Entnervt registrieren die Kontrolleure, dass die Unternehmen gern jeden Trick nutzen, um die Vergütung ihrer Manager im Vagen zu belassen: »Immer noch wird versucht, einige Aspekte im Anhang zu verstecken. Tabellen und Grafiken, Zurechnungen und Ausweis einzelner Bestandteile sind nicht einheitlich vorgeschrieben.«[4]

Es sind also nur Richtwerte, wenn etwa die SdK angibt, dass 2008 ein Vorstandsvorsitzender durchschnittlich 3,8 Millionen Euro verdiente, während sonstige Vorstandsmitglieder auf 2,1 Millionen Euro kamen. Aufsichtsräte erhielten deutlich weniger, denn sie üben ihr Kontrollamt ja nur tageweise aus. Dafür bekamen Vorsitzende im Durchschnitt 221 900 Euro, bei den anderen Mitgliedern im Aufsichtsrat waren es 100 800 Euro.[5]

Wie exorbitant die deutschen Spitzenmanager verdienen, zeigt sich am besten im Vergleich. Schon im Jahr 2004 rechnete der SPD-Finanzexperte Joachim Poß erbittert aus, dass der damals vierköpfige Vorstand der Deutschen Bank höhere Bezüge kassierte als alle 600 Bundestagsabgeordneten zusammen.[6]

Auch von Mitarbeitern im Betrieb haben sich die Topmanager weit entfernt. Ein normaler Buchhalter verdient im Durchschnitt etwa 42 000 Euro im Jahr[7] – ein »einfacher« DAX-Vorstand erhält somit das Fünfzigfache, wenn er 2,1 Millionen nach Hause trägt. Selbst in einem ganzen Leben kann ein Buchhalter nicht erwirtschaften, was ein Topmanager in einem Jahr erhält.

Allerdings sind auch die Manager nicht alle gleich. In der Welt der Geschäftsführer herrscht eine klare Hierarchie. Oben stehen die DAX-Manager, während schon bei den Firmen im MDAX nicht mehr ganz so viel verdient wird. Dort kommen die Vorstände im Durchschnitt »nur« noch auf 1,329 Millionen Euro. Bei Firmen mit einem Jahresumsatz von weniger als fünf Millionen sind es dann ganze 160 000 Euro im Jahr, wie sich aus den Statistiken der Managementberatung Kienbaum ablesen lässt.[8]

Längst regt sich öffentliche Gegenwehr, um die Selbstbedienung in den Top-Etagen zu bremsen. Dabei wählen die Deutschen durchaus kuriose Mittel: Sie setzen vor allem auf moralischen Druck, um die Manager zur Räson zu bringen. Der neueste Trend ist, »freiwillige« Spenden zu verlangen.

Es begann mit Ex-Porsche-Chef Wendelin Wiedeking, der bei seinem Rücktritt im Juli 2009 eine Abfindung von 50 Millionen Euro erhielt. Dabei hatte er auch vorher nicht gedarbt: Allein 2008 hatte er ein Jahressalär von knapp 80 Millionen Euro kassiert. Vor allem die IG Metall-Mitglieder im Aufsichtsrat waren empört über die hohe Abfindung, die dem scheidenden Porsche-Chef zugedacht war. Ergebnis: Wiedeking wird nun 25 Millionen in eine Stiftung stecken, die eine »sozial-gerechte Entwicklung an allen Porsche-Standorten unterstützen« soll.[9]

Ähnlich endete auch der Abschied von Karl-Gerhard Eick: Der

Manager hatte nur sechs Monate bei Arcandor gedient – dann war der Kaufhauskonzern insolvent und Eick um eine Abfindung von 15 Millionen Euro reicher. Pro Monat hatte er also 2,5 Millionen Euro erhalten, was übrigens pro Sekunde rund einen Euro macht. Wieder wallte die Empörung. Selbst Kanzlerin Merkel schaltete sich ein und ließ wissen, dass sie für diesen Millionen-Deal »absolut kein Verständnis« habe. Schließlich gab Eick nach und erklärte via *Bild*-Zeitung, dass er bis zu einem Drittel seiner Abfindung an Arcandor-Mitarbeiter überweisen würde, »um soziale Härten wegen der Insolvenz abzufedern«.

Etwas ungelenk gab er diese Entscheidung als freiwillig aus: »Ich habe von Anfang an beabsichtigt, einen Teil des Betrages zu spenden. Allerdings wollte ich mit dieser Ankündigung bis zur Klärung aller Details warten.«[10]

Der moralische Druck kann jedoch auch ganz andere Resultate zeitigen. So kündigte BMW als erstes DAX-Unternehmen an, dass man die Managergehälter ab 2010 an die Lohnentwicklung bei den eigenen Facharbeitern koppeln wolle, um den »Zusammenhalt« im Unternehmen zu stärken. Das klingt nach einer drastischen Maßnahme, doch große Einbußen muss der BMW-Vorstand nicht befürchten, wie ein Firmensprecher gleich klarstellte: Im Vergleich zu anderen Firmen wolle man bei den Managerbezügen auch künftig »im oberen Drittel« liegen.[11]

Der moralische Druck auf die Manager, sich als Spender zu betätigen, hat sehr widersprüchliche Folgen: Gedacht ist er als eine Kritik an den hohen Gehältern und Abfindungen, doch tatsächlich werden diese nachträglich legitimiert, indem eine eher symbolische Buße erzwungen wird. Es erinnert an eine neue Form des Ablasshandels: Kaum ist die »freiwillige« Spende gezahlt, gibt es Absolution für die restlichen Millionen.

An der ständigen Moraldebatte verwundert zudem, dass die Deutschen derart kompliziert um die Ecke denken und nicht den schlichten Hebel ansetzen. So wäre es ja durchaus vorstellbar, einfach den Spitzensteuersatz für Millionäre deutlich zu erhöhen. Statt also Spenden bei wenigen einzufordern, müsste man einfach allen Topverdienern höhere Steuern abverlangen.

Lieber werden jedoch Gesetze verabschiedet, die recht wenig bringen dürften. So wurde im Juni 2009 das »Gesetz zur Angemessenheit der Vorstandsvergütung« beschlossen. Dieser Titel suggeriert, dass die Managergehälter künftig gedeckelt würden. Damit ist jedoch nicht zu rechnen. Zwar dürfen Aktienoptionen jetzt erst nach vier statt nach zwei Jahren eingelöst werden – und auch die Boni sollen sich nun an langfristigen statt kurzfristigen Geschäftszielen ausrichten. Aber ansonsten bleibt vage, was unter »Angemessenheit« zu verstehen ist.

Oder anders formuliert: Angemessen ist, was die Aktionäre für angemessen halten. Denn künftig dürfen sie noch sehr viel stärker mitbestimmen. Vorbei sind die Zeiten, in denen ein kleiner Ausschuss des Aufsichtsrats hinter verschlossenen Türen auskungeln konnte, wie viel die Vorstände verdienen. Stattdessen muss nun der ganze Aufsichtsrat die Gehälter festsetzen. Außerdem darf sich auch die Hauptversammlung einmischen und Vorschläge zur Vergütung einreichen – in Neudeutsch heißt das dann »Advisory Vote«. Dieses Votum der Aktionäre ist zwar nicht bindend, aber kein Aufsichtsrat würde es wagen, sich den Aktionären zu widersetzen, wird er doch von diesen direkt gewählt.

Von den Aktionären ist jedoch nicht zu erwarten, dass sie die Gehälter der Manager kappen werden. Das lassen schon die Verlautbarungen der Aktionärsschützer ahnen. Für sie ist es zwar ein Problem, wie intransparent über die Vergütungen berichtet wird, aber an der eigentlichen Höhe der Millionengehälter haben sie nichts auszusetzen. So kann die DSW »keine Anhaltspunkte für größere Exzesse irgendwelcher Art« erkennen.[12]

Es wäre nämlich ein Trugschluss zu glauben, dass Aktionäre wie die restliche Bevölkerung empfinden und sich über die überhöhten Gehälter empören würden. Aktionäre kalkulieren kühl. Sie wollen motivierte Manager – und außerdem fallen selbst

Millionengehälter kaum ins Gewicht. 2008 machten die Vergütungen für Manager im Schnitt ganze 1,48 Prozent des Konzerngewinns aus, wie die DSW ausgerechnet hat. Oder anders ausgedrückt: Die Manager sind für bloße 0,58 Prozent der Personalkosten verantwortlich.

Aus der Sicht der Aktionäre sind selbst die teuersten Manager noch billig. Deswegen werden sich die Hauptversammlungen auch weiterhin großzügig zeigen, wie man aus den USA lernen kann, wo es ein »Advisory Vote« längst gibt. Nirgends verdienen die Chefs so prächtig wie in den Vereinigten Staaten. Im Schnitt erhalten die Vorstandsvorsitzenden der Dow-Jones-Unternehmen knapp zwölf Millionen Euro, hat die DSW ermittelt. Dagegen nehmen sich die 3,8 Millionen geradezu mickrig aus, die die Chefs der Großkonzerne in Deutschland kassieren. Diesen Eindruck haben ja auch die DAX-Vorstände selbst, weswegen fest davon auszugehen ist, dass sie weitere Erhöhungen heraushandeln werden.

Aber noch einmal zurück zu der Rechnung, die die Aktionäre anstellen: Wenn die Managergehälter nur 1,48 Prozent des Konzerngewinns ausmachen – wo bleiben dann eigentlich die restlichen 98,52 Prozent des Gesamtertrags? Es ist bezeichnend für die deutsche Debatte, dass diese Frage nie gestellt wird. Die Wut konzentriert sich auf die Manager, aber die eigentlichen Firmenbesitzer bleiben ausgespart. Über die Gewinne der Kapitaleigner wird nicht diskutiert, die Erträge der Vermögenden sind tabu. Statt über den Cappuccino als solchen redet man nur über den Milchschaum oben drauf.

Dabei ist die Kausalkette eigentlich schlicht. Die Gehälter der Manager können nur dann so stark steigen, wenn die Gewinne explodieren – sonst wären die angestellten Konzernlenker ja nicht mehr billig. Die Firmenprofite haben aber nur so rasant zugelegt, weil die Reallöhne der allermeisten Beschäftigten in den vergangenen Jahren sanken. Die Mittelschicht müsste sich also eigentlich gegen die Kapitaleigner aufbäumen, die fast den gesamten Ertrag abräumen. Aber stattdessen regt man sich lieber über die Manager auf.

Um es deutlich zu sagen: Es gibt keinen vernünftigen Grund, warum DAX-Vorstände 2,1 Millionen Euro im Jahr verdienen müssen. Insofern ist die Kritik an ihren Gehältern durchaus berechtigt. Trotzdem wird im Zorn auf die Manager eine seltsam blinde Form des Klassenkampfes aufgeführt. Die Klasse der Kapitaleigner wird ignoriert, stattdessen geht die Klasse der abhängig Beschäftigten aufeinander los.

Manager sind schließlich auch nur Angestellte – aber genau darin scheint die Kränkung zu bestehen, die diese Wut entfacht. Die bezahlten Chefs führen dem Heer der anderen abhängig Beschäftigten vor, dass eben doch nicht jeder beinahe zur Elite zählt. Sichtbar symbolisieren sie, dass es unter den Angestellten markante Hierarchien gibt. Das wird nicht toleriert. Deswegen ist es auch das primäre Ziel der Diskussion, dass die Manager weniger verdienen sollen – statt zu fordern, dass sie stärker besteuert werden. Denn selbst wenn die Firmenchefs sehr viel mehr Geld an den Fiskus abführen müssten, wäre ja von den normalen Beschäftigten noch immer die Deklassierung zu verkraften, dass es Angestellte gibt, die Millionengehälter kassieren, von denen alle anderen nur träumen können.

Absurd ist auch, dass die Manager zwar auf Teile ihres Gehalts freiwillig verzichten sollen – dies aber von den Vermögenden nicht verlangt wird. Im Gegenteil: Die Öffentlichkeit staunt ungläubig, wenn sich Reiche von ihrem Reichtum trennen wollen. Es gibt inzwischen eine Initiative von Vermögenden, die eine Vermögensabgabe von fünf Prozent fordern, weil sie die eigenen Privilegien als ungerecht empfinden. 100 Milliarden Euro soll dies in zwei Jahren bringen.[13] Die politische Resonanz war mäßig. Zwar wurde in allen Medien breit darüber berichtet, aber sehr häufig schwang ein Unterton mit, als seien die Initiatoren gutmütige Spinner. Meist wurde dieser Verdacht in Sätze gekleidet, die nur scheinbar verneinend waren, indem etwa geschrieben wurde, »wie Träumer wirken sie nicht«. Dieses Lob transportiert aber unterschwellig, dass sie eigentlich doch Träumer seien.

Warum akzeptiert die Gesellschaft den Besitz der Vermögenden, nicht aber das Einkommen der Manager? Hier scheint sich wieder jene Ambivalenz zu zeigen, die auch in allen Umfragen deutlich wird. Reichtum ist nicht anstößig in dieser Gesellschaft – er darf nur nicht die eigenen Illusionen bedrohen. Die Manager aber kränken die Selbstwahrnehmung der Mittelschicht. Sie führen sichtbar vor, dass doch nicht jeder ein Unternehmer seiner selbst ist.

In die Wut auf die Manager spielt auch hinein, dass sich viele Deutsche noch immer in die ständische Welt des überschaubaren Familienbetriebs zurücksehnen. Der mittelständische Unternehmer wird idealisiert, weil er mit seinem eigenen Geld für die Firma einsteht und sich angeblich rührend um die Mitarbeiter kümmert, während die Manager wie Parasiten erscheinen, die nur fremdes Kapital verwalten. Der Manager wird somit zum Symbol und Symptom des modernen Kapitalismus – abstrakt, global und abgehoben –, während der mittelständische Unternehmer mit dem Mythos des Konkreten, Bodenständigen und Volksverbundenen ausgestattet wird. Diese Romantisierung eines altmodisch-paternalistischen Kapitalismus ist schon deswegen absurd, weil die Angestelltenkultur der Mittelschicht erst mit dem modernen Kapitalismus entstanden ist. Vor allem aber wird damit erneut der Klassenkampf umgedeutet: In der Vorstellung vieler Deutscher findet er nun zwischen den Kapitalisten statt – indem »gute« mittelständische Unternehmer gegen »böse« Konzerne kämpfen.

Die Manager stören eine Gesellschaft, die es verstanden hat, die Klassengegensätze zwischen Angestellten und Kapitaleignern symbolisch zu verbrämen. Für diese atmosphärische Harmonie steht auch der Dienstwagen. Er erlaubt vielen Bundesbürgern, sich zumindest auf der Straße als Chef zu fühlen. 2008 wurden 56,4 Prozent aller Neuwagen auf Firmen zugelassen.[14]

Gerade weil der Dienstwagen ein so wichtiges Symbol in Deutschland ist, taugt er auch zum regelmäßigen Skandal. Im Sommer 2009 wurde beispielsweise die damalige SPD-Gesundheitsministerin Ulla Schmidt dabei ertappt, dass sie sich nach Spanien in den Urlaub hatte chauffieren lassen. Das war keine Petitesse, sondern berührte offenbar zentrale Gefühle. In den Feuilletons erschienen prompt kulturphilosophische Deutungen des Dienstwagens an und für sich: »Jemand, der mit einem Dienstwagen fährt, gehört einem inneren Kreis der Macht an, bewegt sich die Macht repräsentierend und repräsentiert die Macht in Bewegung.«[15]

Je länger die Affäre währte, desto mehr fiel jedoch auf, dass es gar nicht der Dienstwagen war, den die Deutschen übel nahmen. Sie hätten es fraglos akzeptiert, wenn Ulla Schmidt eigenhändig in ihrem Ministerauto gen Alicante kutschiert wäre. Schließlich reist jeder Deutsche, der einen Firmenwagen besitzt, mit diesem auch in Urlaub. Nein, es war der Fahrer, der den Skandal auslöste. Es handelte sich gar nicht um eine Dienstwagen-Affäre, obwohl so tituliert, sondern um eine Chauffeur-Affäre. Denn einen Fahrer kann sich fast kein Deutscher leisten.

Die Affäre rund um Ulla Schmidt ist auch insofern typisch, als es wieder eine hochbezahlte Angestellte traf. Der Klassenkampf innerhalb der Beschäftigten setzte sich bruchlos fort.

12 Von Vornamen und privaten Schulen: Die Karrierepolitik der Mittelschicht

Die Mittelschicht dürfte die Privilegien der Eliten auch deshalb so gelassen betrachten, weil viele noch immer hoffen, dass sie selbst aufsteigen – oder doch zumindest ihre Kinder. Eltern kümmern sich inzwischen intensiv um die Karriere ihres Nachwuchses, indem sie ab der Geburt nichts mehr dem Zufall überlassen. Dabei scheint ein ganz klassischer Fehlschluss zu greifen: Weil die Elite meist sehr gut ausgebildet ist, glauben viele Eltern in der Mittelschicht, dass auch ihre Kinder zur Elite gehören können, falls sie nur die richtigen Abschlüsse haben. Sie fallen damit auf den Mythos herein, dass Deutschland eine Leistungsgesellschaft sei, in der allein Talent, Ausbildung und Fleiß zählten, um Erfolg zu haben.

Allerdings steht vor der Nachwuchsförderung zunächst noch eine weitere folgenschwere Entscheidung für die Eltern an: Das Kind benötigt einen Namen. Diese Wahl ist scheinbar ganz individuell, denn Namen muss man nicht kaufen, man darf sie einfach aussuchen. Einen Mercedes kann sich längst nicht jeder leisten, aber auch den Unterschichten steht es völlig frei, sich Vornamen zuzulegen, die in den Oberschichten gängig sind. Theoretisch könnten die Eltern ihren Kindern also schon bei der Geburt einen Statusgewinn verschaffen, indem sie ihnen sozial anerkannte Vornamen mitgeben.

Doch die Realität sieht offenbar anders aus. Der Vorname kann ein Kind verraten. Wenn es etwa Kevin, Chantal, Mandy oder Angelina heißt, dann glauben viele Grundschullehrer zu wissen, dass dieses Kind eher dumm sein muss. Sie ordnen es den Unterschichten zu, ohne es je gesehen zu haben, und erwarten, dass der kleine Schüler wenig leistungsstark, dafür aber verhaltensauffällig sein werde. Viel positiver reagieren die gleichen Lehrer, wenn die Namen Charlotte, Sophie, Marie, Hannah, Alexander, Maximilian, Simon, Lukas oder Jakob lauten.

Für eine Master-Arbeit an der Universität Oldenburg wurden jüngst 500 Grundschullehrer übers Internet befragt, wie sie bestimmte Namen einschätzen. »Welchen Vornamen würden Sie Ihrem Kind auf keinen Fall geben?«, lautete eine Frage. Eine andere war: »Nennen Sie Namen, die bei Ihnen Assoziationen zu Verhaltensauffälligkeiten hervorrufen.« Auch sollten die Lehrer verschiedene Namen bewerten. Aus den Antworten ließ sich sehr deutlich herauslesen, dass der falsche Name ein soziales Stigma sein kann. Eine Lehrerin antwortete gar: »Kevin ist kein Name, sondern eine Diagnose.«[1]

Die Eltern eines Kevin wollten ihrem Kind bestimmt nicht schaden, sondern dürften gehofft haben, dass der Name auch bei anderen auf Anklang stößt. Stattdessen stellt sich heraus, dass der eigenen Herkunft schon bei der Taufe nicht zu entkommen ist. Die Schichten erkennen einander bereits am Vornamen. Aber wie funktioniert das genau?

Der Soziologe Jürgen Gerhards hat dazu eine historische Langzeitstudie angefertigt. Er untersuchte die Eintragungen in den Standesämtern im protestantischen Grimma und im katholischen Gerolstein zwischen 1894 und 1994. Da der Beruf des Vaters immer angegeben war, ließ sich ungefähr ermitteln, welcher Schicht das Neugeborene zuzuordnen war.[2] Dabei stellte sich zunächst heraus, dass die Namen immer mehr divergierten – und zwar in allen Schichten. Offenbar wird es den Eltern immer wichtiger, dass sich ihr Kind unterscheidet und nicht genauso heißt wie die anderen.

Beispielsweise erhielten 1894 in Gerolstein 70 Prozent aller neugeborenen Jungen die fünf häufigsten männlichen Namen, was damals Johann, Matthias, Peter, Joseph und Nicolaus waren. Hundert Jahre später wurden nur noch 28 Prozent der Kinder mit den fünf häufigsten Namen versehen, zu denen inzwischen Daniel, David, Lukas, René und Andreas avanciert waren. Die fünf wichtigsten weiblichen Vornamen waren 1894 Katharina, Anna, Maria, Magdalena und Elisabeth. So hießen damals 63 Prozent aller Mädchen. 1994 kamen die fünf häufigsten Namen nur noch auf 26 Prozent. Es waren Katharina, Laura, Sarah, Julia und Michelle.

Zeitgleich suchten die Eltern verstärkt nach neuen und ungewöhnlichen Namen für ihre Kinder. Waren 1894 von 100 vergebenen Namen 38 Prozent unterschiedlich, wichen 1994 schon 81 Prozent voneinander ab. Man kann also von einer »Individualisierung« bei der Namensgebung sprechen – wobei die Eltern zunehmend auch ausländische Namen vergeben. Dabei zeigt sich jedoch ein dezidiertes Statusdenken, denn die Eltern wählen nur Namen aus Kulturkreisen, die mit einer hohen sozialen Reputation versehen sind. Während angloamerikanische oder romanische Namen sehr beliebt sind, fehlen türkische Namen bei deutschen Kindern völlig.[3]

Diese Individualisierung hat die erstaunliche Folge, dass zugleich die soziale Zuordnung durch die Namen stärker wird. Wurden 1894 noch etwa 46 Prozent aller Namen von allen Schichten benutzt, sind es 1994 nur noch 28 Prozent. Das gilt übrigens nicht nur für das westdeutsche Gerolstein – sondern auch für Grimma, obwohl das Städtchen bis 1989 zur DDR gehörte. Selbst bei einem Detail wie den Kindernamen zeigt sich also, dass es der sozialistischen Führung nicht gelungen ist, eine klassenlose Gesellschaft zu etablieren.

Trotzdem bleibt die Frage, wie es den Schichten möglich ist, sich untereinander zu verorten, wenn die Zahl der vergebenen Namen immer größer wird. Wenn auf hundert Kinder kaum mehr als ein Kevin kommt: Wie kann dann dieser Name so viel Verachtung auslösen? Der Trick scheint zu sein, dass die Unterschicht gar nicht daran erkannt wird, wie sie heißt – sondern wie sie nicht heißt. Sie trägt meist Namen, die die Mittelschicht eher nicht wählen würde. Insofern muss die Mittelschicht auch nicht befürchten, dass sie aus Versehen den falschen Namen aussucht. Es ist ihr Geschmack, der entscheidet, was als sozial akzeptabel gilt.

Allerdings kann sich auch die Mittelschicht nicht nach oben schummeln. Die Eliten haben ihre eigenen Namenstechniken und ihren eigenen Geschmack. Die Deutschen staunten nicht schlecht, als sie erfuhren, wie ihr Verteidigungsminister zu Guttenberg in voller Länge heißt. Nämlich: Karl-Theodor Maria Nikolaus Johann Jacob Philipp Franz Joseph Sylvester. Zwar weisen längst nicht alle Adeligen einen derartigen Namensschwanz auf, doch interessant ist, wie die Bürger reagierten. Sie fanden die Guttenbergsche Taufpraxis lustig – aber eben nicht lächerlich. Bei ihresgleichen wären sie jedoch gnadenlos. Würde ein Elternpaar Meier eine derartige Ansammlung von Vornamen vergeben, wäre ihnen lebenslanger Hohn sicher.

Nun würde wohl niemand behaupten, dass Vornamen wirklich entscheidend sind für das weitere Leben eines Kindes. Aber selbst in diesem kleinen Detail spiegelt sich, wie subtil und präzise die Zuordnung zu den Schichten funktioniert.

Diese recht starke Zementierung der Gesellschaft wird von den Eltern jedoch zunehmend ignoriert. Sie tun alles, um für die künftige Karriere ihrer Sprösslinge zu sorgen. In Umfragen geben 75 Prozent an, dass der Schulabschluss ihres Kindes für sie persönlich »sehr wichtig« sei. »Eher wichtig« antworten weitere 22 Prozent. Entsprechend gering fällt der Anteil der gleichgültigen Eltern aus, die sich nicht weiter um die Noten kümmern. Nur ein Prozent findet den Schulabschluss »nicht wichtig«.[4]

Im Lebensweg des eigenen Kindes darf nichts mehr schiefgehen, sonst hätten die Eltern das Gefühl zu versagen. Dieser Anspruch überfordert jedoch viele Mütter und Väter. Ein Drittel ist im Erziehungsalltag oft bis täglich gestresst; weitere fünfzig Prozent sind gelegentlich angestrengt. Doch nicht nur Umfragen bezeugen diese Verunsicherung: Es reicht ein Blick in jede Buchhandlung – überall füllen sich die Regale mit Erziehungsratgebern.

Wie anders war das noch vor dreißig Jahren: Als die geburtenstarken Jahrgänge zur Schule gingen, haben sich die Eltern kaum mit dem Unterricht ihrer Kinder befasst. Der Nachwuchs wurde einfach bei der nächstgelegenen Schule angemeldet. So gerieten dann auch völlig unsportliche Kinder auf Sportgymnasien, nur weil es zufällig die Schule nebenan war. Spitzensportler sind diese Kinder natürlich nie geworden. Die Trainingsergebnisse blieben außerordentlich mäßig, was die Eltern aber kaum gestört hat.

Das wäre heute nicht mehr denkbar. Stattdessen werden häufig schon Babys pädagogisch umsorgt, weil sich bei den Eltern die hirnphysiologische Erkenntnis herumgesprochen hat, dass Kinder bis zum Alter von sechs Jahren besonders aufnahmefähig sind. Dieses Zeitfenster wollen Mütter und Väter nutzen, indem sie für ihre Kleinkinder private Frühförderung einkaufen. »Zum Normbild guter Eltern gehört offenbar, ›Architekten der Kindergehirne‹ zu sein«, haben Soziologen festgestellt. Kaum verhüllt wird dabei eine gnadenlose Konkurrenz zwischen den Familien ausgelebt, wie Interviews mit Eltern ergeben haben: »Es geht schlichtweg darum, einen Vorsprung vor den anderen zu haben – und damit, so die Grundeinstellung, kann man nicht früh genug anfangen.«[5]

Private Kindergärten bieten inzwischen Englisch ab einem Alter von acht Wochen an. Wenig später folgen dann auch Geige, Karate, Ballett, Klavier oder Chinesisch. Es ist »eine Art Wettrüsten um den beeindruckendsten Kleinkindlebenslauf« ausgebrochen.[6]

Erfahrene Kindergärtnerinnen bezweifeln allerdings, ob es wirklich sinnvoll ist, schon Kleinkinder ununterbrochen mit Bildungsangeboten zu füttern. »Weniger ist mehr. Wenn man zu viel in ein Kind hineinpresst, was es nicht verarbeiten kann, dann verpufft das. Es muss Wert auf Nachhaltigkeit gelegt werden. Eine simple Bauecke bedeutet für mich: Geometrie, Mathematik, Kreativität. Mit Bauklötzchen kann ein Kind Feinmotorik, Statikkenntnisse, Gruppenprozesse, Planung trainieren.«[7]

Zudem kann es ernsthaften Schaden anrichten, wenn Kleinkinder schon zu früh dem Frontalunterricht ausgesetzt werden. US-Wissenschaftler haben nachgewiesen, dass es die geistige Entwicklung sogar behindert, wenn sich Babys elektronische Lernprogramme ansehen müssen. Denn Kleinkinder lernen ganzheitlich. Aus ihrer Umwelt saugen sie auf, was sie verarbeiten können – und nichts scheint sie mehr zu fördern, als wenn ihnen einfach vorgelesen wird.[8]

Der eigentliche Stress beginnt jedoch erst mit der Schule. In vielen Städten sind schon Elternstammtische entstanden, an denen man sich gegenseitig berät, welche Schule denn die beste wäre. Das pädagogische Angebot soll ganz auf die individuellen Wünsche der Eltern zugeschnitten sein, was die Privatschulen boomen lässt. Für jede weltanschauliche oder pädagogische Orientierung gibt es inzwischen die passende Einrichtung. Schon älter sind einige der katholischen und evangelischen Institutionen sowie die Montessori- und Waldorf-Schulen. Neuer hingegen sind Einrichtungen, die bilingualen Unterricht anbieten oder explizit den Forschergeist der Kleinen wecken wollen.

Allein in Berlin sind inzwischen mehr als 80 freie Schulen gelistet.[9] Besonders auffällig ist, wie viele Institutionen sich noch »im Aufbau« befinden. Nur die Katholiken der Hauptstadt scheinen momentan keine neuen Schulen zu gründen – vielleicht, weil schon längst alle Katholiken in dieser protestantischen Diaspora mit einem separaten Angebot versorgt sind.

Wer die aufwendigen Werbematerialien durchblättert, stellt schnell fest, dass ein Slogan alle privaten Angebote eint. Sie versprechen »den besten Start ins Leben«. Damit ist keineswegs nur schulischer und beruflicher Erfolg gemeint – den besorgten Eltern wird auch versichert, dass ihr Kind in der Schule garantiert glücklich werde.

Dieses Glück kann sehr vielfältig angestrebt werden. Wie es sich für einen Markt gehört, haben sich die verschiedenen privaten Schulen spezialisiert. Es fehlt fast nichts mehr im Angebot. Es gibt Philosophie schon in der ersten Klasse, Arabisch und Schach für Sechsjährige, Bio-Gemüse zum Mittagessen oder erweiterten Kunstunterricht.

Die Träger sind ebenso heterogen wie die angebotenen Lerninhalte: Manche Schulen sind gemeinnützig und durch die Initiative ausländischer Eltern entstanden, die einfach nur wollten, dass ihr Kind auch in Deutschland in der Muttersprache unterrichtet werden kann. Andere Einrichtungen gehören zu kommerziellen Bildungskonzernen, die weit über 20 Schulen im In- und Ausland betreiben.

Die didaktischen Konzepte divergieren ebenfalls erheblich. Einige Grundschulen werben mit Sprüchen wie »Der Lehrer ist Dein persönlicher Coach« und übertragen damit die Sprache der Managementliteratur schon auf die Kleinsten. Derartige Schulen setzen vor allem auf Struktur und bieten »feste Regeln, verbindliche Lernziele und klare Aufgabenstellungen«, um die Kinder zu orientieren und nicht auf Abwege geraten zu lassen. Bei anderen Schulen wiederum wirkt die grafische Darstellung des zugrundeliegenden »Komplexprogramms« wie ein Wollknäuel: Immer neue Linien biegen und kreuzen sich, um zu illustrieren, wie das »abstrakt-logische« und das »konkret-anschauliche« Denken parallel gefördert werden – auf ganz »hohem Niveau« natürlich.

Auch die soziale Zusammensetzung variiert. Manche Schulen versuchen, sich für alle Schichten zu öffnen, indem sie nur 165 Euro monatlich verlangen – und schon im Prospekt versprechen, dass man »bei sozialen Härtefällen gemeinsame Lösungen erarbeiten« würde. Andere Angebote setzen bewusst voraus, dass die Eltern gut verdienen müssen und bieten lieber erst gar keine Stipendien an. Stattdessen kostet der Schulbesuch im Monat 600 Euro, wofür im Gegenzug eine englischsprachige Ausbildung in einem »hochwertigen internationalen Umfeld« geboten wird. Mit dem »hochwertig« soll wohl unterschwellig signalisiert werden, dass an dieser Schule kaum Schüler aus ärmeren Schichten oder Ländern zu finden sind.

Durchgängig werden den Eltern kleine Klassen versprochen, damit ihr Kind durch individuelle Förderung seine Talente bestmöglich entfalten kann. Die staatlichen Schulen werden in den Prospekten mit keinem Wort erwähnt und doch wird subtil mit der Angst der Eltern gespielt, ihr Nachwuchs könnte versagen, wenn er den öffentlichen Anstalten überlassen bleibt.

Exemplarisch ist etwa die Formulierung eines privaten Internats in Brandenburg: »Wir machen aus unseren Schülern selbstbewusste, tolerante und sozial kompetente Persönlichkeiten, die in der Lage sind, Leistung zu erbringen, Ziele zu erreichen und neue Wege des Denkens einzuschlagen. Damit stehen ihnen Karrieren und Spitzenpositionen in der ganzen Welt offen.«

Der Markt der freien Schulen expandiert jedenfalls. 2007 besuchten bereits 7,8 Prozent aller Schüler eine Privatschule, wie sich aus den Daten des Sozio-oekonomischen Panels ergibt.[10] Dabei sind die Kinder aus gut verdienenden Elternhäusern deutlich überrepräsentiert. Von ihnen gehen bereits 11 Prozent auf eine Privatschule und zwar meist auf ein Gymnasium. Dennoch ist letztlich nicht das Einkommen der Eltern entscheidend – sondern deren Bildung. 59 Prozent der Schüler einer privaten Einrichtung haben mindestens ein Elternteil mit Abitur, während dies nur für ein gutes Drittel der Schüler in staatlichen Einrichtungen gilt. Es komme zu einer »zunehmenden Selektion« im Schulsystem, konstatieren die SOEP-Forscher.

Dabei existiert in Deutschland eigentlich das sogenannte »Sonderungsverbot«. Das Grundgesetz schreibt in Artikel 7 ausdrücklich vor, dass der Staat Privatschulen nur genehmigen darf, wenn die »Sonderung der Schüler nach den Besitzverhältnissen der Eltern nicht gefördert wird«. Die Praxis sieht allerdings anders aus: Manche Schulen erheben so hohe Beiträge, dass sie selbst für gut verdienende Ärzte nicht mehr erschwinglich sind. So kostete ein Jahr im bayerischen Schloss-Internat Neubeuern 2006/2007 weit über 30 000 Euro.[11] Gleichzeitig leuchtet ein, dass man Tennisplätze und einen Golfsimulator in der Turnhalle nur bieten kann, wenn das Schulgeld exorbitant ist. Das Grundgesetz verbietet jedoch nicht, Tennisplätze zur unabdingbaren Ausstattung zu erklären. Der sozialen Selektion sind also faktisch kaum Grenzen gesetzt.

Oft geben Eltern an, sie seien förmlich gezwungen, Privatschulen zu wählen, weil auf den öffentlichen Einrichtungen allzu viele Kinder von Migranten seien, die nicht ausreichend Deutsch könnten. Diese Angst vor dem mangelnden Niveau in den staatlichen Schulen erfasst aber nicht nur Deutsche: Auch türkische Eltern melden ihre Kinder immer häufiger in katholischen Schulen an, weil dort das Lernniveau als höher gilt.[12] Wenn es nicht so traurig wäre, könnte man es schon wieder lustig finden, wie Integration in Deutschland funktioniert: Bei den meisten Eltern herrscht Panik, egal woher sie stammen.

Vielen Eltern reicht es daher nicht, nur bei der Schule auf den richtigen Umgang zu achten. Sie sorgen auch dafür, dass ihr Kind nicht am falschen Ort aufwächst. Die Stadtteile entmischen sich, weil nicht wenige Eltern fürchten, dass die beste Freundin ihres Kindes aus der Unterschicht stammen könnte. Diese Angst ist durchaus konsequent, wenn man erst einmal dem Glauben verfallen ist, dass man sein Kind schon ganz früh und unablässig intellektuell zu coachen hat. Da muss eine schichtfremde Freundin wie ein echtes Lernhindernis wirken. Inzwischen ist dieses Statusdenken nicht nur bei den Eliten zu beobachten – »bereits die breite Mittelschicht grenzt sich massiv nach unten ab«.[13]

Auch die Freizeit eignet sich, um die eigenen Kinder unsichtbar mit einer Kontaktsperre zu umgeben. So ist Musik ein sicheres Vehikel, um den Unterschichten auszuweichen. Denn dort ist es nicht üblich, Geige, Klarinette, Klavier und Saxofon zu spielen. Beim Sport wiederum empfehlen sich Hockey, Golf oder Rudern, um den besseren Kreisen zu begegnen. »Deutschland scheint auf dem Weg in eine neue Art Klassengesellschaft zu sein«, stellt die konservative Konrad-Adenauer-Stiftung fest, die eigentlich nicht dafür bekannt ist, in sozialistischen Kategorien zu denken.[14]

Doch selbst wenn es den Eltern gelungen ist, ihre Kinder perfekt abzuschotten, hören die Sorgen nicht auf. Die Panik scheint ein Eigenleben zu führen, wie etwa in Prenzlauer Berg in Berlin zu beobachten ist, wo sehr viele Akademiker und fast gar keine Migranten leben. Es ist die perfekte Mittelschichtsidylle, in der kein Fremdkörper mehr stört. Trotzdem nagt an den Eltern die Angst, der eigene Nachwuchs könnte mit »Problemkindern« in Kontakt geraten – die dann eben keine Türken sind, sondern die Söhne von Werbefachleuten oder promovierten Historikern.

Symptomatisch ist die Geschichte der Journalisten Philipp und Marina: Noch immer sind die beiden schockiert. Sie hatten ihrem elfjährigen Sohn Florian erlaubt, die Silvesterparty eines Schulkameraden zu besuchen, dessen Eltern weithin bekannte Ärzte sind. Wie es genau passieren konnte, wurde nie ganz geklärt – jedenfalls war Florian an diesem Silvesterabend erstmals schwer betrunken. Seither überlegen Philipp und Marina angestrengt, wie sie das Gymnasium so auswählen können, dass Florian Teenagern wie diesem Arztsohn nicht noch einmal begegnet. Momentan favorisieren die beiden eine Privatschule, die damit wirbt, »Respekt und Disziplin« mit »individueller Förderung« zu verbinden.

Das Verlangen nach Sicherheit scheint sich nicht mehr stillen zu lassen. Wenn die meisten Eltern erst einmal glauben, dass ihre Kinder leiden, sobald sie Mitschülern ausgesetzt sind, die eine andere Begabung oder ein abweichendes Sozialverhalten aufweisen, dann ist gelassene Toleranz nicht mehr möglich. Die Wahrnehmung verschiebt und verschärft sich. Kleine Auffälligkeiten, die früher nie beachtet worden wären, werden nun zu Gefahren. Denn das Misstrauen erstreckt sich längst nicht nur auf die fremden Kinder – auch den eigenen Sprösslingen wird immer weniger zugetraut, mit Andersartigen umzugehen, weil sie ja nur noch Gleiche erleben dürfen. Diese Gleichen müssen daher immer gleicher werden; die Abschottung zwischen den Schichten ist nicht mehr zu bremsen – und selbst in der eigenen Schicht scheinen sich Abgründe aufzutun. Eine Privatschule, die sich ganz nach den eigenen Wünschen richtet, erscheint da wie das optimale Angebot.

Der Boom der Privatschulen wird noch verstärkt, weil das dreigliedrige Schulsystem Eltern und Kinder enorm stresst. Schon in der Grundschule geben Eltern viel Geld für private Hilfe aus, »ohne dass das Kind dramatisch schlechte Noten hätte«, wie Soziologen erstaunt beobachten. Offenbar wollen die Eltern ganz sichergehen, dass ihr Kind den Sprung ins Gymnasium schafft. In einigen Bundesländern ist daher ein neuer Markt für Lernmaterialien für die dritte und vierte Klasse entstanden, damit die Eltern nachmittags mit ihren Kindern üben können. Inzwischen helfen knapp vierzig Prozent der Eltern häufig bis regelmäßig bei den Hausaufgaben – und dabei ist die Vorbereitung von Klassenarbeiten noch gar nicht berücksichtigt.[15]

Wenn das Gymnasium glücklich erreicht ist, hört der Stress jedoch nicht auf: Nun besteht ja stets die Gefahr, durchs Sitzenbleiben wieder nach unten durchgereicht zu werden. Manche Privatschulen haben sich daher darauf spezialisiert, leistungsschwächere Schüler mit elitärem Flair auszustatten, das ihnen zumindest sozial weiterhilft. Ihre Abiturnote mag mäßig sein, aber sie haben gelernt, dem Gegenüber in die Augen zu sehen und wie man beim Candle-Light-Dinner das Besteck richtig hält.[16]

Für viele Eltern ist längst undenkbar, dass ihr Kind nicht das Gymnasium besucht, das zur neuen »Gesamtschule der Mittelschicht« geworden ist. Dieser Massenandrang entwertet allerdings das Abitur, das nunmehr kein Erkennungszeichen der Eliten mehr ist. Stattdessen dient es häufig nur noch dazu, eher subalterne Posten zu ergattern: So reichte früher schon ein Realschulabschluss, um zum Kreditsachbearbeiter in einer Bank aufsteigen. Aber die Flut der Abiturienten hat die Institute anspruchsvoller werden lassen, ohne dass die Tätigkeiten am Banktresen unbedingt schwieriger geworden wären.

Doch gerade weil das Abitur so wenig wert ist, kann man nicht mehr darauf verzichten. Wenn sehr viele Kinder das Gymnasium besuchen, wird automatisch stigmatisiert, wer nur die Realschule schafft. Dieser Selektionsdruck dürfte sogar noch steigen, wenn demnächst die Hauptschulen schließen, weil der Nachwuchs fehlt. Sobald nur noch Realschule und Gymnasium existieren, steht zu befürchten, dass die Realschule zu jener Restschule wird, die bisher die Hauptschule ist. Ehrgeizige Eltern werden ihre Kinder unbedingt vor einem drohenden Abstieg bewahren wollen – und sich daher noch früher für private Angebote entscheiden.

Doch nicht nur die Mittelschicht muss sich neu orientieren. Parallel fragen sich die Eliten, wie sie sich wieder von der Masse absetzen können, nun da das Abitur so entwertet ist. Die Lösung ist die exklusive Privatschule, die so teuer ist, dass nicht jedermann hineingelangen kann: Wenn der Abschluss nicht mehr wirklich zählt, dann muss es eben die »richtige« Institution sein, von der das Zeugnis stammt. Zudem ist sichergestellt, dass sich dort nützliche Kontakte knüpfen lassen.

Fragt man etwa Manager nach ihren Kindern, dann sagen knapp 66 Prozent, dass sie diese am liebsten auf die besten Privatschulen und -universitäten« Deutschlands schicken würden, weil dies ihre Chancen »signifikant verbessert«. Die meisten dieser Manager geben gleichzeitig zu, dass die privaten Angebote gar nicht besser seien als staatliche Einrichtungen – es zählen tatsächlich nur das Image und die Kontakte. »Auch wenn staatliche Hochschulen eine genauso anspruchsvolle oder in vielen Fällen sogar anspruchsvollere Ausbildung darstellen: Absolventen von Privatschulen und Privatuniversitäten haben schon aufgrund des Besuchs der Privatschule oder Privatuniversität bessere Karten als die anderen. Sie sind schon Mitglied im Club der Privilegierten. Die anderen müssen sich diesen Status erst mühevoll erarbeiten, wenn sie ihn denn überhaupt jemals erreichen werden.«[17]

Aus den unterschiedlichsten Gründen wollen Eltern ihre Kinder also auf die Privatschule schicken. Manche fürchten den Abstieg, andere erhoffen den Aufstieg; die einen wollen ihr Kind nur glücklich sehen, andere haben Angst, es könnte sonst in falsche Gesellschaft geraten. Aber diese ganz individuellen Nöte und Wünsche üben einen ungeheuren Sog aus: Je mehr Eltern sich für eine Privatschule entscheiden, desto mehr geraten jene Eltern unter Druck, die ihren Nachwuchs noch staatlich unterrichten lassen. Sie müssen fürchten, dass ihr Kind später Nachteile erleidet, wenn es kein Zeugnis einer Schule mit Prestige vorweisen kann. Also würden mittlerweile schon 54 Prozent der Eltern ihre Kinder auf eine Privatschule schicken, wenn sie es sich finanziell leisten könnten.[18] Nicht überraschend: Es sind vor allem Anhänger der FDP und der Grünen, die ihr Kind am liebsten privat unterrichtet sähen. Beide Parteien werden überdurchschnittlich häufig von Bildungsbürgern gewählt. Doch ein zweiter Befund der Umfrage ist eher unerwartet: Auch Eltern mit Hauptschulabschluss gaben oft an, dass sie ihr Kind gern von der staatlichen Schule nehmen würden, wenn sie es denn bezahlen könnten. Offenbar sickert auch in die Unterschichten die PISA-Erkenntnis durch, dass sie im deutschen Bildungssystem systematisch benachteiligt werden.

Der Siegeszug der Privatschulen scheint also unaufhaltsam, zumal auch gemeinnützige Organisationen wie der Paritätische Gesamtverband längst überzeugt sind, dass das staatliche Angebot ergänzt werden muss. Immer beliebter ist dabei die Idee des Bildungsgutscheins, der allen Eltern erlauben würde, selbst zu entscheiden, welche Schulform sie für ihre Kinder richtig finden.[19]

In der Theorie klingt das Konzept tatsächlich verführerisch: Im freien Wettbewerb der Angebote würden sich die besten Schulen durchsetzen, während die staatliche Schulbürokratie zu großen Teilen entfallen könnte. Gelegentlich würde eine Art Schul-TÜV die Bildungsstätten aufsuchen, um die Qualität zu kontrollieren. Die Ergebnisse könnten dann alle Eltern im Internet nachsehen, und diese Transparenz würde garantieren, dass sich tatsächlich die besten Angebote herauskristallisieren – seien sie nun staatlich oder privat.

Der Bildungsgutschein scheint also eine ungekannte Freiheit und Gleichheit zu versprechen. Erstmals in der deutschen Geschichte würden nicht mehr die Eliten den Bildungskanon vorgeben, sondern alle Eltern könnten gleichberechtigt wählen. Faktisch dürfte jedoch genau das Gegenteil eintreten – und sich die soziale Selektion sogar noch verstärken. Denn ein Phänomen der jetzigen Privatschulen würde zum ungebremsten Trend: Einkommensstarke Eltern würden sich Zusatzleistungen erkaufen und dafür sorgen, dass ihr Kind optimal betreut und rundum trainiert wird. Normalverdienende Eltern hingegen müssten erleben, dass ihre Ressourcen nicht ausreichen, um ihrem Kind ganz kleine Klassen und individuelle Totalansprache zu besorgen. Zwischen den Schulen würden sich »große Unterschiede im Leistungsangebot herausbilden«, warnt der Soziologe Richard Münch.[20]

Der Schul-TÜV würde diesen Trend sogar noch verstärken. Denn im Ranking würden – wenig verwunderlich – immer jene Schulen ganz oben landen, die dank der gut situierten Eltern auch am besten ausgestattet sind. Also würden bald alle einkommensstarken Eltern dorthin drängen. Endlich wären die Eliten sogar schon in der Schule unter sich, was ihnen bisher nur unvollkommen gelungen ist. Gleichzeitig erhielten sie durch das

Schul-Ranking das ersehnte amtliche Siegel, dass sie nicht nur Herkunfts-, sondern Leistungselite sind und dass ihnen ihre Privilegien also zu Recht zukommen. Unbeachtet bliebe dann, dass die Chancen nie gerecht verteilt waren.

Gleichzeitig würden viele Eltern der Mittelschicht versuchen, genug Geld anzusparen, um ihr Kind auf eine möglichst teure Eliteschule zu schicken, damit ihr Nachwuchs die maximale Förderung erhält und in die »richtige« Umgebung gerät. Doch dieser Zudringlichkeit würde sich die Oberschicht erwehren, indem sie ins Ausland ausweicht und ihre Kinder dort in so teuren Internaten platziert, dass die unteren Schichten garantiert nicht mehr mithalten können. Schon jetzt gibt es Beratungsagenturen, die Eltern dabei helfen, die passgenaue Schule im Ausland zu finden. Auch bei den wenigen Privatuniversitäten, die es in Deutschland gibt, ist der Trend zu beobachten, dass die Oberschicht sich schon wieder abwendet, weil sie bei den Normalbürgern allzu sehr in Mode gekommen sind.

Oder wie es ein Manager ausdrückt: »Die Privatuniversitäten in Deutschland sind zu schlecht; viele Absolventen von Ebs, WHU etc. scheinen mir doch eher wegen Netzwerken bzw. finanziellen Status, aber weniger wegen intellektueller Leistung dort zu sein. Wenn, dann würde ich meine Kinder im Ausland studieren lassen.«[21]

Die Mittelschicht kann also nicht gewinnen, wenn die Bildung zu einem Markt wird, auf dem schrankenlose Konkurrenz herrscht. Doch für eine Umkehr ist es wahrscheinlich schon zu spät. Wenn viele Eltern erst einmal glauben, dass sie sich einen individuellen Wettkampf liefern müssen, wer seinen Nachwuchs am besten fördert, ist der Boom der privaten Angebote nicht mehr aufzuhalten.

Der Wahn verstärkt sich selbst, wie Soziologen beobachten: »Das Motiv, dass man alles für sein Kind tut, kann man moralisch und pädagogisch unterschiedlich bewerten. Sozial- und familienpolitisch ist es jedoch ein Beleg dafür, dass sich hinter der vordergründigen Kulisse eine tiefe Verunsicherung verbirgt, die bei Eltern einen Steigerungsprozess der (Früh-)Förderung ausgelöst hat, welcher nahezu unumkehrbar erscheint – und die Verunsicherung stabilisiert.«[22]

In der Gesundheitsforschung ist längst nachgewiesen, dass Placebo-Produkte umso stärker wirken, je teurer sie sind. Dieser Mechanismus scheint nun auf die Kindergärten und Schulen überzugreifen. Wenn Bildungsangebote kostspielig sind, werden viele Eltern gar nicht abgeschreckt – stattdessen sind sie eher beruhigt. Sie können sich dann trösten, dass sie ihr Möglichstes gegeben haben. Sollte ihr Kind trotzdem scheitern, kann es nicht an ihrem Einsatz gelegen haben. Die Eltern kaufen in Wahrheit nicht nur Bildung für ihr Kind ein – sie kaufen auch Vertrauen. Sie tauschen Geld gegen die Entlastung von Schuldgefühlen, die auch dadurch entstehen, dass sich die Eltern völlig überfordern, wenn sie sich zu den alleinigen Karriereplanern ihrer Kinder ernennen.

Zur kollektiven Verunsicherung gehört auch, dass Eltern den staatlichen Institutionen misstrauen, ohne sie je von innen gesehen zu haben. Denn viele Mütter und Väter entscheiden sich bereits für private Angebote, noch bevor ihr Kind überhaupt die Schulreife erreicht hat. »Das staatliche Bildungssystem wird als mangelhaft und wenig zukunftsfähig erlebt – so die ›Diagnose‹ vieler Eltern. Selbst Eltern von allerkleinsten Kindern (lange vor der Schulzeit) sind schon verunsichert. Sie erleben es als starken Druck, nur keine Chance auszulassen, weil sie sonst ihrer heutigen Elternpflicht nicht gerecht werden.«[23]

Schon das Hörensagen reicht offenbar vielen Eltern, um die staatlichen Schulen zu meiden. Subjektiv ist das sogar zu verstehen: Deutschland investiert viel zu wenig Geld in die Schulen, wie die OECD immer wieder kritisiert. Bei den Bildungsausgaben wurde die Bundesrepublik inzwischen von allen anderen westlichen EU-Staaten abgehängt – nur Portugal wendet noch weniger Mittel für seine Schulen auf.[24]

Es ist fatal: Echte Probleme machen eine falsche Lösung plausibel. Weil die staatlichen Schulen nicht optimal ausgestattet sind, scheint es naheliegend, auf private Angebote zu setzen. Die Eltern bemerken gar nicht, dass sie sich damit auf einen Konkurrenzkampf einlassen, den sie nicht gewinnen können.

Eigentlich müsste genau das Gegenteil geschehen. Die staatlichen Schulen wären so attraktiv auszustatten, dass die Mittelschicht sich nicht mehr genötigt sieht, in Privatschulen zu investieren. Dafür müsste man jedoch die Steuern erhöhen und sicherstellen, dass die Oberschicht ihren fairen Anteil trägt. Doch stattdessen werden die Einkommensteuern fortwährend gesenkt, wovon vor allem die Eliten profitieren, und dem Staat auch noch die letzten Mittel entzogen, die er für die Bildung verwenden könnte.

Die Konkurrenz auf dem Bildungsmarkt wird sich also verschärfen – und diese Konkurrenz gewinnt immer, wer für das beste Angebot am meisten bezahlen kann. Das aber sind die Eliten, nicht die Mittelschicht, die erneut an ihrem eigenen Abstieg mitwirkt.

13 Die Mittelschicht schrumpft: Aber wer steigt eigentlich ab?

Die Mittelschicht leidet unter ihren Widersprüchen: Sie glaubt zwar immer noch an den eigenen Aufstieg, indem sie kräftig in die Bildung ihrer Kinder investiert – doch auch die Angst vor dem Abstieg ist allgegenwärtig. Dieser Abstieg wird zudem wie ein Schicksalsschlag erlebt, der jeden treffen kann und vor dem niemand mehr sicher ist. Auffällig ist auch, dass dieser Fall ins Nichts besonders häufig Akademikern zustoßen soll, die dann als »Dr. Arbeitslos« angeblich nur noch Taxifahrer werden können. Gerade Bildung scheint also nicht vor Armut zu schützen, obwohl doch für Eltern nichts so wichtig ist wie ein guter Abschluss für ihre Kinder. Wie passt das alles zusammen?

Zumindest der Ausgangspunkt ist trivial. Die kollektiven Ängste können sich nur deswegen auf den gescheiterten Akademiker fixieren, weil es ihn tatsächlich gibt.

Geradezu literarisch hat der Soziologe Heinz Bude die Sozialfigur des Absteigers beschrieben: »Es kann einem aber auch passieren, dass man auf einem Fest zu einem runden Geburtstag nach vielen Jahren einen Bekannten von früher trifft, der zu viel redet, zu viel trinkt und zu viel schwitzt. Momentan liefen die Dinge nicht so gut, aber er habe schon wieder ein neues Projekt in Vorbereitung. Nein, mit der Frau, nach der man sich erkundigt, sei er schon lange nicht mehr zusammen, aber die Tochter aus dieser Beziehung habe gerade ihr Medizinstudium begonnen. Nach und nach stellt sich heraus, dass der einst so siegesgewisse Verlagsleiter, den man wegen seines ungeheuren Erfolgs bei den Kommilitoninnen heimlich immer schon beneidet hatte, nach dem Controlling des Verlags durch eine einschlägige Unternehmensberatung seinen Hut nehmen und sich als Mitvierziger fortan von einem freien Lektorenjob zum nächsten durchschlagen musste.«[1]

Jeder Akademiker kennt solche Geschichten von ehemaligen Kommilitonen. Da ist der Romanist, der nur mit Mühe seine Dissertation zu Ende gebracht hat und sich nun mit Ratgebern über das Pokerspiel ein karges Einkommen verdient. Da ist die Kollegin aus der renommierten Henri-Nannen-Schule, die sich mit bescheidenen Freelance-Aufträgen ernährt. Da ist der Habilitand in Germanistik, der dem Selektionsdruck an der Universität nicht gewachsen ist und Psychosen entwickelt. Da ist der ehemalige Informatiker, der auf Gomera Visitenkarten verteilt, die mit einem Regenbogen verziert sind und ein neues glückliches Leben versprechen.

Ähnlich abschreckend sind die Geschichten der »Generation Praktikum«. Endlose Jahre scheinen sich junge Akademiker durch unbezahlte Jobs hangeln zu müssen, bis sie endlich zu miesen Konditionen eine befristete Stelle finden, die sie dann nach kurzer Zeit wieder verlieren. In Berlin zogen kürzlich Praktikanten zum Potsdamer Platz, um gegen ihre grassierende Ausbeutung zu protestieren. Motto: »Uns gibt es nicht umsonst!« Allerdings nahmen nur 150 Jungakademiker an dieser Demonstration teil. So dringend scheint das Problem doch nicht zu sein.

Einzelbeispiele sind eben noch lange kein Trend. Auch wenn die Geschichte noch so häufig erzählt wird: Es bleibt ein Mythos, dass sich viele Akademiker in die Taxischlange einreihen müssten. Bei den Hochschulabsolventen herrscht fast Vollbeschäftigung, wie in den Statistiken der Bundesagentur für Arbeit nachzulesen ist. In den vergangenen Jahrzehnten waren stets nur rund vier Prozent arbeitslos gemeldet.[2]

Akademiker sind jedoch nicht nur selten arbeitslos – sie sind auch fast immer ihrem Abschluss entsprechend beschäftigt. In einer Stichprobe von 2004 zeigte sich, dass nur etwa ein Fünftel unterhalb des Ausbildungsniveaus arbeiten musste, auch bei ihnen war der Abstieg nicht dramatisch: Meist mussten sie nur »leichte bis mittlere Qualifikationsverluste« hinnehmen. Es ist also sehr selten, dass eine Psychologin als Verkäuferin in einer Bäckerei endet. Zudem arbeiten fast alle Akademiker – das gilt selbst für die Frauen. Ab Mitte 30 sind 85 Prozent von ihnen erwerbstätig, von den Männern sind es sogar 93 Prozent. Zum Vergleich: Frauen ohne beruflichen Abschluss arbeiten nur zu 48 Prozent.

Auch die Praktika sind längst nicht so weit verbreitet, wie gern geglaubt wird. Kürzlich wurden 10 000 Akademiker befragt, die ihr Studium sechs bis 18 Monate zuvor beendet hatten. Dabei stellte sich dann heraus, dass nur jeder achte Absolvent einer Fachhochschule und nur jeder siebte Uni-Abgänger nach dem Studium noch ein Praktikum angehängt hatte. Allerdings sind die Arbeitsmarktchancen für die einzelnen Studienfächer sehr unterschiedlich: Ingenieure oder Naturwissenschaftler sind so gefragt, dass sie fast nie Praktika absolvieren. Bei den Sprach- und Kulturwissenschaftlern hingegen durchläuft jeder vierte mindestens eine Probestation.[3]

Aber insgesamt gilt, dass Akademiker außerordentlich gefragt sind und sich keine Sorgen um ihre berufliche Zukunft machen müssen. Denn sie sind knapp. 2007 machten die Hochschulab-solventen ganze 24 Prozent der Gesamtbevölkerung aus, wenn man die arbeitsfähigen Jahrgänge zwischen 25 und 64 Jahren heranzieht.[4]

Entsprechend hoch ist die »Rendite«, die sich mit einem Studium erzielen lässt. Bei männlichen Akademikern addiert sich der Einkommensvorteil in ihrem Berufsleben auf rund 175 000 Euro, wenn man sie mit einem Beschäftigten vergleicht, der eine normale Berufausbildung besitzt.[5] Zudem verdienen Akademiker nicht nur besser – sie sind auch seltener arbeitslos. Dieser Vorteil der Dauerbeschäftigung lässt sich ebenfalls als

Rendite verstehen und führt zu einem weiteren Plus von 37512 Euro, wie die OECD ausgerechnet hat. Insgesamt kann ein männlicher Akademiker also einen Ausbildungsgewinn von knapp 213 000 Euro verbuchen.[6]

Hochschulabsolventen haben es besonders leicht auf dem Arbeitsmarkt – aber auch viele andere Beschäftigte wurden noch nie arbeitslos. Fast zwei Drittel der heute 50-Jährigen in Westdeutschland haben noch nie ihre Stelle verloren. Dafür wurden einige wenige immer wieder entlassen: Die Hälfte der westdeutschen Arbeitslosigkeit konzentriert sich, über die Jahre betrachtet, auf ganze fünf Prozent der Bevölkerung.[7]

Anhaltende Arbeitslosigkeit trifft also eine Minderheit. Trotzdem »kriecht die Angst langsam die Bürotürme hoch«, wie der Soziologe Stefan Hradil es ausdrückt. In der Mittelschicht machen sich inzwischen rund 26 Prozent »große Sorgen« um ihre Zukunft. Das sei ein »historischer Höchststand«, konstatiert das DIW, dessen Zeitreihen bis ins Jahr 1984 zurückreichen.[8]

Aber woher stammen diese Befürchtungen, und warum machen sich selbst Akademiker Sorgen, die durch ihren Bildungsvorsprung abgesichert sind? Denkbar wäre, dass es sich um einen neuen Ausbruch der »German Angst« handeln könnte, die zum geflügelten Wort bei unseren Nachbarn geworden ist.

Die deutsche Mittelschicht neigte schon immer dazu, ihren unmittelbaren Abstieg zu befürchten. Oft wurde dieser Krisendiskurs sogar in Zeiten geführt, in denen es der Mittelschicht eigentlich prächtig ging, so der Historiker Hans-Ulrich Wehler: »Die Geschichte des deutschen Bürgertums wird seit jeher von einer unablässig anhaltenden Diskussion über seine Überlebensfähigkeit begleitet. Ständig geht es dabei um Aufstieg oder Zerfall, Expansion oder Erosion, Exklusion oder Inklusion, um Triumph, Desintegration, Niedergang, Aushöhlung oder sogar Auflösung. Namentlich der Krisendiskurs ist als ein Medium bürgerlicher Selbstverständigung stets ein integraler Bestandteil der bürgerlichen Welt auch und gerade in den Zeiten äußerst progressiver, ja glanzvoller Stabilität gewesen. Seit der Mitte des 19. Jahrhundert steigerte er sich oft zu einer wahren Untergangsrhetorik. Doch der pessimistische Abgesang hat sich bisher stets als verfrüht erwiesen, zumal jeder Wandel in Gefahr stand, als Zerstörung wahrgenommen zu werden.«[9]

Die pessimistische Stimmung ist also nicht unbedingt neu – neu ist jedoch, dass die Sorgen durchaus berechtigt sind. Denn die Statistik weist ja aus, dass die deutsche Mittelschicht schrumpft. Im Jahr 2000 gehörten ihr noch 49 Millionen Menschen an, 2006 waren es nur noch 44 Millionen. Gleichzeitig fand sich rund ein Viertel aller Bundesbürger in der Unterschicht wieder.[10] Dieser rasche Abstieg ist beispiellos in der bundesdeutschen Geschichte. Aber wer steigt eigentlich ab? Das ist ein gewisses Rätsel, denn die Selbstwahrnehmung der Deutschen hat sich nicht verändert, wie Umfragen zeigen: Obwohl die Mitte schrumpft, verorten sich fast alle weiterhin in der Mittelschicht.[11] Viele haben zwar Angst vor dem Abstieg – aber abgestiegen sind immer nur die anderen.

Eindeutig ist nur, wer unten ist: Das sind die Arbeitslosen und Bedürftigen, die monatlich minutiös registriert werden. Im Herbst 2009 wurden 4,9 Millionen erwachsene Hartz-IV-Empfänger gezählt sowie etwa 1,8 Millionen Kinder, die in diesen »Bedarfsgemeinschaften« lebten. Hinzu kamen 1,11 Millionen Menschen, die das reguläre Arbeitslosengeld I bezogen.[12] Doch dürfte die Zahl der Erwerbslosen noch kräftig steigen. Für das Jahr 2010 haben die Wirtschaftsweisen prognostiziert, dass etwa 500 000 Menschen ihre Stelle verlieren werden.

Wer arbeitslos wird, gehört automatisch fast immer zu den Ärmsten. Bei den Hartz-IV-Empfängern ist dies nicht überraschend, soll ihr Regelsatz ausdrücklich nur das »Existenzminimum« absichern. Auch das reguläre Arbeitslosengeld I liegt selten höher; 758 Euro werden im Durchschnitt im Monat ausgezahlt.[13] Da muss der Partner schon sehr gut verdienen, damit ein Arbeitsloser seinen einstigen Status weiter wahren kann.

Es ist jedoch eher unwahrscheinlich, dass ein Arbeitsloser mit einem gut situierten Partner zusammenlebt. Denn der Stellenverlust trifft vor allem die Geringqualifizierten, und in der Liebe verhalten sich alle Bundesbürger gleich – ob sie nun aus der Elite oder aus der Unterschicht stammen. Man bevorzugt das eigene Milieu. Ungelernte Frauen heiraten also am ehesten Männer, die ebenfalls ungelernt sind. Damit wird das Armutsrisiko nicht gestreut, sondern in bestimmten Familien konzentriert.

Letztlich sind vor allem vier Gruppen gezwungen, von Hartz IV zu leben. Zu diesen Langzeitarbeitslosen zählen: alleinerziehende Mütter, Bildungsverlierer, Migranten – und Ostdeutsche. Damit ist natürlich nicht gesagt, dass jeder Migrant auf staatliche Unterstützung angewiesen ist. Ganz im Gegenteil: Auch unter den Migranten sind die Hartz-IV-Empfänger eine Minderheit. Aber die Armut hat ein Gesicht in Deutschland. Es sind eben nicht alle Bundesbürger gleichermaßen gefährdet, zu den Langzeitarbeitslosen abzusteigen.[14]

Rund acht Millionen Menschen leben inzwischen von Hartz IV oder dem Arbeitslosengeld I. Doch sind sie nicht die einzigen Armen. Gleichzeitig expandieren auch die Niedriglöhne, bei denen das Einkommen nicht mehr reicht, um noch zur Mittelschicht zu gehören. Legendär wurde etwa die Geschichte von den Friseurinnen in Sachsen, deren Tariflohn bei nur 3,82 Euro pro Stunde liegt. Auch über die Leiharbeiter wurde viel geschrieben, die die gleiche Arbeit wie ihre festangestellten Kollegen verrichten und dennoch im Durchschnitt nur etwa siebzig Prozent des regulären Lohns kassieren.[15]

6,5 Millionen Menschen gehören neuerdings zu den Niedriglöhnern, die damit bereits ein Fünftel aller abhängig Beschäftigten ausmachen. Im Westen erhalten sie im Schnitt 6,88 Euro pro Stunde, und im Osten sind es sogar nur 5,60 Euro. Längst werden nicht nur Minijobber und Teilzeitbeschäftigte ausgebeutet: Auch vierzehn Prozent der Vollzeit-Angestellten müssen mit Niedriglöhnen leben.[16]

Viele Bürger dürften ihren eigenen Abstieg jedoch nicht nur fürchten, weil die Zahl der Niedriglöhner wächst. Denn Akademiker und gut ausgebildete Facharbeiter sind fast nie gefährdet, in diesen schlecht bezahlten Jobs zu landen. Noch wichtiger ist daher ein anderes Phänomen, das schon in Kapitel 4 beschrieben wurde: Selbst wer seine Stelle behält, gehört oft zu den Verlierern. Denn die Reallöhne sinken seit Jahren, und sie fallen nicht nur in Krisen, sondern auch im Boom gibt es keine Lohnsteigerungen mehr. Das ist völlig neu. Früher wurde der berühmte Gürtel zwar auch »enger geschnallt«, wenn das Wirtschaftswachstum nachließ – aber am Aufschwung wurden die Arbeitnehmer immer beteiligt. Doch von der Konjunkturerholung, die ab 2005 einsetzte und bis 2008 währte, profitierten nur noch die Kapitaleigner und Unternehmer. An diesem neuen Trend sind zwei Aspekte besonders verwirrend.

Erstens: In den ökonomischen Standardannahmen ist überhaupt nicht eingeplant, dass die Reallöhne nicht nur bei den ungelernten Arbeitern, sondern auch bei den Fachkräften nachgeben. Die Theorie sieht vor, dass nach objektiver Leistung honoriert wird. Im Wirtschaftsdeutsch wird dies auch gern »Produktivität« genannt: Wer wenig kann, erhält auch wenig – während die Fachkräfte für ihr Wissen ordentlich bezahlt werden. Tatsächlich jedoch fallen die Reallöhne, obwohl die Arbeitnehmer immer besser ausgebildet sind. Selbst viele Akademiker müssen Nullrunden hinnehmen.

Zweitens: Die deutsche Entwicklung ist einmalig in Europa. Nirgendwo sonst fallen die Reallöhne in dieser Geschwindigkeit. Stattdessen sind sie in den anderen Industriestaaten oft kräftig gestiegen, so dass auch die Arbeitnehmer vom globalen Boom profitiert haben. Die »Globalisierung«, immer gern als Totschlagargument bemüht, kann demnach nicht schuld sein.[17]

Wie erklärt sich also der deutsche Sonderweg? Diese Frage hat sich auch das DIW gestellt: Recht akribisch werden diverse denkbare Thesen durchgegangen, nur um sie am Ende alle zu verwerfen.[18] Um ein paar dieser obsoleten Erklärungsversuche zu nennen:

»Der Staat« wird immer gern als Hauptschuldiger betrachtet, wenn sich die Mittelschicht belastet fühlt – zumal es ja stimmt, dass vor allem die Normalbürger die Kosten der Solidarität tragen müssen. Trotzdem können Steuern und Sozialabgaben allein nicht erklären, warum die Reallöhne fallen. Denn die Staatsquote ist in den vergangenen Jahren kaum gestiegen.

Der zunehmende »Individualismus« taugt ebenfalls nicht als Erklärung. Zwar ist wahr, dass viele Beschäftigte keine Lust mehr haben, sich einer Gewerkschaft anzuschließen. Aber dieser Trend ist europaweit zu beobachten. Überall sinkt der Organisationsgrad, und trotzdem hat die Verhandlungsmacht der Arbeitnehmer andernorts nicht so stark gelitten.

Auch die Minijobs sind wohl nicht daran schuld, dass das gesamte deutsche Lohngefüge wankt. Die Zahl der geringfügig Beschäftigten hat zwar enorm zugenommen – trotzdem entfallen auf sie gerade einmal vier Prozent der Arbeit, die in der deutschen Volkswirtschaft verrichtet wird.

Ähnlich partiell dürfte die Leiharbeit wirken. Es ist zwar ein Skandal, dass gleiche Arbeit nicht immer gleich bezahlt wird und die Leiharbeiter oft gegenüber der Stammbelegschaft benachteiligt sind. Aber selbst zu Boomzeiten wurden nur maximal 800 000 Leiharbeiter gezählt – das waren ganze drei Prozent der sozialversicherungspflichtigen Beschäftigten.[19]

Auch scheint es nicht wirklich eine Rolle spielen, dass sich Deutschland als Exportnation versteht. Zwar wird dem Volk immer wieder gern erklärt, dass die Löhne sinken müssten, um unsere internationale Wettbewerbsfähigkeit zu retten. Aber die Gewinne der Unternehmen waren nie in Gefahr. Vielmehr ist ja an der jetzigen Entwicklung so besonders irritierend, dass die Profite explodieren. 2007 lag die Lohnquote, also der Anteil der Gehälter am Volkseinkommen, bei nur noch 61 Prozent. Das sei ein »Rekordtief«, stellt das DIW fest. Es wäre also noch sehr viel Spielraum vorhanden, um höhere Löhne zu fordern. Sie würden nicht zwingend die Preise der Exportwaren erhöhen – sondern nur den Profit der Kapitaleigner schmälern.

Ökonomisch sind die fallenden Reallöhne also nicht zu erklären. Es scheint eher eine Frage der Mentalität zu sein. So ist auffällig, wie stark sich die Deutschen immer wieder von dem Arbeitgeber-Argument beeindrucken lassen, die Löhne dürften kaum steigen, weil sonst die internationale Wettbewerbsfähigkeit gefährdet sei. Nie kommt in Deutschland die Frage auf, warum eigentlich all die anderen EU-Länder nicht verarmen, die keine »Exportweltmeister« sind und trotzdem höhere Lohnzuwächse verzeichnen. Stattdessen solidarisieren sich die Arbeitnehmer mit den Arbeitgebern, auf dass man den gemeinsamen Kampf gegen die anonymen Fremden auf den Weltmärkten gewinne. Bei diesem »Feldzug« wird dann hingenommen, dass die Exportgewinne immer ungleicher verteilt werden und vor allem den Kapitaleignern zugute kommen. Den deutschen Arbeitnehmern scheint es auszureichen, dass sie zumindest einen vermeintlichen Statusgewinn verbuchen können: Sie haben die Beschäftigten im Ausland geschlagen.

Es mag ungewöhnlich sein, das deutsche Exportverhalten mit der militärischen Metapher »Feldzug« zu beschreiben. Doch viele Länder empfinden das deutsche Lohndumping in der Tat als aggressiven Akt, der zu starken Wettbewerbsverzerrungen führt – und zu gefährlichen Leistungsbilanzüberschüssen, die die Finanzmärkte destabilisieren. Die deutsche Exportpolitik wurde daher mehrfach auf den Weltfinanzgipfeln kritisiert.

Zudem bedroht das deutsche Lohndumping langfristig den Euro, denn normalerweise würden andere Länder ihre Währung abwerten, deren Löhne höher liegen. Heiner Flassbeck, Chefökonom der UN-Handelsorganisation Unctad, hat einmal ausgerechnet, welche Wettbewerbsvorteile sich Deutschland durch das Lohndumping verschafft hat. Angenommen, im Gründungsjahr der europäischen Währungsunion, also 1999, hätten die durchschnittlichen Lohnkosten für ein Produkt in den Mitgliedsländern nahe beieinander gelegen und zum Beispiel 100 Euro betragen. Dann mussten 2008 für die Herstellung desselben Produkts in Deutschland etwa 102 Euro aufgewendet werden, in Frankreich 116, in Griechenland 119, in den Niederlanden 120, in Italien 122, in Spanien 123 und in Portugal 126 Euro. Nur Österreich lag mit 105 Euro ähnlich niedrig wie Deutschland.[20] Es ist daher kein Wunder, dass sich die anderen Euro-Staaten bedroht fühlen. Dabei lohnt sich für die Deutschen ihre Exportoffensive noch nicht einmal: Das Lohndumping schwächt den Binnenmarkt, so dass das Wachstum in Deutschland inzwischen weit geringer als in den meisten anderen EU-Ländern ausfällt.

Die Angst vor dem Abstieg nimmt in Deutschland also bizarre Formen an: Die Furcht konzentriert sich auf Mythen wie die angeblich arbeitslosen Akademiker, obwohl bei den Universitätsabsolventen faktisch Vollbeschäftigung herrscht. Auch die meisten anderen Angestellten müssen nicht um ihre Stelle bangen, sondern sie zählen zu den Verlierern, weil ihre Reallöhne sinken. Doch diese ständige Erosion der eigenen Gehälter wird verdrängt – oder aber als Exportoffensive überhöht.

Die Mittelschicht nimmt ihren eigenen Verlust nicht wahr, weil sie sich nach unten abgrenzen kann. Ihr wird zum Verhängnis, was zunächst eigentlich erfreulich ist: Gut ausgebildete Fachkräfte sind nur selten dauerhaft arbeitslos, während sich bei den Hartz-IV-Empfängern vor allem Ostdeutsche, Migranten und Bildungsverlierer sammeln. Da kann sich die Mittelschicht zu Recht sehr sicher fühlen, dass ihr der totale Abstieg erspart bleiben wird. Doch gerade diese Zuversicht, niemals zum Prekariat zu gehören, verleitet die Mittelschicht, sich mental mit den Unternehmern zu verbünden.

Es ist kurios: Die Mittelschicht steigt ab, weil sie so sichtbar nicht zur Unterschicht gehört.

Die Verachtung für die Unterschicht

14   Die Armen sind alle Betrüger: Über »Florida-Rolf« und »Karibik-Klaus«

Die Verachtung für die Unterschicht wächst, je stärker die Reallöhne der Mittelschicht sinken. Wenn der eigene Status ökonomisch bedroht ist, dann wird er über die soziale Abgrenzung nach unten abgesichert. Das Arsenal der Waffen ist begrenzt, aber wirkungsvoll. Dazu gehört der Vorwurf, dass die Ärmsten eigentlich nur Sozialbetrüger seien, die sich Hilfe vom Amt erschleichen.

Wohl keiner der angeblichen Sozialbetrüger hat es zu solchem Ruhm gebracht wie »Florida-Rolf«. Im August 2003 erfuhren die Deutschen erstmals von seiner Existenz. In breiten Lettern berichtete *Bild*, dass ein gewisser Rolf J. im sonnigen Miami leben und für sein süßes Leben am Strand auch noch Geld vom deutschen Staat kassieren würde. In immer neuen Artikeln wurde den Lesern nahegebracht, wie Florida-Rolf »bei 32 Grad, mildem Wind und Nichtstun« sein Leben auf Kosten der deutschen Steuerzahler genieße. »Er lacht uns alle aus! Thank you, Sozialamt!«

Die rot-grüne Regierung reagierte panisch auf diese Kampagne: Sofort wurde das Gesetz geändert, damit Sozialhilfeempfänger nicht mehr länger im Ausland leben konnten. Dabei handelte es sich um ein Randphänomen, denn 2001 hatten nur 1055 Deutsche Sozialhilfe im Ausland bezogen, wie selbst die *Bild*-Zeitung einräumen musste. Die Kosten waren ebenfalls marginal und beliefen sich auf pro Kopf nur rund 430 Euro im Monat. Denn viele der bedürftigen Auslandsdeutschen hatten sich in Südamerika oder Thailand niedergelassen, wo das Leben deutlich billiger ist als in Deutschland. Für den Staat war es also ein schlechtes Geschäft, seine Sozialhilfeempfänger in die Heimat zurückzuzwingen. Aber Armut darf keinen Spaß machen.

Konsequent suggerierte die *Bild*-Zeitung, dass »Florida-Rolf« eigentlich ein Sozialbetrüger sei. Dabei hatte er nur völlig legal vor einem deutschen Gericht erstritten, dass er in Miami bleiben durfte. Er hatte also gerade nicht sein Vermögen verheimlicht oder sich Vorteile erschlichen, doch diese Tatsache wurde ignoriert. Dies spiegelt die Gesamtstimmung in Deutschland: Wer arm ist, muss sich den Verdacht gefallen lassen, eventuell ein Betrüger zu sein.

Dieses generelle Misstrauen wird permanent neu belebt. Der Rufmord an den Armen ist nicht schwierig, denn gelegentlich gibt es ja wirklich Betrüger, die Einkommen und Vermögen verschweigen. Ihre Geschichten müssen nur medienwirksam aufbereitet werden. Zu gewissem Ruhm kamen in den vergangenen Jahren unter anderem »Mallorca-Karin«, »Jacht-Hans« und »Karibik-Klaus«.

Das Grundmuster ist immer das Gleiche: Es wird suggeriert, dass die Sozialbetrüger unter Palmen in Saus und Braus leben und am Strand der freien Liebe frönen. Meist wird dieser Plot als Fortsetzungsroman gestreckt, der dann in allen Details schildert, was für ein luxuriöses Lotterleben der deutsche Steuerzahler finanzieren muss. Geradezu exemplarisch ist die Story von »Karibik-Klaus«. Schon die Titel der diversen *Bild*-Artikel sagen alles:

- »Stütze in der Sonne: Karibik-Klaus lacht uns alle aus«
- »Rassige Armancia: Ich hol' für Karibik-Klaus die Brötchen raus«
- »BILD besucht das Prunk-Haus von Karibik-Klaus«
- »So habe ich alle besch....: Karibik-Klaus packt aus«

Auf die neidisch-wütenden Reaktionen der Leser ist Verlass. Schließlich hätten viele gern eine »rassige Armancia« im Arm und ein »Prunk-Haus« in der Sonne. Ausgerechnet den Armen wird ein Leben angedichtet, wie man es sonst nur der Oberschicht zutraut.

Doch nicht nur der Boulevard diffamiert die Bedürftigen – die Politiker sind nicht besser. Legendär wurde der Begriff vom »Freizeitpark Deutschland«, den Exkanzler Helmut Kohl prägte, um zu unterstellen, dass sich die Arbeitslosen nur in der sozialen Hängematte ausruhen wollten. Sein Nachfolger Gerhard Schröder verkündete dann 2001 via Bild-Zeitung: »Es gibt kein Recht auf Faulheit in dieser Gesellschaft.«[1]

Aus diesem Generalverdacht wurde dann alsbald offizielle Regierungspolitik. Im März 2003 stellte Schröder seine Agenda 2010 im Bundestag vor und verbreitete dabei erneut das Wahnbild, dass Millionen Arbeitslose lieber der Faulheit frönten, als sich um eine Stelle zu kümmern: »Niemandem aber wird künftig gestattet sein, sich zulasten der Gemeinschaft zurückzulehnen. Wer zumutbare Arbeit ablehnt – wir werden die Zumutskriterien verändern –, der wird mit Sanktionen rechnen müssen.«[2]

Offenbar konnte sich Schröder nicht vorstellen, dass es Arbeitslose gibt, weil die Arbeit fehlt. Stattdessen hoffte er ernsthaft, dass zwei Millionen neue Jobs entstehen würden, sobald die Arbeitslosen nur hart bestraft würden. Doch obwohl die neuen Hartz-IV-Reformen ein drakonisches »Fordern und Fördern« vorsahen, stieg die Zahl der Erwerbslosen weiter an. In der Logik der Schröder-SPD folgte daraus zwingend: Die Sanktionen waren immer noch nicht scharf genug. Dieses Menschenbild führte dann zu einer 33-seitigen Regierungsbroschüre, die offen gegen die Arbeitslosen hetzte.

Herausgeber war der damalige SPD-Wirtschaftsminister Wolfgang Clement, und schon der Titel klang wie eine Überschrift aus der Bild-Zeitung: »Vorrang für die Anständigen – Gegen

Missbrauch, ›Abzocke‹ und Selbstbedienung im Sozialstaat«. Ohne jede empirische Evidenz wurde unterstellt, dass viele Hartz-IV-Empfänger nur darauf sinnen würden, Staat und Gesellschaft zu betrügen. Dramatische Szenen wurden in dieser Broschüre beschrieben, die vorgibt, den Alltag der Prüfer von der Arbeitsagentur zu schildern.

Nicht selten wurde den Arbeitslosen bis in die Schlafzimmer nachgespürt, um herauszufinden, ob Hartz-IV-Empfänger Leistungen erschleichen, indem sie einen verdienenden Partner verschweigen: »In der Unterhose flitzte Schuster Richtung Terrassentür. Draußen empfingen ihn feiner Nieselregen und bibbernde Kälte – leider kam der Prüfdienst Anfang März. Fieberhaft fahndete der Industriekaufmann nach einer plausiblen Begründung. Viel Fantasie entwickelte er nicht. ›Ich bin ein Frischluftfanatiker‹, rief Schuster schließlich, als die Dame von der örtlichen ARGE ihn entdeckte. Erst ein paar Tage zuvor hatte die Lebensgefährtin des unterkühlten Terrassenstehers ihren Antrag auf Arbeitslosengeld II eingereicht. Großzügig unterschlug sie dabei, dass ihr Lebensgefährte die Kosten für Miete und Haushalt weitgehend übernimmt. Mit seinem Job in einer mittelgroßen Baumarktkette war das für ihn kein Problem.«

Doch für die größte Empörung sorgte die folgende Geschichte: »Ibrahim, ein Sänger aus dem Libanon«. Dieser Hartz-IV-Empfänger konnte sich angeblich ein schwarzes BMW-Cabrio leisten, weil er bei Hochzeiten und anderen Festen »beträchtliche Gagen« kassiert hätte, ohne sie bei der Arbeitsagentur anzugeben. Übergangslos endete diese Erzählung dann mit der Feststellung: »Biologen verwenden für Organismen, die zeitweise oder dauerhaft zur Befriedigung ihrer Nahrungsbedingungen auf Kosten anderer Lebewesen – ihren Wirten – leben, übereinstimmend die Bezeichnung Parasiten«.

Nicht wenige Kommentatoren fühlten sich sofort an das Nazi-Deutsch erinnert und an das ideologische Schlagwort vom unwerten Leben. Die Broschüre wurde denn auch bald von der

Mißbrauchsquote ca. 1,0 %

Homepage des Wirtschaftsministeriums entfernt. Sie bleibt ein Symbol für den Hass, der die Unterschichten treffen kann.

Ob *Bild*-Journalisten oder Ex-Wirtschaftsminister Wolfgang Clement: Sie alle gehen wie selbstverständlich davon aus, dass es ganz leicht sein müsse, den deutschen Staat zu betrügen. Diese Erkenntnis ist auch nicht ganz falsch, denn für die Reichen ist es erstaunlich einfach, Teile ihres Einkommens vor den Ämtern zu verbergen und an der Steuer vorbeizuschleusen. Den Armen ist es jedoch selten möglich, den Behörden zu entkommen. Für Hartz-IV-Empfänger gibt es fast gar keine Privatsphäre mehr. Sämtliche Einnahmen werden vom Staat erfragt, erfasst – und kontrolliert. Als sehr wirksames Instrument hat sich der »Datenabgleich« erwiesen, der alle drei Monate automatisch vorgenommen wird. Im Datenaustausch zwischen den Behörden wird dann unter anderem ermittelt, ob Hartz-IV-Empfänger bei der Minijob-Zentrale gemeldet sind, eine Rente beziehen oder einen Freistellungsauftrag bei ihrer Bank abgegeben haben. Diese aufwendigen Kontrollen verarbeitet die Bundesagentur dann zu einer Statistik, deren Ergebnis eindeutig ist: Von den Hartz-IV-Empfängern betrügt fast niemand. Die »potentielle Missbrauchsquote« lag im ersten Halbjahr 2009 bei nur 1,0 Prozent.[3]

Hartz-IV-Empfänger wollen nicht betrügen – sondern arbeiten. Studien zeigen immer wieder, wie dringend sich die Langzeitarbeitslosen eine Beschäftigung wünschen. Das erklärt ja auch die große Nachfrage nach den Ein-Euro-Jobs. Die meisten Hartz-IV-Empfänger wären sogar bereit, Stellen anzunehmen, die überhaupt nicht ihrer Ausbildung entsprechen.[4] Aber es gibt eben keine Beschäftigung für sie.

Diese strukturelle Arbeitslosigkeit wird jedoch geleugnet und stattdessen die Schuld bei den Armen gesucht. Dieses Muster findet sich nicht nur bei deutschen Politikern – es ist weltweit populär. So setzte sich Ronald Reagan 1976 bei den Republikanern als Präsidentschaftskandidat durch, indem er gegen eine

»welfare queen« in Chicago hetzte und damit in den USA eine neue Folklore des Ressentiments begründete.[5]

»She has eighty names, thirty addresses, twelve Social Security cards and is collecting veteran's benefits on four non-existing deceased husbands.«[6]

Das Ressentiment gegen die Armen ist uralt. Seit der Antike wird zwischen »würdigen« und »unwürdigen« Armen oder zwischen »echten« und »falschen« Bettlern unterschieden. Zu den akzeptierten Armen gehörten stets Kinder, Schwangere, Alte und Kranke. Doch bei den Arbeitsfähigen hörte das Mitleid sofort auf, denn ihnen wird Faulheit unterstellt. Paulus schrieb an die Thessaloniker: »Wer nicht arbeiten will, soll auch nicht essen.« Unter Karl dem Großen wurde dann 806 n. Chr ein Kapitular erlassen, das eigens Verwalter bestellte, die angebliche »Simulanten« aufspüren sollten, die sich unberechtigt unter die wirklich bedürftigen Bettler mischten. In der Frühen Neuzeit wurden schließlich Arbeitshäuser eingerichtet, um die »Müßiggänger« zu erziehen.[7] Der Grundgedanke war stets: Wer arm ist, ist eigentlich ein Betrüger. Das Opfer wird zum Täter gemacht.

Diese permanente Kriminalisierung der Armen geschieht nicht zufällig, sondern erfüllt eine politische Funktion. Es wird nahegelegt, dass nicht die Reichen die Armen ausbeuten – sondern umgekehrt die Armen die Reichen. Damit wird der Skandal verschoben: Plötzlich ist nicht mehr anstößig, dass die Einkommen extrem ungleich verteilt sind, sondern dass die unteren Schichten überhaupt einen Anteil vom Wohlstand erhalten.

Dazu passt dann bestens, dass ein konservativer Philosoph wie Peter Sloterdijk zu einem »antifiskalischen Bürgerkrieg« gegen den »Steuerstaat« aufruft, um die angebliche »Ausbeutung der Produktiven durch die Unproduktiven« zu beenden.[8] Auch der Mittelschicht leuchtet plötzlich ein, dass es eine Zumutung für die Elite ist, Steuern zu zahlen, wenn davon nur Arbeitslose alimentiert werden, die angeblich zu faul sind, um eine Stelle aufzunehmen.

Das Ressentiment gegen die Langzeitarbeitslosen ist jedenfalls weit verbreitet, wie der Bielefelder Soziologe Wilhelm Heitmeyer erhoben hat: 2009 meinten 47 Prozent der Bevölkerung, dass Langzeitarbeitslose »arbeitsscheu« seien, und sogar 57,2 Prozent nahmen an, dass sich die Hartz-IV-Empfänger »auf Kosten der Gesellschaft ein schönes Leben machen«.[9]

15 Die Arbeitslosen sind gar nicht arbeitslos: Die Legende von der Schwarzarbeit

Den Armen wird jedoch nicht nur vorgeworfen, zu schmarotzen oder ihr Vermögen zu verheimlichen. Noch beliebter ist eine andere Variante der Kriminalisierung: Ihnen wird unterstellt, dass sie massenhaft der Schwarzarbeit nachgingen. Hartnäckig hält sich die Vorstellung, dass in Deutschland eigentlich Vollbeschäftigung herrsche – wenn man nur endlich die vielen versteckten Jobs aufspüren könnte, die von den angeblich Arbeitslosen verrichtet werden.

Es ist überaus einfach, den Erwerbslosen eine Tätigkeit in der Schattenwirtschaft anzudichten. Denn Schwarzarbeit gehört zum Alltag. Fast jeder Bundesbürger hat entweder selbst schon schwarzgearbeitet oder aber andere nicht ganz legal beschäftigt. Schwarzarbeiter scheinen überall zu sein: Sie putzen Häuser, betreuen Gärten und streichen Wohnungen. Sie schneiden Haare, pflegen Alte oder führen den Hund aus. Wer erst einmal anfängt, über die Schwarzarbeit zu grübeln, der wittert sie in allen Branchen.

Kanzler Gerhard Schröder war jedenfalls überzeugt, dass er den Kampf gegen die Schattenwirtschaft zu einem zentralen Regierungsanliegen machen müsse. Seine Agenda 2010 war denn auch als Instrument gegen die Schwarzarbeit gedacht, »die immer noch Zuwachsraten hat, die uns alle beschämen müssen«.

Dieser Generalverdacht gegen die Arbeitslosen fand sich auch in der offiziellen Werbung der Bundesregierung wieder. So schaltete das Finanzministerium Anzeigen, in denen es verlockend hieß: »Raus aus der Schwarzarbeit. Rein in die Ich-AG: mit bis zu 14 400 Euro Förderung.« Zu sehen war ein weiß bekleckster Maler, der offensichtlich gerade eine Privatwohnung anstrich, ohne eine Rechnung dafür zu verlangen. Damit auch jeder die Botschaft verstand, klebte zudem mitten auf der Anzeige ein roter Stempel: »Illegal ist unsozial«.

Aber die rot-grüne Bundesregierung setzte nicht nur auf Werbung. Ganz im Sinne ihrer Agenda-Politik, derzufolge letztlich nur Sanktionen helfen, wurde eine riesige Behörde geschaffen, um Schwarzarbeit lückenlos zu verfolgen: Ab 2004 entstand die »Finanzkontrolle Schwarzarbeit«, kurz FKS, die aktuell rund 6500 Beschäftigte hat und an 113 Standorten im Einsatz ist.

Die Ziele dieser Mammutbehörde waren ambitioniert: Bis zu einer Milliarde Euro sollte der Bund jährlich einnehmen, für die Länder wurden weitere 300 Millionen erwartet. Daraus ist nichts geworden. So tröpfelten im Jahr 2005 nur rund zehn Millionen in die staatlichen Kassen.[1] 6500 FKS-Mitarbeiter fahnden offenbar weitgehend vergeblich. Im Januar 2008 veröffentlichte der Bundesrechnungshof dazu einen beißenden Bericht, der zwar in staubtrockenem Behördendeutsch verfasst ist, sich aber trotzdem wie Realsatire liest.

Erstaunlich ist bereits, wie die Personalplanung funktioniert: Viele Fahnder befinden sich nämlich an Orten, an denen man nicht gerade die Zentren der deutschen Schwarzarbeit vermuten würde. So widmen sich im strukturschwachen Schwedt an der polnischen Grenze genau 43,6 Beamte dem Kampf gegen die Schattenwirtschaft. Im nahen Oderberg sind es weitere 45 Personen, die im wenig bevölkerten Osten der Schwarzarbeit nachspüren. Diese Absurdität hat mit der Geschichte der FKS zu tun: Sie ist beim Zoll angesiedelt und diente auch dazu, Grenzbeamte mit einer neuen Aufgabe zu versehen, nachdem der Warenverkehr im vereinigten Europa fast gar nicht mehr kontrolliert wird. Im Kampf um die Arbeitsplätze der Zöllner war dann zweitrangig, wo sich der Schwarzarbeit vielleicht am besten begegnen ließe.

Erheiternd sind auch die Passagen, in denen der Bundesrechnungshof den Alltag der Fahnder schildert. So liegt es ja nahe, dass sich Schwarzarbeit nicht vom Schreibtisch aus verfolgen lässt, sondern nur am Tatort zu ermitteln ist. Daher sollen die Fahnder »mindestens 50 Prozent« ihrer Arbeitszeit im Außendienst verbringen, um »mit den behördlichen Streifenfahrzeugen Präsenz zu zeigen«. Doch offenbar saßen die Fahnder lieber im Büro. Trocken merkt der Bundesrechnungshof an: »Diese Quote wurde deutlich verfehlt.« Besonders an Wochenenden musste kein potentieller Schwarzarbeiter fürchten, erwischt zu werden. »Einige Standorte verrichteten monatelang keinen Sonn- oder Feiertagsdienst.«

Mit ihren mehr oder minder lückenhaften Ermittlungen machten die Fahnder dann im Jahr 2005 zwar einen Schaden von rund 563 Millionen Euro aus, der durch die Hinterziehung von Steuern und Sozialabgaben entstanden sein sollte. Am Ende flossen aber nur, wie schon erwähnt, ganze zehn Millionen in die staatlichen Kassen zurück.

Ein Grund: Die Fahnder lagen nicht selten falsch mit ihrer Einschätzung, dass sie einen Fall von Schwarzarbeit aufgetan hätten. Rund die Hälfte aller Beschuldigten legte Widerspruch ein – und zwar meistens mit Erfolg. »Nur 22 Prozent der von der FKS festgesetzten Geldbußen wurden rechtskräftig«, stellte der Bundesrechnungshof bei Stichproben fest.

Und selbst dieses zweifelhafte Resultat war noch geschönt, denn 70 Prozent der erledigten Verfahren hatten die FKS-Fahnder gar nicht selbst aufgespürt: Sie waren ihnen frei Haus von der Bundesagentur für Arbeit geliefert worden, die ja automatisch die Daten der Hartz-IV-Empfänger mit anderen Behörden abgleicht. Letztlich sind die FKS-Fahnder also nur eine Art Vollzugsbehörde für die Bundesagentur, wobei es jedoch nicht allzu viel zu vollziehen gibt: Wie schon im vorigen Kapitel dargestellt, versucht maximal nur ein Prozent aller Langzeitarbeitslosen, sich widerrechtlich Leistungen zu erschleichen.

Wo immer die Schwarzarbeit sich eventuell verbergen mag – in den Fokus der FKS-Fahnder gerät sie nicht. Teuer ist die Behörde trotzdem, denn 6500 Beamte sind nicht umsonst zu haben. Sie kosten mehr als 400 Millionen Euro jährlich, um dann nur ganze zehn Millionen einzutreiben.

Immerhin hat die Bundesregierung versucht nachzusteuern, indem sie »Aktionsbündnisse gegen Schwarzarbeit« ins Leben rief, in denen sowohl Gewerkschaften wie Arbeitgeberverbände vertreten sind, um gemeinsam die Schattenwirtschaft zu bekämpfen. Derartige Bündnisse gibt es inzwischen für die Baubranche, das Speditionsgewerbe, die Fleischwirtschaft und die Gebäudereiniger. Doch scheint sich der Aufwand bisher nicht gelohnt zu haben: Ähnlich wie schon 2005 ermittelten die Fahnder auch 2008 nur einen angeblichen Schaden von 549,7 Millionen, der durch die Schwarzarbeit entstanden sein soll.[2] Und wie schon 2005 dürfte sich das meiste davon nicht vollstrecken lassen.

Die Kämpfer gegen die Schwarzarbeit scheinen ein Phantom zu verfolgen. Aber gleichzeitig gehört es zur Alltagserfahrung, dass fast jeder schon einmal Dienste in Anspruch genommen oder geleistet hat, die nicht auf Rechnung gingen. Wie umfangreich ist die Schwarzarbeit in Deutschland also wirklich?

Um dieses Rätsel zu lösen, sind die Wirtschaftswissenschaften keine große Hilfe. Denn die meisten Forscher beschäftigen sich gar nicht erst mit der Schattenwirtschaft, deren Kennzeichen es ja gerade ist, im Schatten stattzufinden und also nicht erfassbar zu sein. Die Ökonomen widmen sich lieber den messbaren Ereignissen im Wirtschaftsleben.

Die Erforschung der deutschen Schwarzarbeit bleibt daher vor allem einem Experten vorbehalten: dem Volkswirt Friedrich Schneider von der Universität Linz. Er hat wahre Horrorzahlen zu melden und ist deswegen immer breit in den Medien vertreten. Schon weil er in der Öffentlichkeit so präsent ist, lohnt sich ein Blick auf seine Daten. Glaubt man Schneider, dann sollen im

Jahr 2009 rund 352 Milliarden Euro schwarz erwirtschaftet worden sein – das wären 14,57 Prozent des Bruttoinlandsprodukts. Hätte Schneider Recht, dann müsste in Deutschland eigentlich Vollbeschäftigung herrschen, denn die von ihm ermittelte Schwarzarbeit würde etwa 8,27 Millionen Vollzeit-Jobs entsprechen.[3] Es sind vor allem Schneiders Zahlen, die die hartnäckige Idee stützen, dass eigentlich alle Arbeitslosen längst eine Stelle haben müssten – was nur niemand merkt, weil sie in die Schattenwirtschaft abgetaucht seien.

Merkwürdig ist nur, dass es 6500 FKS-Fahndern nicht gelingt, diese Millionen von Schwarzarbeitern zu erwischen. Denn auf jeder Baustelle müssten sie in riesigen Scharen anzutreffen sein, wie eine kleine Hochrechnung mit den Schneider-Zahlen zeigt. Der Professor aus Linz will nämlich festgestellt haben, dass etwa 13,3 Prozent der gesamten Schwarzarbeit allein auf das Bauhauptgewerbe entfallen – was rund 1,1 Millionen illegal beschäftigten Vollzeit-Bauarbeitern entsprechen würde.[4] Offiziell waren im Bauhauptgewerbe aber nur 689 000 Arbeiter tätig.[5] Wenn Schneider also Recht hätte und 1,1 Millionen Schwarzarbeiter auf dem Bau tätig wären, dann müsste neben jedem offiziellen Bauarbeiter mindestens ein weiterer illegal Beschäftigter stehen. Es ist schwer vorstellbar, dass solche Massen den FKS-Fahndungstrupps entgehen könnten.

Um die Schwarzarbeit in Deutschland abzuschätzen, benutzt Schneider eine Methode namens »Bargeldansatz«. Dahinter verbirgt sich die Idee, dass Schwarzarbeit fast immer bar bezahlt wird, um keine Spuren zu hinterlassen. Also analysiert Schneider, wie hoch der Bargeldumlauf ist – und wie viel davon an so offiziellen Stellen wie Supermarktkassen wieder auftaucht. Der Rest muss irgendwie in dunklen Kanälen verschwunden sein. So weit, so plausibel. Doch dann beginnen die unlösbaren Abgrenzungsprobleme: Bargeld wird ja nicht nur benutzt, um schwarz Beschäftigte zu entlohnen. Barzahlung ist auch im Drogenhandel üblich oder bei illegalen Glücksspielen. Zudem horten die

Osteuropäer in großen Mengen Euros, weil sie entweder ihrer eigenen Währung misstrauen oder aber daheim Steuern hinterziehen wollen.[6]

Selbst die Bundesregierung bezweifelt daher Schneiders Zahlen, obwohl sie eigentlich daran interessiert ist, eine möglichst große Schattenwirtschaft anzunehmen, um ihre vielen FKS-Fahnder zu rechtfertigen. Trotzdem merkte das Finanzministerium im Parlament nur lakonisch an, dass »makroökonomische Ansätze, wie die sogenannte Bargeldmethode von Professor Friedrich Schneider, nach der Auffassung der meisten Experten zu Überschätzungen« neigten.[7]

Da der »Bargeldansatz« also nicht funktioniert, bleibt nur noch die schlichte Umfrage – man muss sich bei den Bürgern direkt erkundigen, wie sie es mit der Schwarzarbeit halten. Das wirtschaftsnahe Institut der deutschen Wirtschaft (IW) hat kürzlich 1000 Deutsche über 18 Jahren befragt und kam zu dem Ergebnis, dass jeder Fünfte 2007 schwarzgearbeitet und jeder Dritte Arbeiten ohne Rechnung vergeben hatte. Dabei ging es nicht um große Summen. Die Auftraggeber hatten im Schnitt 1000 Euro ausgegeben, während umgekehrt die Schwarzarbeiter durchschnittlich 6,5 Stunden pro Woche für zehn Euro die Stunde beschäftigt waren.[8]

Zu einem ähnlichen Resultat war etwas früher schon die dänische Rockwool-Foundation gelangt, die 2005 eine Studie über die deutsche Schwarzarbeit veröffentlichte. Von 2143 befragten Bundesbürgern gaben damals 8,8 Prozent zu, dass sie im Laufe des vergangenen Jahres schwarzgearbeitet hätten. Das entsprach etwa 3,1 Prozent des Bruttoinlandsprodukts – was sich in rund 420 000 Vollzeitjobs umrechnen ließe. Damit bewegt sich Deutschland im europäischen Mittelfeld. Es scheint also ein Mythos zu sein, dass in Wahrheit Vollbeschäftigung herrschen würde, wenn man nur die Schwarzarbeit unterdrücken könnte. Allerdings tendieren Umfragen immer dazu, die Schwarzarbeit zu unterschätzen, weil viele Bürger nicht völlig wahrheitsgemäß antworten, sondern ihre illegalen Aktivitäten etwas herunterspielen.[9]

Aber wer sind nun ganz konkret die Schwarzarbeiter? Die Antwort fällt überraschend aus: Es sind kaum Arbeitslose darunter, wie das Institut der deutschen Wirtschaft herausgefunden hat. Stattdessen sind vor allem Lehrlinge, Schüler und Studenten illegal beschäftigt. Von ihnen haben knapp 30 Prozent einen schwarzen Job. Als nächstes folgen die Hausfrauen mit 26,5 Prozent. Bei Rentnern und Pensionären sind es knapp 20 Prozent, bei Teilzeitbeschäftigten rund 17 Prozent. Die Arbeitslosen hingegen rangieren an letzter Stelle; von ihnen arbeiten nur 14,3 Prozent schwarz.[10]

Dieses Ergebnis passt überhaupt nicht zu dem gängigen Klischee, dass die Schwarzarbeit die »Steuerhinterziehung des kleinen Mannes« sei – und also nur in der Unterschicht stattfinde, während die Mittelschicht angeblich »weder schwarzarbeitet noch schwarzes Geld hat«.[11] Diese Wahrnehmung ist ziemlich falsch. Schwarzarbeit ist das klassische Delikt der Mittelschicht.

Typisch für die deutsche Diskussion ist, dass immer darüber spekuliert wird, wer wohl die Schwarzarbeiter sein könnten und ob sich darunter viele Arbeitslose verbergen – dass aber nie mit gleicher Leidenschaft über die Auftraggeber debattiert wird. Jemand muss die Schwarzarbeit ja wollen, bestellen und bezahlen. Illegale Putzhilfen, zum Beispiel, werden vor allem von Doppelverdiener-Paaren angeheuert. Auch die nichtangemeldete Pflege von Senioren ist auf Dauer nur zu finanzieren, wenn die Rente stimmt oder die Kinder gut verdienen. Die Mittelschicht hat sich offenbar mit der Schwarzarbeit bestens arrangiert.

Nicht selten kommt es dabei zu einer Art schichtinterner Kreislaufwirtschaft, bei der Mittelschichtler andere Mittelschichtler schwarz beschäftigen. Das beginnt bei etablierten Handwerkern, die ohne Rechnung ein Haus renovieren – und endet bei Studenten, die Gymnasiasten Nachhilfe erteilen. Man bleibt unter seinesgleichen und in der Nachbarschaft, was auch erklären dürfte, warum das Unrechtsbewusstsein so gering ist und warum es den FKS-Fahndern so schwerfällt, Schwarzarbeit aufzuspüren.

Die gleiche schichtinterne Kreislaufwirtschaft gibt es natürlich auch in der Unterschicht, wenn schlecht bezahlte Friseurinnen zu Hause und schwarz die Haare von Kunden schneiden, die sich den Besuch eines Salons nie leisten könnten.

Die Schwarzarbeit ist zwar im Alltag überall anzutreffen und beginnt schon bei der Taxifahrt, bei der das Taxameter ausgeschaltet bleibt. Aber daraus folgt eben noch lange nicht, dass im Schattensektor immense Gütermassen hergestellt oder gewaltige Summen umgesetzt würden. Stattdessen handelt es sich meist um Tätigkeiten, die sehr personalintensiv sind – wie die Pflege von Senioren, der Wohnungsputz oder auch das Streichen von Wänden. Reichtümer entstehen dabei nicht. Nur in wenigen Wirtschaftsbereichen ist die Schwarzarbeit wirklich produktiv, wenn etwa Niedriglöhner illegal auf Großbaustellen oder in Schlachthöfen eingesetzt werden.

Es bleibt also ein Rätsel, warum sich Deutschland 6500 FKS-Fahnder gönnt – zumal nicht jede Form der Schattenwirtschaft derart intensiv verfolgt wird. Bei der Steuerfahndung zum Beispiel geht es außerordentlich lax zu, obwohl der Staat hier Milliarden einnehmen könnte, wenn er seine Finanzämter nur personell besser ausstatten würde. So treibt jeder Betriebsprüfer im Schnitt eine Million Euro jährlich ein, während ein FKS-Fahnder auf mickrige 1540 Euro kommt. Trotzdem fehlen rund 2700 Betriebsprüfer und etwa 300 Steuerfahnder in Deutschland.[12]

Selbst Millionäre müssen nicht befürchten, dass ihre Angaben von den Finanzämtern durchleuchtet werden: Wie die Einkommensteuerstatistik ausweist, gibt es rund 30 000 Spitzenverdiener, die über ein Jahreseinkommen von mehr als 500 000 Euro verfügen. Doch im Jahr 2008 wurden nur 1770 »Steuerpflichtige mit bedeutenden Einkommen« kontrolliert, wie das Finanzministerium kürzlich auf eine FDP-Anfrage einräumen musste.[13] Die reichen Bundesbürger müssen also nur vermeiden, dass ihre Angaben in der Steuererklärung allzu widersprüchlich ausfallen – und schon wird ihr Fall ungeprüft zu den Akten gelegt. Dabei führt jede Kontrolle bei den Einkommensmillionären im Schnitt zu einer Nachforderung von 135 000 Euro an Steuern, wie der Bundesrechnungshof ermittelt hat.[14]

Zwei *Monitor*-Journalisten haben sehr treffend zusammengefasst, wie absurd die Steuerprüfungen verlaufen: »Nach bundesweiten Zeitvorgaben hat ein Finanzbeamter für die Bearbeitung einer Steuererklärung von einem Millionär mit sechs Anlagen genau 210 Minuten und 38 Sekunden Zeit. Das ist wenig, wenn man sich vorstellt, wie viel Zeit Millionäre und vor allem deren Wirtschafts- und Steuerberater damit verbringen, diese Daten zu frisieren.«[15]

Aber es fehlt nicht nur an Personal – manchmal werden erfolgreiche Steuerfahnder auch aktiv an ihrer Arbeit gehindert. Legendär wurde ein Fall in Hessen, wo vier kerngesunde Steuerfahnder in den vorzeitigen Ruhestand geschickt wurden, weil sie angeblich an »chronischen Anpassungsstörungen« und einer »querulatorischen Entwicklung« litten. Denn die vier hatten 2001 gegen eine Order ihrer Amtsleitung protestiert, dass sie verdächtigen Geldtransfers nur noch nachspüren durften, wenn die Einzelüberweisung bei wenigstens 300 000 Mark lag.[16] Dabei sind es oft gerade die kleinen Beträge, die Steuerbetrüger verraten. Denn die meisten Delinquenten sind schlau genug, um ihre Überweisungen zu stückeln, damit sie nicht sofort auffallen. Bis heute hält sich der Verdacht, dass die hessische CDU-Regierung Standortpolitik betreiben wollte: Die Bankzentralen in Frankfurt sollten nicht durch allzu rigide Kontrollen belästigt werden.[17]

Deutschland ist eine Steueroase für Reiche, doch die große Empörung bleibt aus. Nur in Einzelfällen lodert die Wut hoch – wie etwa beim Post-Chef Klaus Zumwinkel, der ein Millionenvermögen in Liechtenstein versteckt hatte. Es scheint jedoch kein Zufall zu sein, dass es ausgerechnet einen DAX-Chef traf, der für alle Steuersünder an den Pranger gestellt wurde. Denn die Wut gegen die Manager ist in Deutschland jederzeit aktivierbar und verquickte sich jetzt mit dem Tatbestand der Steuerflucht. Doch im Alltag ist die allgegenwärtige Steuerhinterziehung der Spitzenverdiener kein Thema. Diese Nonchalance ist erstaunlich, denn der normale Angestellte kann nicht schummeln, weil seine Lohnsteuer direkt vom Gehalt abgezogen wird.

Betrug von Reichen wird also toleriert – und bei den Armen erbittert bekämpft. Wieder zeigt sich die fatale Neigung der Mittelschicht, sich mit der Elite zu solidarisieren und die Unterschicht zu verachten. Für diese Selbstüberhöhung sind die Bürger gern bereit, sehr viel Geld auszugeben. Sie verzichten auf Steuereinnahmen und finanzieren gleichzeitig eine ineffiziente Mammutbehörde namens »Finanzkontrolle Schwarzarbeit«.

Die Mittelschicht blendet zudem geflissentlich aus, dass sie die Schwarzarbeit ganz wesentlich befördert, indem sie Aufträge schwarz vergibt, aber auch selbst schwarzarbeitet. Stattdessen wird die Schwarzarbeit zu einer Art schichtfremdem Phantom umgedeutet, in das nur die Armen verwickelt seien. Krampfhaft wird an dem Mythos festgehalten, dass eigentlich Vollbeschäftigung herrschte, wenn man den Arbeitslosen nur nachweisen könnte, dass sie alle in der Schattenwirtschaft beschäftigt seien.

Zu diesem Mythos gehört zwingend, das Ausmaß der Schwarzarbeit grotesk zu überschätzen. Selbst in Anzeigen der Regierung wird so getan, als würden ausgerechnet die Anstreicher die gesamte Volkswirtschaft ausmachen. Plötzlich ist vergessen, dass sich Deutschland als Exportnation versteht, die hochwertige Industriegüter in die ganze Welt ausführt. Stattdessen soll der wahre Reichtum beim Pinsel in den heimischen vier Wänden entstehen und beim Haareschneiden in der Küche versickern.

16 Die Armen werden reich gerechnet: Über falsche Ernährung und falsches Fernsehen

Um die Unterschicht zu diffamieren, ist es aber gar nicht immer nötig, gleich so drastisch zu werden und den kollektiven Sozialbetrug und Schwarzarbeit anzunehmen. Es geht auch einfacher: Man rechnet die Armen einfach reich, um sie als Schmarotzer abzustempeln.

Einem alleinstehenden Hartz-IV-Empfänger stehen aktuell knapp 133 Euro monatlich zu, um damit seinen Bedarf an Nahrung, Getränken und Tabakwaren abzudecken. Das ist sehr wenig Geld, trotzdem wird immer versucht, diesen Minibetrag aussehen zu lassen, als handele es sich um ein üppiges Gehalt.

Der einstige Berliner Finanzsenator Thilo Sarrazin war besonders bemüht vorzurechnen, dass die Langzeitarbeitslosen nicht arm sind. Anfang 2008 veröffentlichte er sogar drei konkrete Menü-Vorschläge, die beweisen sollten, wie prächtig sich von Hartz-IV-Sätzen speisen lässt. »Schon für 3,76 am Tag gibt es drei volle Mahlzeiten«, verkündete der Senator stolz auf seiner amtlichen Homepage, nachdem er einige Mitarbeiter zur Recherche bei Discountern vorbeigeschickt hatte.

Menü Nummer 1 sah etwa zum Frühstück zwei Brötchen, 25 Gramm Marmelade, 20 Gramm Butter, eine Scheibe Käse sowie einen Apfel vor. Mittags sollte es »Spaghetti Bolognese« aus 100 Gramm Hack, 125 Gramm Spaghetti und 200 Gramm Tomatensoße geben. Für den Nachmittag wurden Kaffee und ein Joghurt, für das Abendessen dann 130 Gramm Leberkäse und 200 Gramm Kartoffelsalat vorgeschlagen.

Selbst Küchenlaien fiel sofort auf, dass dieser Speiseplan nicht besonders gesund sein konnte. Der CDU-Sozialexperte Heiner Geißler machte sich dann sogar die Mühe, mit dem »GU-Klevers-Kalorienkompass« nachzurechnen, ob diese Tagesrationen überhaupt satt machen können. Sein Ergebnis: Sarrazins erstes Menü enthalte nur 1710 Kalorien. Da »leiden selbst die untätigsten Arbeitslosen nach vier Wochen an Unterernährung«, stellte Geißler bitter fest.[1]

Zudem wies Geißler darauf hin, wie zynisch es sei, dass die Langzeitarbeitslosen ausgerechnet von einem Finanzsenator belehrt werden, der selbst ein Monatsgehalt von 10 000 Euro bezieht. Aber Sarrazin ist keineswegs der einzig gut bestallte Akademiker, der die Unterschicht zur Bescheidenheit auffordert – und den Zwang zur Sparsamkeit zu einer Erziehungsmaßnahme umdeutet.

Geradezu prototypisch hat es der konservative Zeithistoriker Paul Nolte formuliert: »Jede zu Hause zubereitete Mahlzeit aus Kartoffeln und Gemüse, aus Vollkornbrot und Käse ist billiger zu haben als die Dauerernährung in Imbissbude und Schnellrestaurant, die vielen Kindern der Unterschicht zugemutet wird – wohlgemerkt: nicht von den Konzernen zugemutet, sondern von den eigenen Eltern. Mit anderen Worten und allgemein gesprochen: Die Kultur der Unterschichten hat sich in weiten Bereichen von der ökonomischen Basis, von materiellen Notlagen längst entkoppelt.«[2]

Es ist ja wahr: Niemand muss hungern in Deutschland. Das beweisen nicht zuletzt jene Hartz-IV-Empfänger, die inzwischen auf Selbsthilfe setzen und ebenfalls Kochbücher publizieren, wie sich mit dem Regelsatz möglichst schmackhaft essen lässt. Diese Ratgeber und Webseiten tragen dann Titel wie *Das Sparkochbuch* oder *Hartz-haft, aber lecker*.[3] Ungewollt begeben sich die Hartz-IV-Empfänger damit in eine Falle: Sie müssen mit dem Regelsatz auskommen, schließlich kriegen sie nur diese Summe – aber indem sie es tatsächlich schaffen, ihr Konto nicht zu überziehen, scheinen sie den Nachweis zu erbringen, dass mehr Geld für sie nicht nötig sei. Die Hartz-IV-Empfänger befinden sich also in einer typischen »Double-bind-situation«, wie es jetzt auf Neudeutsch heißt, wenn man nur verlieren kann.

Wie viel Kampf und Disziplin nötig sind, um mit dem Hartz-IV-Regelsatz zu überleben, wird jedoch in den Analogien zur Nachkriegszeit deutlich, die die Autoren der Rezeptsammlungen wie selbstverständlich wählen. So hat Martina Streibel den Einband ihres *Hartz-haft, aber lecker* mit einer altmodischen Kochmaschine verziert, wie sie in den 1930er und 1940er Jahre üblich war. Im *Sparkochbuch* wiederum schildern die beiden Autoren Uwe Glinka und Kurt Meier, wie sie vor allem nach alten Rezepten gesucht haben: »Wir erkannten Parallelen zu heute. Schließlich hatte die Nachkriegsgeneration auch nicht viel zum Leben.« Also schrieben sie diverse Landfrauenvereinigungen an, weil sie vermuteten, dass gerade die älteren Bäuerinnen noch am ehesten die Rezepte aus den Notzeiten aufbewahrt hätten. Diese Einschätzung erwies sich als sehr zutreffend. Mehr als 300 Kochrezepte erreichten die beiden Autoren – »zum Teil waren sie noch in altdeutscher Schrift«.

Die meisten Deutschen empfinden es offenbar nicht als Skandal, dass in ihrem sehr reichen Land Menschen leben müssen, als wäre gerade der Zweite Weltkrieg zu Ende gegangen. Stattdessen kehrt sogar die Suppenküche zurück, die eigentlich aus dem Pauperismus des 18. und 19. Jahrhundert stammt. Diese »Armenspeisung« verschwand dann im 20. Jahrhundert, was damals als Fortschritt erlebt wurde.

Doch nun tauchen nicht nur die Suppenküchen wieder massenhaft auf – sie werden begleitet von Debatten, die man ebenfalls schon aus dem 19. Jahrhundert kennt. So wurde bei *Anne Will* ganz ernsthaft die Frage diskutiert: »Ehrenamtlich gegen Armut – machen Suppenküchen satt und bequem?«[4]

Darauf muss man erst einmal kommen, dass der entwürdigende Gang zur Suppenküche die Armen verhätscheln könnte.

Die Sendung selbst war dann sehr ausgewogen besetzt. Die damalige Familienministerin Ursula von der Leyen war genauso vertreten wie die Caritas. Trotzdem ist es nicht harmlos, eine derartige Frage zu stellen. Denn Fragen spiegeln, was in einer Gesellschaft als denkbar gilt. Und die Mehrheit der Deutschen scheint es inzwischen akzeptabel zu finden, dass selbst den Ärmsten unterstellt wird, dass sie freiwillig arm sind, um es möglichst bequem zu haben. Diese Ansicht war auch schon im Ständestaat gängig, als immerzu nach »falschen« Bettlern gesucht wurde.

Das Ressentiment gegen die Unterschicht wird ganz wesentlich dadurch befeuert, dass inzwischen auch die Armen einen Fernseher, ein Handy und einen Internet-Anschluss haben. Viele Kommentatoren können es gar nicht fassen, dass Armut heute nicht mehr so aussieht wie bei Hänsel und Gretel, als es nur ein bisschen Brot zu essen gab.[5]

Vor allem die Fernsehprogramme, die die Armen angeblich sehen, beschäftigen die Fantasie der Mittelschicht. Es gibt sogar schon den Begriff »Unterschichtenfernsehen«, der inzwischen selbst bei Wikipedia notiert ist und von Paul Nolte in die Wissenschaft getragen wurde. »Der Aufstieg der Privatsender seit den späten 80er Jahren hat ja nicht einfach, im Sinne einer Angebotsvermehrung, zu einer kulturkritisch oft bemäkelten ›Bilderflut‹ geführt, sondern hat vor allem eine Klassendifferenzierung des Fernsehens bewirkt, die es zur Zeit des Duopols von ARD und ZDF nicht gab. Sagen wir es ruhig noch deutlicher: Sie hat mit RTL und SAT 1 ein spezielles Unterschichtenfernsehen entstehen lassen, und deshalb war es auch nur konsequent, dass sich am anderen Ende der sozialen Skala Sender wie 3sat oder arte für die gehobenen Schichten etablierten.«[6]

Nun ist fraglos wahr, dass 3sat oder arte nicht für die Unterschichten konzipiert sind. Allerdings muss man auch feststellen, dass beide Sender nur durch üppige öffentliche Gebühren am Leben gehalten werden können, während SAT 1 und RTL ohne staatliche Förderung über die Runden kommen. Schon dieses schlichte ökonomische Faktum lässt vermuten: Es schaut keineswegs nur die Unterschicht bei den Privatsendern vorbei, sonst würde es sich für die Unternehmen nicht lohnen, dort jene Werbeeinheiten zu buchen, die diese Kanäle finanzieren. Stattdessen scheint es so zu sein, dass zwar die Unterschichten nicht arte gucken – aber umgekehrt fast alle Deutschen auch die Privatsender nutzen. Wenn etwa bei SAT 1 zur besten Sendezeit für die umweltschonende Variante der neuen Mercedes E-Klasse geworben wird, dann kann es sich nicht um ein Spezialprogramm für Arme handeln.

Die klare Trennung zwischen Unterschichten- und Oberschichtenfernsehen existiert nicht. Dafür gibt es sogar einen Kronzeugen, der gerade bei den Bildungsbürgern außerordentlich beliebt ist: Woody Allen. Ein bisschen Koketterie ist zwar dabei, aber er bekennt sich offensiv zu seinen eher proletarischen Sport-Vorlieben, die er am Abend zelebriert.

»Nach dem Essen setze ich mich in den Sessel. Rechts steht ein Bier. Dann schaue ich mir Baseball im Fernsehen an. (...) Wegen meiner Brille hält man mich für einen Intellektuellen, der darauf brennt, nach Feierabend Kierkegaard zu lesen oder Bleistiftnotizen in Aufsätze über Hegel zu schreiben. Das ist aber ein Irrtum. Mein erstes Buch las ich mit 18. Und zwar nur, um die Mädchen zu beeindrucken.«[7]

Die Schichten unterscheiden sich nicht unbedingt durch ihre kulturellen Vorlieben, sondern in ihrer Wahlfreiheit. Die Mittelschicht, vor allem aber die Elite, kann die Ebenen wechseln: Wenn man sich fordern möchte, liest man Adorno – und wenn man sich amüsieren will, sieht man eben doch die Bundesliga.

Gerade weil sich die Bildungsbürger so sicher sind, dass sie über kulturelles Kapital verfügen, das die Unterschicht nicht besitzt, können sie sich ganz angstfrei bei jenen Modetrends bedienen, die von unten kommen. Piercing und Tattoos gehören eigentlich zum Körperkult der Unterschicht, doch sind sie längst auch in den feineren Vierteln verbreitet. Genauso setzen die Fitnessstudios der Eliten nur jenen Muskelkult fort, der in den Unterschichten schon immer gängig war. Und schließlich ist die Popmusik gar nicht zu denken ohne die Beiträge der Underdogs.[8]

Doch ist die Unterschicht nicht nur Kulturlieferant für die Mittel- und Oberschicht, sondern sie muss auch als Gegenstand des Amüsements herhalten. Denn das »Unterschichtenfernsehen« gibt es durchaus – aber die Unterschicht ist dort nicht unbedingt Zielgruppe, sondern wehrloses Objekt. Inzwischen werden täglich Doku-Soaps aus angeblichen Problemmilieus ausgestrahlt, wobei Personal und Konflikte frei erfunden werden.

Weil die echten Unterschichtfamilien sich nicht oft genug prügeln, muss eben die Fiktion zur Realität erklärt werden. »Wer Tag für Tag diesen inszenierten Geschichten beiwohnt, der kennt Mütter nur im Zustand der Überforderung, Väter nur als schläfrige Waschlappen oder muffige Schläger, Jugendliche nur als Rowdies (...) Die Figuren sind allesamt in einem subproletarischen Milieu beheimatet. Hartz IV und Vorstrafenregister sind fast der Normalfall, Piercings und Tattoo Pflicht.«[9]

Reine Fiktion als »Doku-Soap« auszugeben, kann nur in einer Gesellschaft funktionieren, in der sich Vorurteile derart verhärtet haben, dass sie umstandslos für die Wirklichkeit gehalten werden.[10]

Die Unterschicht kann sich gegen dieses Ressentiment nicht verteidigen, weil sie ja tatsächlich meist sehr schlecht ausgebildet ist, während Mittel- und Oberschicht umgekehrt wissen, dass sie ihren Bildungsvorsprung jederzeit als Waffe einsetzen können. Dabei ist der zentrale Trick, es zur ureigensten Schuld der Armen zu erklären, dass sie in der Schule nicht stärker vorankommen. Dieser Vorwurf existiert in zwei Varianten. Entweder wird eine »Kultur« der Unterschicht ausgemacht, die jeden Bildungserfolg verhindere, weil die Eltern ihren Kindern lieber Gameboys schenkten, als ihnen im Bett vorzulesen.[11] Oder aber es wird gleich an den Genen der Armen gezweifelt – und vermutet, dass diese »Population« durch »Negativauslese« immer dümmer werde. Besonders deutlich hat dies einmal wieder Thilo Sarrazin ausgedrückt:

»Es gibt auch das Problem, dass 40 Prozent aller Geburten in der Unterschicht stattfinden (...) so dass das Niveau an den Schulen kontinuierlich sinkt, anstatt zu steigen. (...) Es gibt auch keine Methode, diese Leute vernünftig einzubeziehen. Es findet eine fortwährende negative Auslese statt. (...) Unsere Bildungspopulation wird von Generation zu Generation dümmer.«[12]

An diesen kulturellen oder genetischen Deutungen irritiert besonders, dass sie einfach ignorieren, was in jeder PISA-Studie nachzulesen ist: Es gibt kaum ein OECD-Land, wo die Unterschichten – und besonders die Migranten – so konsequent durch das Schulsystem benachteiligt werden wie in Deutschland. Erst hungert man die Unterschicht kulturell aus, um ihr dann vorzuwerfen, dass sie nur anspruchslose Fernsehsendungen konsumiere.

Zudem ist es seltsam, dass ausgerechnet Sarrazin der Unterschicht vorwirft, dass sie Unterschicht bleibt. Denn auch Sarrazin hat seine Schicht nie verlassen. Er ist der Sohn eines Arztes und einer Gutsbesitzerstochter und wurde damit in die Oberschicht hineingeboren, der er als Bundesbanker nun noch immer angehört. Es ist durchaus legitim zu fragen, wie weit Thilo Sarrazin wohl gekommen wäre, wenn er ganz unten hätte starten müssen.

Aber nicht nur die Alltagsgewohnheiten der Unterschicht werden gern herangezogen, um vorzurechnen, dass die Armen eigentlich reich seien. Genauso häufig werden die Einnahmen der Langzeitarbeitslosen hin und her gewendet, bis die Hartz-IV-Sätze außerordentlich üppig erscheinen. Vor allem zwei Argumente kehren immer wieder.

Erstens: Oft wird die Historie von Hartz IV bemüht, das am 1. Januar 2005 eingeführt wurde. Damals hatte die Regierung offiziell verkündet, dass der Bund 2005 nur 14,6 Milliarden Euro für die Langzeitarbeitslosen aufwenden müsse. Stattdessen wurden es tatsächlich etwa 25,6 Milliarden. Aus dieser Etat-Explosion folgt für viele Beobachter bis heute zwingend, dass die Hartz-Reform »so sehr Sozialabbau nicht gewesen sein kann«.[13]

Doch selbst die Bundesregierung musste inzwischen in ihrem jüngsten Armuts- und Reichtumsbericht zugeben, dass es »Hinweise« gebe, dass die Hartz-Reform »im Durchschnitt zu einer Minderung der Einkommen ehemaliger Arbeitsosenhilfe-Empfänger führte«.[14] Offenbar konnte selbst die Regierung nicht länger ignorieren, was die Wissenschaft längst ermittelt hatte: Mehr als die Hälfte aller Bedürftigen hat durch die Zusammenlegung der Arbeitslosen- und Sozialhilfe verloren.[15]

Diese Einbußen waren eigentlich zu erwarten: Die einstige Arbeitslosenhilfe richtete sich nach dem Nettoeinkommen, das zuvor erzielt worden war – während Hartz IV nur noch das Existenzminimum sichern will. Es war gewollt, dass viele Langzeitarbeitslose in die Armut stürzen. Aber wie konnte dann eine objektive Kürzung bei den Leistungen trotzdem zu einer Etat-Explosion führen? Die Antwort ist erwartbar schlicht: Die Regierung hatte den Haushalt für die Hartz-IV-Empfänger einfach um rund elf Milliarden Euro zu niedrig angesetzt.[16]

Dieser Rechenfehler war vermutlich kein Versehen, sondern bitterböse Propaganda der rot-grünen Schröder-Regierung. Es war vorauszusehen, dass der Etat nicht ausreichen würde, aber es sollte eben so aussehen, als würden die Langzeitarbeitslosen enorme Kosten verursachen. Ausgerechnet Sozialdemokraten haben es fertiggebracht, erst bei den Bedürftigen zu kürzen und diese dann als Schmarotzer darzustellen.

Zweitens: Viele glauben nur zu gern, dass die Hartz-IV-Empfänger inzwischen mehr Geld oder größere Wohnungen hätten als ein normaler Arbeitnehmer. Besonders beliebt ist der Verdacht, die Langzeitarbeitslosen würden gezielt Kinder bekommen, um möglichst hohe Beträge vom Staat zu kassieren. Vor

Bedarfsgemeinschaften ∅ 1,9 Personen

allem ein Mann erhebt diesen Vorwurf immer wieder und hat es damit zu nationalem Ruhm gebracht: Heinz Buschkowsky, SPD-Bürgermeister von Berlin-Neukölln.

»Ich kann mit der Kopfzahl der Familie mein Einkommen steuern. Eine Familie mit zwei Kindern muss womöglich auf das dritte Kind verzichten, weil sie sich eine größere Wohnung nicht leisten kann. In einer Hartz-IV-Familie ist das kein Problem, weil mit der Zahl der Köpfe auch der Rechtsanspruch auf die Wohnungsgröße wächst.«[17]

Glaubt man Buschkowsky, dann würden also alle Hartz-IV-Empfänger in Großfamilien leben, um ihr Einkommen zu maximieren. Doch stattdessen haben die meisten Langzeitarbeitslosen überhaupt keinen Nachwuchs, der bei ihnen zu Hause wohnt. Im November 2009 lebten in einer »Bedarfsgemeinschaft« im Schnitt 1,9 Menschen. Umgekehrt machten die Großfamilien mit »fünf und mehr Personen« nur ganze 4,8 Prozent aller Bedarfsgemeinschaften aus.[18] Absurd ist auch die Vorstellung, Migrantenhaushalte würden üppig residieren. Tatsächlich ergaben statistische Erhebungen, dass sie »deutlich weniger Wohnraum zur Verfügung« haben als die Deutschen.[19]

Buschkowsky verschweigt zudem, dass auch Erwerbstätige Wohngeld oder ergänzendes Arbeitslosengeld II beantragen können, wenn der Lohn nicht für eine Wohnung reicht, die der Familiengröße angemessen ist. Es stünde also jedem Bundesbürger frei, sein Einkommen zu steigern, indem er möglichst viele Kinder bekommt. Doch seltsamerweise wird dieser vermeintliche Trick nie angewandt.

Der Grund ist simpel: Kinder sind teuer, und die wahren Kosten werden vom Staat nicht abgedeckt. Das gilt ganz besonders für Hartz-IV-Empfänger, da das Sozialgeld für Kinder sogar noch unter dem Existenzminimum liegt – weswegen sich das Bundesverfassungsgericht gerade mit einer Neuberechnung befasst. Es ist also genau anders herum, als Buschkowsky behauptet: In Hartz-IV-Familien subventionieren nicht etwa die Kinder ihre

Eltern, sondern die Eltern müssen aus dem eigenen schmalen Regelsatz auch noch ihre Kinder finanzieren, weil die staatlichen Zuwendungen nicht reichen.

Doch unbeirrt verbreitet Buschkowsky weitere Beispielrechnungen, um zu belegen, wie man auf Staatskosten reich werden kann: »Nehmen wir einen Neuköllner Handwerker mit einem üblichen Lohn von 10,50 Euro die Stunde. Der kommt mit Kindergeld für drei Kinder auf 1829 Euro netto. Der Hartz-IV-Empfänger mit drei Kindern erhält mehr als 2000 Euro. Je höher die Kinderzahl, desto größer fällt der Unterschied aus.«[20]

Das klingt wie ein Skandal – und ist doch keiner. Denn Buschkowsky vergisst erneut zu erwähnen, dass beschäftigte Niedriglöhner Hilfen beim Staat beantragen und also »aufstocken« können. Die Bundesagentur für Arbeit hat Buschkowskys Beispiel nachgerechnet und festgestellt, wie viel sein Neuköllner Handwerker tatsächlich hätte: Es wären 2345 Euro.[21] Das sind demnach rund 300 Euro mehr, als der reine Hartz-IV-Empfänger bekommt. Das »Lohnabstandsgebot« ist also gewahrt, demzufolge Beschäftigte immer mehr verdienen sollen als die Langzeitarbeitslosen. Man kann das Beispiel variieren, wie man will: Auch in allen anderen denkbaren Kombinationen von Einkommen und Kinderzahl gilt stets, dass sich Arbeit lohnt, wie der Steuerzahlerbund ermittelt hat.[22] Allerdings beträgt der Abstand oft nur noch wenige Hundert Euro, und die Aufstocker müssen den Gang zur Arbeitsagentur antreten, was viele als erniedrigend erleben.

Trotzdem dürfte Buschkowsky nicht der letzte gewesen sein, der mit derart absurden Rechnungen aufwartet. Denn je mehr die Erwerbstätigen mit ihrem Einkommen an die Erwerbslosen heranrücken, desto stärker ist das Bestreben, sich von den Langzeitarbeitslosen abzugrenzen. Der Denkfehler ist schnell gemacht: Statt wahrzunehmen, dass die eigenen Reallöhne fallen, vermutet man lieber, dass die Hartz-IV-Empfänger zu viel kassieren.

Kernpunkt

Die Wut konzentriert sich dabei vor allem auf die Migranten. Dieses Volksgefühl hat erneut niemand klarer ausgedrückt als Thilo Sarrazin, der Türken und Arabern vorwarf, »weder integrationswillig noch integrationsfähig« zu sein: »Ich muss niemanden anerkennen, der vom Staat lebt, diesen Staat ablehnt, für die Ausbildung seiner Kinder nicht vernünftig sorgt und ständig neue kleine Kopftuchmädchen produziert. Das gilt für 70 Prozent der türkischen und 90 Prozent der arabischen Bevölkerung in Berlin. Viele von ihnen wollen keine Integration, sondern ihren Stiefel leben.«[23]

Sarrazin ließe sich mühelos ignorieren – wenn ihm die Mehrheit der Deutschen nicht zustimmen würde. 51 Prozent der befragten Bundesbürger finden ebenfalls, dass die meisten arabischen und türkischen Einwanderer nicht integrierbar seien. Nur 39 Prozent lehnen diese These ab, wie eine Emnid-Umfrage ergab. 69 Prozent sagten zudem, es sei richtig, dass Sarrazin eine Integrationsdebatte angestoßen habe. Nur 22 Prozent meinten, er hätte besser seinen Mund gehalten.[24]

Wer die Migranten partout als immenses Problem erleben will, wird schnell fündig. Denn es gibt Zuwanderer, die nur mit Mühe Arbeit finden, weil sie sehr schlecht Deutsch sprechen oder gering qualifiziert sind. Das trifft besonders auf Frauen zu. Jede dritte Hartz-IV-Empfängerin mit Migrationshintergrund gibt an, dass es ihr »eher schwer« oder gar »sehr schwer« falle, sich auf Deutsch zu verständigen. Am stärksten gilt dies für Osteuropäerinnen, dicht gefolgt von Türkinnen.[25]

Trotzdem wäre es falsch zu glauben, dass fast alle Migranten von Sozialleistungen leben würden. Die Ausländer machen nur 19,3 Prozent der Hartz-IV-Empfänger aus – und umgekehrt sind nur 16,6 Prozent aller Ausländer hilfsbedürftig.[26] Zudem liegt es keineswegs nur an den Zuwanderern, wenn sie schwer in den Arbeitsmarkt hineinfinden. Auch sehr gut ausgebildete Migranten haben Mühe, eine Stelle zu finden. Selbst wenn sie ihren Abschluss in Deutschland erworben haben, stoßen sie bei den Firmen auf Vorbehalte.[27] Die Deutschen fordern zwar gern Integration von den Zuwanderern – sind aber nicht besonders willig, die Migranten tatsächlich zu akzeptieren, wie diese immer wieder erleben müssen. »Ich habe mir jahrelang Mühe gegeben, als Türkin bloß nicht erkannt und in eine Schublade gesteckt zu werden. Ich habe weder einen Akzent noch falle ich durch ein total schlechtes Sozialverhalten auf. Ich gelte als das Musterbeispiel für eine gelungene Integration. Immer höflich und korrekt. (...) Aber ich habe mich mit einer Tatsache abgefunden: Egal wie gut ich Deutsch spreche und schreibe, egal ob ich mich in der deutschen Sprache und Geschichte und Politik auskenne, ich werde anscheinend immer »die Andere« bleiben. Immer die, die sich verteidigen muss, warum sie sich sogar mit der deutschen Vertreibung beschäftigt.«[28]

Viele Deutsche wirken geradezu irritiert, wenn Türken nicht dem Klischee entsprechen, dass sie nur ungelernte Gastarbeiter seien. Das Bild vom »Ausländer« hat sich längst verselbstständigt und eine eigene sozialpsychologische Funktion übernommen. Es stabilisiert das deutsche Schichtengefüge, auf jeden Fall noch eine Gruppe unter sich zu wissen. Diese Art der Selbstaufwertung hat aber nicht erst mit dem Zuzug der Gastarbeiter begonnen – sondern reicht in den Nationalsozialismus zurück. Die deutschen Facharbeiter, so der Historiker Hans-Ulrich Wehler, hätten »durch die von Millionen ausländischen Arbeitskräften verkörperte ›Unterschichtung‹ eine Statusanhebung erlebt, welche die älteren Jahrgänge bereits durch die sieben Millionen Zwangsarbeiter in der Kriegswirtschaft erfahren hatten.«[29]

Nun gibt es wohl kaum ein Thema, das in Deutschland derart heftig debattiert wird wie die Ausländerfeindlichkeit. Auch die generelle Diskriminierung der Unterschicht wird spätestens seit den PISA-Studien diskutiert. Meist sind diese Debatten jedoch moralisch konnotiert, indem gefordert wird, dass alle die gleichen Chancen haben müssten. Dieser Ansatz ist zwar völlig richtig, und doch wird dabei ein Aspekt übersehen, der außerhalb aller ethischer Erwägungen liegt. Es ist nicht nur moralisch geboten, sich mit den Armen zu solidarisieren, sondern es wäre auch im eigenen Interesse der Mittelschicht.

Die Mittelschicht kann nur verlieren, wenn sie sich noch länger mit den Eliten solidarisiert. Bisher funktioniert das Gesellschaftsspiel grob wie folgt: Die Reichen rechnen sich arm, während die Armen reich gerechnet werden. Damit verkehrt sich die Wahrnehmung, was eigentlich Ausplünderung ist. Es sind nicht mehr die Unternehmer, die ihre Angestellten ausbeuten – stattdessen beuten angeblich die Armen die Mittelschicht aus.

Diese Fehldeutung dient allein den Eliten. Ihre Gewinne explodieren, während die Reallöhne fallen. Doch die Mittelschicht protestiert nur schwach, weil sie sich stattdessen damit tröstet, dass sie noch nicht zur Unterschicht gehört. Vor allem Hartz-IV-Empfänger werden moralisch abgewertet, denn bei ihnen vermutet die Mittelschicht Sozialbetrug, Schwarzarbeit und Luxusleben – was stets auf den Verdacht hinausläuft, dass die Bedürftigen eigentlich zu viel Geld vom Staat erhalten würden.

Wenn die Mittelschicht jedoch erst einmal glaubt, dass der Staat nur noch den Armen nutzt, ist sie auch gern bereit, die Steuern zu senken. Dabei wird dann ignoriert, dass von diesen Steuergeschenken nur die Begüterten richtig profitieren, während es der Mittelschicht überlassen bleibt, die gesamtgesellschaftlichen Aufgaben zu finanzieren.

Die Kosten des Selbstbetrugs

17 Die permanente Reform bei den Steuern: Ein Milliardengeschäft für die Eliten

Wenn es um Steuern geht, ist in Deutschland inzwischen jede Merkwürdigkeit denkbar. So hat die schwarz-gelbe Koalition als erstes den Hoteliers mindestens eine Milliarde Euro geschenkt, indem diese jetzt nur noch den niedrigen Satz bei der Mehrwertsteuer zahlen müssen. Die Bundesregierung hat sich gar nicht erst die Mühe gemacht, eine plausible Begründung zu ersinnen. Es war so krass, wie es aussah: Die Wirte wollten mehr verdienen, und dieser Wunsch wurde umstandslos gewährt.

Die Wähler haben nicht protestiert, denn offenbar fühlen sich alle Steuerzahler gemeinsam in einem solidarischen Kampf verstrickt: hier der Bürger, dort der Staat. Man scheint es den Hoteliers zu gönnen, dass sie von Steuern befreit wurden, und hofft im Gegenzug auf Wohltaten, die dann das eigene Konto erreichen.

Vor allem die Einkommensteuer ist eine ständige Obsession. Dies wirkt zunächst erstaunlich, weil es ja schon gewaltige Steuerreformen gab, bei denen unter anderem der Spitzensteuersatz von 53 auf 42 Prozent und der Eingangssteuersatz von 25,9 auf 14 Prozent gesenkt wurde. Die untere Hälfte der Steuerpflichtigen zahlt bereits fast gar keine Einkommensteuer mehr, sondern wird durch die Sozialabgaben erdrückt, die rund 40 Prozent der Arbeitskosten ausmachen.

Über die Sozialabgaben wird jedoch konsequent geschwiegen, während die Einkommensteuer ein ständiges Thema bleibt. Denn die Steuersenkungen haben eine Mechanik in Gang gesetzt, die sich von den Eliten propagandistisch bestens verwenden lässt, um weitere Nachlässe zu fordern: Einerseits nutzen die Steuerentlastungen vor allem den Spitzenverdienern, während die Mittelschicht kaum profitiert – andererseits hatten die sinkenden Steuertarife aber automatisch zur Folge, dass nun auch Normalverdiener fast schon in die Nähe des Spitzensteuersatzes rücken. Männliche Vollzeitkräfte verdienen im Durchschnitt etwa 40 000 Euro brutto im Jahr, doch schon ab 52 882 Euro wird für einen Single der Spitzensteuersatz fällig. Daraus schließen viele in der Mittelschicht messerscharf und trotzdem falsch: »Hilfe, ich bin ein Besserverdiener.«[1]

Bei dieser Rechnung wird bereits übersehen, dass bei Verheirateten meist das Ehegattensplitting greift, so dass der Spitzensteuersatz erst ab 105 764 Euro einsetzt. Ein derart hohes Einkommen weisen jedoch noch nicht einmal fünf Prozent aller Steuerpflichtigen auf.[2]

Vor allem aber ist die Logik fatal, man sei ein »Besserverdiener«, nur weil man in die Nähe des Spitzensteuersatzes rückt. Obwohl sich an ihrem eher kümmerlichen Jahreseinkommen von durchschnittlich 40 000 Euro für Vollzeitkräfte nichts geändert hat, hält sich die Mittelschicht nun für reich – was sofort undenkbar macht, die wirklich Reichen stärker zu besteuern. Stattdessen fordert die Mittelschicht vehement weitere Entlastungen für die Eliten, zu denen sie sich nun fälschlich selbst zählt. Es gerät völlig aus dem Blick, dass sich die Steuerprogression auch derart gestalten ließe, dass allein die wirklichen Spitzenverdiener weitaus mehr zahlen müssten. Der Unterschied zwischen einem Durchschnittsverdiener und einem Millionär verschwimmt, nur weil das Finanzamt beide ähnlich zu behandeln scheint.

Die nächsten Steuerentlastungen sind daher schon abzusehen, unklar ist allein deren Ausmaß. Der schwarz-gelbe Koalitionsvertrag sieht unter anderem einen »Stufentarif« vor, von dem sich nur hoffen lässt, dass er nicht eingeführt wird. Allein

Höherer Anteil an Einkommenssteuern nicht unfeierlichkeit
der Einkommensverteilung auf

diese liberale Idee würde den Staat 62 Milliarden Euro kosten, wie eine Studie des Forschungsinstituts zur Zukunft der Arbeit ergab. Erneut würden vor allem die Eliten profitierten, die knapp 17 Prozent an Steuern sparen könnten.[3]

Schon diese Milliardensummen zeigen, dass es keinesfalls eine Lappalie ist, die Eliten zu entlasten, obwohl dies immer wieder gern behauptet wird: »Oben sind zu wenige, als dass deren Obolus, und sei er noch so hoch, mengenmäßig wirklich ins Gewicht fiele«, schreibt etwa der Wirtschaftsjournalist Marc Beise.[4] Zwar stimmt an dieser Aussage, dass die Zahl der Einkommensmillionäre durchaus überschaubar ist – nur folgt daraus eben noch lange nicht, dass sie nichts zum Steueraufkommen beitragen würden. 2005 zahlte das reichste eine Prozent der Steuerpflichtigen bereits 22,7 Prozent aller Einkommensteuern. Bevor Mitleid aufkommt: Diese immensen Steuerbeiträge zeigen vor allem, wie begütert die obersten Schichten in Wahrheit sein müssen, denn für sie gibt es vielfältige Freibeträge und Abzugsmöglichkeiten, um ihr Einkommen kleinzurechnen und die Steuerschuld zu drücken.

Offenbar können sich viele Mittelschichtler gar nicht vorstellen, dass einige Reiche deutlich reicher als sie selbst sind. Da die eigene Steuerkraft eher bescheiden ist, wird einfach angenommen, dass auch der »Obolus« der oberen Dreihunderttausend nur dürftig sein könne. Recht sorglos werden daher die Steuern gesenkt, weil die Mittelschicht fälschlich vermutet, dass vor allem sie selbst profitiere und der Schaden sowieso nicht groß sein könne.

Bundeskanzler Gerhard Schröder stellt die Inkarnation dieses Missverständnisses dar. In seiner Regierungserklärung zur Agenda 2010 verkündete er stolz, dass die rot-grünen Steuerreformen »Bürger und Unternehmen um insgesamt 56 Milliarden Euro entlastet« hätten. Die offizielle Idee war damals, dass die Steuersenkungen die Wirtschaft ankurbeln und damit neue Steuereinnahmen erzeugen sollten. Wenig überraschend hat sich diese Hoffnung nicht erfüllt, denn weltweit ist kein einziger Fall bekannt, wo sich Steuersenkungen von selbst finanziert hätten. Es kam nur zu einem Konjunkturaufschwung, weil sich die Weltwirtschaft insgesamt belebte und Deutschland seine Waren verstärkt ins Ausland exportieren konnte. Rot-Grün hat also völlig sinnlos Milliarden verschenkt, um damit vor allem die Spitzenverdiener zu entlasten.

An den rot-grünen Steuerreformen fiel nicht nur auf, wie dürftig sie begründet waren, sondern sie brachen zudem mit einer Steuertradition, die seit der Weimarer Republik gegolten hatte. 1920 wurde die moderne Einkommensteuer in Deutschland eingeführt und der Spitzensteuersatz damals auf 60 Prozent festgesetzt. Nach dem Zweiten Weltkrieg lag der Spitzensteuersatz dann zwischen 53 und 56 Prozent. Erst Gerhard Schröder glaubte plötzlich, er müsse die gesamte Steuersystematik ändern und den Spitzensteuersatz auf 42 Prozent drücken.

Den nächsten Systembruch hat dann die große Koalition vollzogen: 2009 führte sie die »Abgeltungsteuer« ein, die Kapitalerträge wie etwa Zinsen oder Dividenden nur noch einheitlich mit 25 Prozent belastet. Damit wurde die »synthetische Besteuerung« aufgegeben, womit gemeint ist, dass alle Einkünfte gleich veranlagt werden – egal, ob es sich bei dem Einkommen um Löhne, Mieten, Zinsen, Dividenden oder freiberufliche Honorare handelt. Nun werden Kapitalerträge plötzlich bevorzugt, während Löhne und Gehälter weiterhin der Steuerprogression unterliegen. Reichtum wird also belohnt – und das normale Arbeitseinkommen benachteiligt.

Vor allem die Kapitaleigner und die Spitzenverdiener haben von den Steuerreformen der vergangenen zehn Jahre profitiert, obwohl ihnen ohnehin schon sehr viele Möglichkeiten offenstanden, ihre Einkünfte kleinzurechnen oder vor den Finanzämtern zu verbergen. Selbst Millionäre haben in Deutschland faktisch nie den Spitzensteuersatz gezahlt. Bei den Steuerreformen ist also der seltsame Fall zu beobachten, dass radikale Veränderungen vorgenommen wurden, ohne dass ein objektiver Reformdruck bestand. Der Spitzensteuersatz wurde nur gesenkt, weil sich die Eliten mehr Netto vom Brutto wünschten.

Dass die Reichen reicher werden wollen, ist menschlich verständlich, aber warum hat eine ganze Gesellschaft diesem Wunsch nachgegeben? Es ist kein Zufall, dass die rot-grüne Regierung mit ihrer Agenda 2010 zwei Projekte parallel verfolgt hat: Einerseits wurden die Steuern drastisch gesenkt – und andererseits mit den Hartz-Reformen den Unterschichten die Solidarität entzogen. Sachlich haben beide Vorhaben nichts miteinander zu tun, aber mental bedingen sie einander.

Hartz IV war von der tiefen Überzeugung geleitet, dass die Langzeitarbeitslosen nur deswegen keine Stelle fänden, weil sie antriebsarm auf dem Sofa säßen und Unterschichten-TV glotzten. Die Losung hieß daher »Fordern und Fördern«, womit gleichzeitig suggeriert wurde, dass der Staat sein Geld jahrelang an der völlig falschen Stelle ausgegeben hatte – nämlich für Arbeitslose, die an ihrer Arbeitslosigkeit selbst schuld seien.

Hartz IV transportierte die unterschwellige Botschaft, dass der Staat eine reine Dienstleistungsmaschine für die Unterschicht sei. Dabei ging völlig unter, dass die Kosten für die Langzeitarbeitslosen noch nicht einmal acht Prozent des Bundeshaushalts ausmachen – und allein schon die Zinsen für die Bundesschulden doppelt so hoch liegen.[5] Sobald der Staat jedoch als scheinbare Lobbyveranstaltung für die Armen diskreditiert war, empfanden viele in der Mittelschicht jede Steuersenkung als legitim, damit man nicht noch weiter von den vermeintlichen Sozialschmarotzern ausgebeutet würde.

Mit den rot-grünen Steuerreformen setzte ein Teufelskreis ein, der kaum noch zu durchbrechen ist, weil sich die Diskreditierung des Staates unaufhaltsam verschärft. Denn dass diese gigantischen Steuersenkungen überhaupt möglich waren, schien ja zu beweisen, dass der Staat dieses Steuergeld nie wirklich gebraucht, sondern eigentlich immer irgendwie verschwendet hatte. Also werden neue Steuersenkungen gefordert und Reformen selbst dann toleriert, wenn sie so unsinnig sind wie jüngst das Geschenk an die Hoteliers.

Der Staat hat inzwischen kaum noch Geld, um in Bildung oder in Infrastruktur zu investieren. Momentan wird noch von der Substanz gelebt, doch mittelfristig zeichnet sich ab, dass die Mehrwertsteuer weiter erhöht werden muss – und sich Deutschland zudem in einen Gebührenstaat verwandelt. Bei der Bildung hat dieser Umstieg bereits begonnen, indem immer mehr Eltern bereit sind, für private Schulen zu zahlen. Die Eliten kommen dabei bestens weg: Sie sparen bei der Einkommensteuer, die vor allem die Spitzenverdiener belastet, und zahlen stattdessen Gebühren, die alle Bürger gleich belasten.

Die permanenten Steuersenkungen zwingen den Staat darüber hinaus, sich immer stärker zu verschulden, um seine notgedrungen schrumpfenden Aufgaben noch zu erfüllen. Also muss er Staatsanleihen herausbringen oder Bundesschatzbriefe ausgeben. Für die Eliten wird dies zum doppelten Geschäft: Erst sparen sie Steuern, und dann investieren sie dieses Geld in Staatspapiere, um dafür Zinsen zu kassieren. Dieser Kreisverkehr macht aus einer einstigen Steuerschuld neues Einkommen. Die Mittelschicht hingegen verliert gleich doppelt: Erst hat sie nicht von den Steuersenkungen profitiert – und dann darf sie mit ihren (Mehrwert-)Steuern die Zinsen zahlen, die für diese neuen Staatsschulden fällig werden.

Investition des durch Steuereinsparungen einbehaltenen Geldes in Schuldtitel des Staates, aus denen diese sich finanziert. Erhöhung der MwSt. ist der Preis für die Steuersenkungen

18 »Omas kleines Häuschen«: Firmenerben entrichten keine Erbschaftsteuer mehr

Internationale Experten sind stets verwundert, wie niedrig Erbschaften in Deutschland belastet werden.[1] Denn Erbschaftsteuern sind eine der ganz wenigen Möglichkeiten, um die extreme Ungleichheit bei den Vermögen zumindest ein wenig zu korrigieren.

Doch so denken die Deutschen nicht. Wenn die Bundesbürger übers Erben reden, fällt ihnen vor allem »Oma ihr klein Häuschen« ein. Vor dem geistigen Auge tauchen dann rote Kletterrosen und gemütliche Dachgauben auf. Dieses Häuschen, da sind sich fast alle Deutschen einig, muss an den Enkel vererbt werden können, ohne dass Steuern fällig werden. Denn der Diminutiv legt ja nahe, dass dieses Häuschen kaum einen Wert darstellen kann.

Doch faktisch erben viele Bundesbürger noch nicht einmal ein Häuschen – und sei es noch so winzig. Die unteren 70 Prozent der Deutschen kommen nur auf ganze neun Prozent des gesellschaftlichen Reichtums. Umgekehrt kontrolliert das reichste Zehntel bereits rund 61 Prozent des Gesamtvermögens.[2]

Diese extreme Vermögenskonzentration wird von Generation zu Generation weitergereicht. So zeigte sich bei einer SOEP-Stichprobe, dass bis zum Jahr 2001 nur 15,4 Prozent aller befragten Erwachsenen überhaupt eine Erbschaft oder eine Schenkung erhalten hatten. Diese Nachlässe gingen vor allem an sehr gut verdienende Haushalte mit einen Nettoeinkommen von mehr als 5113 Euro im Monat: Dort hatten schon rund 29 Prozent geerbt – und im Durchschnitt etwa 225 000 Euro erhalten. Die Normalverdiener hingegen erben nicht nur seltener, sondern bekommen auch deutlich weniger. Im Durchschnitt waren es 66 280 Euro.[3] Einkommen und Vermögen hängen also sehr eng zusammen. Wer sowieso schon bestens verdient, der erbt dann auch noch große Summen. Der Matthäus-Effekt trifft wieder einmal zu: Wer hat, dem wird gegeben.

Gerade die Erbschaften zeigen, wie absurd der Begriff der Generationengerechtigkeit ist. In Deutschland stehen nicht Alte gegen Junge. Stattdessen gibt es einige reiche Alte, die ihr Vermögen an Kinder vererben, die ebenfalls meist zu den Spitzenverdienern zählen. Umgekehrt haben sehr viele Alte gar kein nennenswertes Eigentum, das sie vererben könnten – und ihre Kinder besitzen in der Regel ebenfalls kein Vermögen. Die Kluft zwischen Arm und Reich verläuft nicht zwischen, sondern in den Generationen.

Wie groß die Unterschiede beim Vermögen sind, scheint jedoch kaum jemand wahrzunehmen. Selbst die eher Ärmeren reihen sich bei den Besitzenden ein. So titelte die *Bild*-Zeitung kürzlich »So erben Sie richtig!«[4] und bediente damit bestimmt ein virulentes Interesse ihrer Leser, obwohl die allermeisten Käufer des Boulevardblatts nicht den vermögenden Schichten angehören dürften.

Die Erben werden jedenfalls kaum belastet, wie eine Beispielrechnung mit »Oma ihr klein Häuschen« zeigt: Angenommen, es ist doch nicht ganz so klein, sondern 500 000 Euro wert, weil es nett am Waldrand liegt – dann muss der Sohn nur 11 000 Euro an das Finanzamt zahlen. Dies entspricht einem Steuersatz von ganzen 2,2 Prozent. Sollte Oma zwei Kinder haben, entfällt die Steuer bereits völlig.[5]

Besonders widersinnig: Die größten Erbschaften werden künftig gar nicht mehr herangezogen, denn Firmenerben sind faktisch von der Steuer befreit. Bedingung ist nur noch, dass sie den Betrieb sieben Jahre lang fortführen und nicht allzu viele

Für den Erben ist das Einkommen neu

Beschäftigte entlassen. Dieses großzügige Steuergeschenk an die Firmenerben kostet den Staat etwa 500 Millionen Euro jährlich, obwohl selbst die Handelskammern keinen einzigen Fall nennen konnten, wo ein Betrieb pleitegegangen wäre, weil die Erbschaftsteuer so drückte.

Die meisten Rechtsexperten sind sich einig, dass sich die aktuelle schwarz-gelbe Reform der Erbschaftsteuer als verfassungswidrig erweisen wird. Es ist schließlich nicht einzusehen, warum die Erben von Immobilien den Nachlass versteuern müssen, während Firmenerben völlig befreit sind. Klagen vor dem Bundesverfassungsgericht dürften daher nicht lange auf sich warten lassen.[6]

Die deutsche Erbschaftsteuer brachte im Jahr 2009 nur läppische 4,6 Milliarden Euro ein,[7] obwohl nach Schätzungen jährlich rund 200 Milliarden Euro vererbt werden.[8] Doch trotz dieser minimalen Steuerbeträge werden harte Kämpfe um die Erbschaftsteuer ausgefochten. FDP-Wirtschaftsminister Rainer Brüderle würde sie sogar am liebsten ganz abschaffen, denn er hat eine Ungerechtigkeit der völlig neuen Art ausgemacht: »Nur weil jemand stirbt, muss er noch mal Steuern zahlen.«[9]

So formuliert, erscheint die Erbschaftsteuer tatsächlich widersinnig. Allerdings ist die Grundannahme falsch: Nicht der Verstorbene zahlt die Steuer – sondern sein Erbe, und der wird zum ersten Mal herangezogen.

Mindestens genauso beliebt ist bei den Gegnern der Erbschaftsteuer noch ein weiteres Argument: Es sei Doppelbesteuerung, die Erbschaften zu belasten – schließlich handele es sich um gespartes oder investiertes Einkommen, das bereits einmal versteuert worden sei. Auch dieser Einwand krankt daran, dass es für den Erben neues Einkommen ist. Vor allem aber ist Doppelbesteuerung in Deutschland völlig normal, denn die Mehrwertsteuer ist eine einzige gigantische Doppelbesteuerung, weil in den Konsum vor allem Einkommen fließt, das von den Finanzämtern schon einmal veranlagt wurde.

MwSt. gigantische Doppelbesteuerung

Es ist sehr seltsam: Obwohl 70 Prozent der Deutschen fast nichts besitzen, sind nur 20 Prozent dafür, die Erbschaftsteuer zu erhöhen.[10] Statt die großen Vermögen gezielt zu belasten, wird auch noch hingenommen, dass die Firmenerben künftig gar nichts mehr zahlen müssen. Die romantische Idee von »Omas kleinem Häuschen« funktioniert also bestens. Dieses wirkungsmächtige Bild suggeriert, dass doch jeder irgendwie erbt – und sei es noch so wenig. Im Angesicht des Todes, so die Idee, werden alle gleich. Ob nun ein Betrieb oder nur ein kleines Girokonto hinterlassen wird: Stets scheint es sich um eine rein private Familienangelegenheit zu handeln, bei der der Staat eigentlich nichts zu suchen habe.[11] Das Ergebnis ist eine Steuerreform, dank derer nun selbst Milliardenvermögen völlig steuerfrei weitergereicht werden können.

200 Mrd. € / Jahr vererbtes Vermögen,
davon 4,6 Mrd. € durch Erbschaftsteuer abgeschöpft

19 Die angeblichen Sozial-»Versicherungen«: Wie die Mittelschicht für die Armen zahlt

Steuern genießen bei den meisten Deutschen kein hohes Ansehen und gelten als eine gemeine Zumutung, die sich der Staat ausdenkt, um seine Bürger auszubluten. Deswegen sind die Wähler immer gern bereit, für Parteiprogramme zu stimmen, die eine Steuersenkung versprechen, ohne näher zu prüfen, wer zu den Profiteuren dieser Geschenke zählt.

Die Sozialversicherungen hingegen haben einen weitaus besseren Ruf, denn viele Bürger lassen sich von dem Begriff »Versicherung« blenden, der ja suggeriert, dass man für seine Leistung auch eine unmittelbare Gegenleistung erhält, indem man nur sein persönliches Risiko abdeckt. Damit kommen die Sozialversicherungen der Neigung der Deutschen entgegen, am liebsten auf Eigenvorsorge zu vertrauen, die dann auch noch ständisch organisiert ist. Knapp 170 gesetzliche Krankenkassen erinnern an jene Zeiten, als jede Berufsgruppe oder jede größere Firma noch ihre eigene kleine Versicherung haben musste.

Viele Bürger scheinen sich die gesetzliche Krankenkasse wie eine Haftpflichtversicherung zu denken, die im Notfall auszahlt, was man vorher als persönliches Risiko versichert hat. Diese grundsätzliche Akzeptanz erklärt, warum ständige Beitragserhöhungen fast klaglos hingenommen werden – während Steuererhöhungen als völlig ausgeschlossen gelten.

Dabei funktionieren viele Sozialversicherungen überhaupt nicht wie Versicherungen. Bei den gesetzlichen Krankenkassen ist dies am deutlichsten, bei denen das »Solidarprinzip« gilt. Die

Beiträge richten sich also gerade nicht nach dem eigenen Risiko, sondern werden je nach Einkommen fällig. Umgekehrt sind aber die Leistungen für alle Versicherten gleich, ganz unabhängig davon, wie viel sie eingezahlt haben. Auch Niedriglöhner oder Arbeitslose genießen den vollen Schutz. Damit ist die gesetzliche Krankenversicherung eine Art zweckgebundener Steuer, die dazu dient, die Gesundheitsversorgung für die Bevölkerung zu finanzieren. Entsprechend sind die gesetzlichen Krankenkassen auch gar keine klassischen Versicherungsunternehmen, sondern eher Quasi-Behörden.

Daher wäre es eigentlich konsequent, gleich Sozialsteuern zu erheben, die für alle gelten und progressiv gestaltet sind, so dass die Reichen für die Armen zahlen. Doch Steuern sind in Deutschland ein Tabuwort. Es muss unbedingt eine »Versicherung« sein, damit die Fiktion erhalten bleibt, es handele sich um eine möglichst staatsferne Form der Eigenvorsorge, in der jeder ausgezahlt bekommt, was er vorher eingezahlt hat.

Das Ergebnis ist, dass eine faktische Steuer als Versicherung getarnt wird, indem ein Element aus dem klassischen Versicherungswesen übernommen wird: die Idee der Prämie. Daraus folgt dann die »Beitragsbemessungsgrenze«, die bei den gesetzlichen Krankenkassen bei 45 000 Euro im Jahr liegt. Wer mehr verdient, muss auf das Einkommen jenseits dieser Grenze keine Kassenbeiträge mehr zahlen. Der Effekt ist bizarr, wie die OECD immer wieder kritisiert, denn die Gesamtbelastung durch Steuern und Sozialabgaben nimmt für die hohen Einkommen wieder ab. Am größten ist die Belastung für einen Single bei einem Jahreseinkommen von 53 000 Euro. Wer hingegen 110 000 Euro verdient, wird prozentual nur genauso stark herangezogen wie ein Angestellter, der auf ganze 36 500 Euro kommt. Das deutsche System ist also nicht progressiv, sondern regressiv, und damit recht einzigartig auf dieser Welt.[1]

Wieder zeigt sich ein so typisch Muster ist für Deutschland: Die Spitzenverdiener werden begünstigt, weil die Mittelschicht ihrer Aversion gegen den Staat blind nachgibt. Statt Steuern muss es also eine »Versicherung« sein und zu dieser Fiktion der Staatsferne gehört, dass ein »Wettbewerb« organisiert wird, der den privaten Krankenkassen bis heute ihre Existenz sichert.

Anders als die gesetzlichen Kassen funktionieren diese privaten Kassen tatsächlich wie eine normale Versicherung, in der jeder nur sein eigenes Risiko abdeckt. Der Zugang ist jedoch beschränkt, denn Angestellte dürfen sich nur aus der gesetzlichen Krankenkasse verabschieden und in eine private Kasse wechseln, wenn sie die »Versicherungspflichtgrenze« überspringen, die bei einem Jahreseinkommen von 49 950 Euro liegt.[2]

Etwa zehn Prozent der Bevölkerung sind privat versichert, die meist zur Einkommenselite zählen: Es sind Selbstständige, Beamte und eben sehr gut verdienende Angestellte. Daraus folgt unmittelbar, dass es der Mittelschicht in den gesetzlichen Kassen allein überlassen bleibt, die Gesundheitskosten für Geringverdiener und Arbeitslose zu tragen. Das ist richtig teuer: Ein Arbeitnehmer knapp unter der Beitragsbemessungsgrenze zahlt monatlich etwa 560 Euro an seine Krankenkasse – doch etwa die Hälfte der Summe wird gar nicht für seine eigene Versorgung gebraucht, sondern subventioniert die ärmeren Versicherten.[3] Die Reicheren hingegen müssen sich nicht solidarisch zeigen, sondern dürfen sich in ihre Privatkassen absetzen.

Obwohl die gesetzlich versicherten Arbeitnehmer faktisch das gesamte Gesundheitswesen allein tragen müssen, werden sie in den Praxen oft wie Bittsteller behandelt, weil die Ärzte lieber Privatpatienten behandeln, bei denen sie deutlich mehr abrechnen können. Studien haben gezeigt, dass Kassenpatienten im Durchschnitt dreimal länger als Privatpatienten warten müssen, wenn sie einen Facharzt sprechen wollen.[4] Zudem kann es bei gravierenden Krankheiten wie Krebs passieren, dass ein normal Versicherter niemals einem ausgewiesenen Spezialisten vorgestellt wird, während Privatpatienten gleich mehrere Koryphäen konsultieren können.

Diesen teuren und exzellenten Service können die Privatkassen nur bieten, weil sie dem »Solidarprinzip« nicht unterliegen und also darauf verzichten dürfen, auch Ärmere in ihre Reihen aufzunehmen. Dieser konsequente Eigennutz lohnt sich auch insofern, als noch genug Geld übrig bleibt, damit die privaten Versicherungskonzerne Milliardengewinne einstreichen können.[5]

Es hätte anders sein können in Deutschland, denn nach dem Zweiten Weltkrieg wollten die Alliierten eine einheitliche Bürgerversicherung einführen, in die auch die Selbstständigen und die Beamten einzahlen. Dieser Plan scheiterte jedoch ausgerechnet an den Gewerkschaften, die so ständisch dachten wie ihre Mitglieder. Vor allem die Angestelltenorganisationen fürchteten, dass sie ihre Sonderstellung verlieren könnten.[6] Es ist also keineswegs neu, dass die Mittelschicht ihre wahren ökonomischen Interessen verkennt, weil sie sich als Elite inszenieren will.

Dieser fatale Trend, am liebsten ständischen Versicherungen zu vertrauen, setzte sich bei der Pflegeversicherung fort. Eigentlich ist gar nicht einzusehen, warum ausgerechnet die Beschäftigten das Risiko abdecken sollen, dass Teile der Gesellschaft pflegebedürftig werden. Sehr viel sinnvoller wäre es gewesen, die Pflegekosten über die Steuern zu finanzieren, um die Lasten möglichst gerecht zu verteilen. Doch Steuererhöhungen hätte die Bevölkerung nicht akzeptiert, wie der zuständige CDU-Sozialminister Norbert Blüm klar erkannte. Es musste also eine »Versicherung« sein. Und so dupliziert sich der Wahnsinn bei den Krankenkassen nun in der Pflegeversicherung: Die große Mehrheit der Bürger ist in gesetzlichen Kassen organisiert, während sich Spitzenverdiener, Beamte und Selbstständige privat versichern dürfen und nicht damit behelligt werden, die Kosten für pflegebedürftig gewordene Geringverdiener zu übernehmen.

Nur bei der gesetzlichen Rente scheint es auf den ersten Blick fairer abzulaufen, weil dort das »Äquivalenzprinzip« gilt: Wer mehr einzahlt, erhält eine höhere Rente. Doch tatsächlich findet

Rente

auch bei der Rente eine verdeckte Umverteilung statt, wobei dort ausgerechnet die Unterschicht die Elite subventioniert.

Denn beim Äquivalenzprinzip spielt die Lebensdauer keine Rolle. Es wird zwar berücksichtigt, wie hoch die eingezahlten Beträge waren, nicht aber, wie lange die Rente später bezogen wird. Geringverdiener sterben jedoch deutlich früher und erhalten damit in der Summe weit weniger Rente als ein Gutverdiener. So werden Männer mit einem monatlichen Bruttoeinkommen von unter 1500 Euro nur etwa 72 Jahre alt. Männer mit einem Verdienst jenseits der 4500 Euro sterben hingegen erst mit knapp 80 Jahren. Sie können also rund acht Jahre länger Rente beziehen. In kaum einem anderen westlichen Land differiert die Lebenserwartung zwischen den Reichen und den Armen so stark wie in Deutschland – in Schweden beispielsweise beträgt der Abstand nur zwei Jahre.

Oft sterben die ärmeren Beschäftigten, noch bevor sie aus dem Arbeitsleben ausscheiden: Nur 79 Prozent der Geringverdiener erreichen überhaupt das Rentenalter. Bei den einkommensstarken Männern sind es hingegen 91 Prozent. »Somit gehen Wohlhabende häufiger in Rente, beziehen die Rente länger und können auch noch höhere Ansprüche an überlebende Ehepartner weiterreichen«, fasst der SPD-Gesundheitsexperte Karl Lauterbach zusammen, von dem diese Studie stammt.[7]

Aus der niedrigen Lebenserwartung folgt für die Geringverdiener, dass sich die Rente für sie nicht lohnt. Wer nur die Hälfte des Durchschnittslohns bekommt, erwirtschaftet eine »negative Rendite« und macht einen lebenslangen Verlust von mehr als 30 000 Euro. Bei den Durchschnittsverdienern gleichen sich Einzahlungen und Rentenbezug ungefähr aus, während die Spitzenverdiener, die das Doppelte eines durchschnittlichen Lohns erhalten, einen Gewinn von 100 000 Euro einfahren.[8]

In allen Sozialsystemen gilt, dass die Eliten begünstigt werden. Wer am meisten verdient, wird am wenigsten belastet – und erhält auch noch den besten Service oder die höchste Rendite.[9]

Ausblick

20 Umverteilung ist möglich – der New Deal in den USA

»Umverteilung« ist ein Tabuwort in Deutschland, das noch immer an den Sozialismus gemahnt. Es ist jedoch sinnlos, nicht über Umverteilung zu sprechen, denn es wird permanent umverteilt – bisher jedoch von unten nach oben.

Die Finanzkrise verschärft diesen Prozess, weil sie zum doppelten Geschäft für die Eliten wird: Zum einen hat der Staat ihr Vermögen gerettet, indem er die Banken gestützt und Konjunkturpakete angeschoben hat. Zum anderen musste der Staat dafür Schulden aufnehmen – und diese Kredite werden ihm wiederum vor allem von den Eliten gewährt, die dafür Zinsen verlangen. Die Besitzenden lassen es sich also auch noch bezahlen, dass ihr Vermögen gesichert wurde.

Die Finanzkrise wird noch sehr teuer werden, da die Staatsschulden rasant zunehmen. Es wäre also nur fair, wenn die Eliten sich dafür erkenntlich zeigten, dass der Staat ihr Vermögen gerettet hat, indem sie akzeptierten, dass sowohl Spitzensteuersatz als auch Erbschaftsteuer steigen. Doch stattdessen wird mitten in der Finanzkrise auch noch ein »Wachstumsbeschleunigungsgesetz« verabschiedet, das vor allem Erben, Unternehmer und Hoteliers begünstigt. Bisher sieht es ganz danach aus, als würde die Mittelschicht allein auf den Kosten der Finanzkrise sitzen bleiben. Damit setzt sich die Umverteilung von unten nach oben nicht nur fort – sondern sie beschleunigt sich sogar noch.

Dabei ist eine faire Umverteilung nicht nur möglich, sondern lässt sich auch bestens mit dem Kapitalismus vereinbaren, wie die Bewältigung der Weltwirtschaftskrise vor achtzig Jahren beweist. Damals stand der demokratische US-Präsident Franklin D. Roosevelt ebenfalls vor der Frage, wie er die immensen Konjunkturprogramme des »New Deal« finanzieren sollte, die nach einer schweren Bankenkrise nötig wurden. Kurz nach seinem Amtsantritt im Jahr 1933 begann er daher, den Spitzensteuersatz von 24 auf schließlich 79 Prozent anzuheben. Auch die Republikaner setzten diese Politik fort, als sie ins Weiße Haus gelangten: Unter Präsident Dwight D. Eisenhower lag der Spitzensteuersatz sogar bei 91 Prozent. Gleichzeitig stieg die Besteuerung der Unternehmen von knapp 14 Prozent im Jahr 1933 auf mehr als 45 Prozent im Jahr 1955. Die Erbschaftsteuer legte von 20 auf am Ende 77 Prozent zu.[1]

Roosevelts Steuerpolitik veränderte die amerikanische Gesellschaft innerhalb von wenigen Jahren. Vorbei war es mit den riesigen Palästen und dem Luxusleben der Plutokraten, wie Scott Fitzgerald sie in seinem Roman *The Great Gatsby* verewigt hat. Stattdessen kam es zu einer »great compression«, wie es die US-Amerikaner nennen. Die Schichten wurden zusammengepresst: Die Reichen stiegen ab, die Arbeiter auf, und am Ende gehörte tatsächlich fast jeder der Mittelschicht an. Natürlich verdiente ein Manager noch immer deutlich mehr als ein durchschnittlicher Angestellter, aber die Gehaltsabstände waren geschrumpft. Diese egalitäre Steuerpolitik war konsensfähig, bis Ronald Reagan ab 1980 systematisch daran ging, die Eliten wieder zu entlasten. Rapide wurden die Reichen immer reicher – was auch ein Grund war, warum es nun zum Crash an den Finanzmärkten kam.[2]

Der Nobelpreisträger Paul Krugman, 1953 geboren, erinnert sich nostalgisch an seine Kindheit, als Amerika zumindest für die Weißen ein Land der Gleichberechtigten war: »Wer als wohlhabend galt, ließ sich einmal pro Woche eine Putzfrau kommen und verbrachte den Sommerurlaub in Europa. Aber auch diese Wohlhabenden schickten ihre Kinder in öffentliche

Schulen und fuhren im eigenen Auto zur Arbeit so wie jeder andere auch.«[3]

Der amerikanische New Deal fiel so besonders drastisch aus, weil nicht nur eine Finanzkrise, sondern später auch noch ein Zweiter Weltkrieg zu finanzieren waren. Trotzdem lassen sich aus diesem New Deal zwei Lehren für die deutsche Gegenwart ziehen.

Erstens: Steuern können tatsächlich steuern. Denn die eigentlichen Gewinne der Unternehmen und Kapitaleigner blieben bis 1955 stabil und schrumpften nicht etwa von selbst – »the great compression« kam allein dadurch zustande, dass von den Erträgen ein größerer Teil an den Fiskus abgeführt werden musste.[4]

Zweitens: Es tut der Wirtschaft gut, wenn ein starker Staat Krisen ausgleicht und dafür sorgt, dass möglichst alle Schichten am gesamtgesellschaftlichen Wohlstand teilhaben. Nie wieder ist die US-Wirtschaft so rasch gewachsen wie in den Zeiten des New Deal. Obwohl es zunächst so schien, als würden die Begüterten stark zur Kasse gebeten, haben am Ende auch sie von der Umverteilung profitiert.

Es wäre jedoch ein Irrtum zu glauben, Umverteilung sei allein deswegen anzustreben, weil es materiell gerechter wäre. Es geht auch schlicht um Lebensqualität. Es steigert das Wohlbefinden und verlängert das Leben, einer möglichst egalitären Gesellschaft anzugehören. Denn soziale Ungleichheit stresst. Die Menschen sind gesünder, mental stabiler und glücklicher, wenn sie nicht ständig ihren Status verteidigen oder um ihn bangen müssen. Diese Positionskämpfe machen nicht nur die Armen krank, sondern beeinträchtigen fast alle Schichten. »Größere Gleichheit verbessert die Gesundheit aller – und nicht nur der Menschen ganz unten«, stellen die Epidemiologen Richard Wilkinson und Kate Pickett fest, die weltweit alle einschlägigen Studien zusammengetragen haben.[5]

»Umverteilung« klingt stets nach Klassenkampf. Dabei handelt es sich eigentlich um eine »Win-win«-Situation, wie es so schön auf Neudeutsch heißt. Fast jeder profitiert, wenn die Gesellschaft nicht auseinanderbricht.

Es geht gar nicht darum, den Eliten alle ihre Privilegien zu nehmen. Soziale Hierarchien wird es in einer kapitalistischen Gesellschaft immer geben, dafür sorgt schon das Prinzip des Eigentums. Aber die Kluft zwischen den einzelnen Schichten sollte nicht zu groß werden – das gilt ganz besonders für die Bundesrepublik. Die deutsche Demokratie ruht auf dem Gründungsmythos, dass sie sich auch ökonomisch für alle auszahlt. Wenn jetzt nur noch die Eliten profitieren, wird damit der bundesrepublikanische Konsens aufgekündigt, der seit dem Zweiten Weltkrieg darin bestand, dass es zwar immer extreme Unterschiede bei Einkommen und Vermögen gab – dass aber alle Schichten am Wachstum teilhatten. Gleichzeitig haben die Eliten lange das Diktum des Grundgesetzes akzeptiert, dass »Eigentum verpflichtet«, und angemessene Steuern gezahlt. Die Deutschen lassen sich daher auf ein gefährliches politisches Experiment ein, wenn sie akzeptieren, dass die Mittelschicht erodiert.

Da die »Mitte« noch immer die Mehrheit der Wähler stellt, kann der Impuls nur aus der Mittelschicht kommen. Sie sollte begreifen: Es ist Zeit für einen New Deal in Deutschland.

Dank

Jedes Buch entsteht im Gespräch. Ohne die Unterstützung von Daniel Haufler und Andrew James Johnston wäre dieses Buch ein anderes geworden. Sie haben mich angeregt und – vielleicht noch wichtiger – korrigiert. In dieses Buch sind zudem die Erfahrungen eingegangen, die ich zehn Jahre lang als Journalistin bei der *taz* gesammelt habe. Also gilt mein Dank auch den Lesern und Genossen, die diese kleine unabhängige Zeitung finanzieren.

Anmerkungen

1 Der Selbstbetrug der Mittelschicht

1 Nur eine kleine Auswahl von aktuellen Titeln, die die Ausplünderung der Mittelschicht beschreiben: Sascha Adamek / Kim Otto, Schön reich – Steuern zahlen die anderen (Heyne 2009); Marc Beise, Die Ausplünderung der Mittelschicht. Alternativen zur aktuellen Politik (DVA 2009); Karl Lauterbach, Der Zweiklassenstaat. Wie die Privilegierten Deutschland ruinieren (Rowohlt Berlin 2008); Michael Sauga, Wer arbeitet ist der Dumme. Die Ausbeutung der Mittelschicht (Piper 2007); Clemens Wemhoff, Melkvieh Mittelschicht (Redline Verlag 2009)

2 Armin Schäfer, Alles halb so schlimm? Warum eine sinkende Wahlbeteiligung der Demokratie schadet. In: MPIfG Jahrbuch 2009–2010, Max-Planck-Institut für Gesellschaftsforschung, Köln, S. 33–38. Zu einem ähnlichen Ergebnis kam auch der paritätische Wohlfahrtsverband. Siehe Rudolf Mertens, Paritätische Forschungsstelle, Die Bundestagswahl 2009: Nichtwähler entscheiden(d)! Phänomenologie und Folgerungen (Berlin, 10. Oktober 2009), S. 11 f.

3 Siehe etwa Albrecht Müller, Meinungsmache. Wie Wirtschaft, Politik und Medien uns das Denken abgewöhnen wollen (Droemer 2009). Für die Industriestaaten: Colin Crouch, Postdemokratie (edition suhrkamp 2009)

4 Wie die Einkommensgrenzen der Mittelschicht genau berechnet werden, wird in Kapitel 4, ab Seite 38 detailliert erklärt.

5 Bundesministerium für Arbeit und Soziales (Hg.), Einstellungen zum Reichtum. Wahrnehmung und Beurteilung sozio-ökonomischer Un-

gleichheit und ihrer gesellschaftlichen Konsequenzen in Deutschland (Berlin 2008)

6 Institut für interdisziplinäre Konflikt- und Gewaltforschung (IKG) an der Universität Bielefeld, Deutsche Zustände in Zeiten der Krise, Presseinformation zur Präsentation der Langzeituntersuchung »Gruppenbezogene Menschenfeindlichkeit« vom 04.12.2009, S. 7

7 IKG, Deutsche Zustände, S. 11

2 Die Selbstwahrnehmung der Deutschen: Fast jeder fühlt sich fast reich

1 Gero Neugebauer, Politische Milieus in Deutschland. Die Studie der Friedrich-Ebert-Stiftung (Dietz 2007). Eher zufällig wurde ein Seitenaspekt aus dieser Studie bundesweit bekannt: In einem Interview mit der *Frankfurter Allgemeinen Sonntagszeitung* warnte der damalige SPD-Parteivorsitzende Kurt Beck vor einem »Unterschichten-Problem«. Denn die Untersuchung hatte ein »abgehängtes Prekariat« von ungefähr 8 Prozent der Bevölkerung ausgemacht, das die Hoffnung auf einen sozialen Aufstieg völlig aufgegeben hat. Es setzte eine intensive und teils polemische Debatte über die »neue Unterschicht« ein. Der Zeitablauf war typisch für die Medienwelt: Die Friedrich-Ebert-Stiftung hatte zentrale Studienergebnisse bereits im Juli 2006 veröffentlicht. Auch das abgehängte Prekariat war dort bereits erwähnt. Doch das hatte niemanden interessiert – bis Beck sein Interview im Oktober 2006 gab.

2 Bundesministerium für Arbeit und Soziales (Hg.), Forschungsprojekt: Einstellungen zum Reichtum (Berlin 2008)

3 TNS Infratest, Reich werden – (k)ein Thema für die Deutschen, Pressemitteilung vom 16.7.2007

4 Statistisches Bundesamt, Datenreport 2008 (Wiesbaden 2009), Kapitel 7.1. Soziale Lagen und soziale Schichtung, S. 176, Tabelle 3

5 Statistisches Bundesamt, Datenreport 2008, S. 178, Abb. 3

6 Markus Grabka / Joachim R. Frick, Schrumpfende Mittelschicht – Anzeichen einer dauerhaften Polarisierung der verfügbaren Einkommen? In: Deutsches Institut für Wirtschaftsforschung, Wochenbericht 10/2008

7 Ebda. Allerdings bezieht sich die Erhebung auf das Jahr 2005. Dazwischen lag der Boom bis Mitte 2008, von dem auch viele Arbeitslose profitiert haben. Doch in Folge der Finanzkrise dürften sich die Werte sehr schnell wieder an das Jahr 2005 annähern.

8 Alexander Mühlauer / Hannah Wilhelm, »Ich bin vielleicht asozial, aber kein Betrüger«, Interview mit Frank Schmidt, *Süddeutsche Zeitung*, 21.08.2009

3 Die wundersame Vermehrung der Milliardäre: Der wahre Reichtum bleibt ein Geheimnis

1 Für die Schweiz gibt es ebenfalls Milliardärslisten – an denen aber vor allem auffällt, dass dort nicht nur »echte« Schweizer aufgeführt sind, sondern auch Steuerflüchtlinge aus anderen Ländern. So ist der reichste »Schweizer« Ingvar Kamprad, der Gründer des schwedischen Möbelhauses IKEA, der rund 35 Milliarden US-Dollar besitzen soll.

2 www.forbes.com/2009/03/11/worlds-richest-people-billionaires-2009-billionaires_land.html

3 Axel Rühle, Reich, reicher, unsichtbar. Karl und Theo Albrecht sind die reichsten Deutschen, aber wo sind sie zu finden? Eine Spurensuche. In: *Süddeutsche Zeitung*, 18.08.2005

4 Dpa, 6.3.08

5 Capgemini / Merrill Lynch, World Wealth Report 2009, S. 2

6 Capgemini, World Wealth Report 2009, S. 34

7 Boston Consulting Group (Hg.), Global Wealth 2009. Delivering on the Client Promise (September 2009), S. 13

8 Capgemini, World Wealth Report, S. 2. Boston Consulting, Global Wealth 2009, S. 5 Bei diesem Report von Boston Consulting soll es sich um eine »Benchmarking-Studie« handeln, an der 124 Institute teilgenommen haben, die insgesamt Vermögensanlagen in Höhe von 5,9 Billionen Dollar betreuten. Es bleibt jedoch methodisch unklar, wie von diesen 5,9 Billionen darauf geschlossen wurde, dass das weltweite Finanzvermögen bei exakt 92,4 Billionen liegen soll. Vielleicht muss Boston Consulting auf diese enorme Summe auch nur deswegen kommen, um die exorbitanten Provisionen zu rechtfertigen, die für die Vermögensverwaltung kassiert wurden. Wie

dem Report zu entnehmen ist, wurden weltweit 1,2 Billionen Dollar für die Betreuung der Depots berechnet (S. 9).

9 *Manager Magazin Spezial*, Die 300 reichsten Deutschen (Oktober 2009), S. 14

10 Nur zur Vollständigkeit für die besonders Interessierten: Für das Jahr 2009 kam das *Manager Magazin* dann nur noch auf 99 Einzelpersonen und Familien in Deutschland, die mindestens eine Milliarde besitzen.

11 Siehe etwa Stefan Bach, Vermögensbesteuerung in Deutschland: Eine Ausweitung trifft nicht nur Reiche, In: Deutsches Institut für Wirtschaftsforschung, Wochenbericht 30/2009, S. 484, Anm. 13

12 Deutsche Bundesbank, Ergebnisse der gesamtwirtschaftlichen Finanzierungsrechnung für Deutschland 1991 bis 2008, Statistische Sonderveröffentlichung 4 (Juni 2009)

13 Statistisches Bundesamt, Statistik von A – Z, Einkommens- und Verbrauchsstichprobe (EVS)

14 Bei der EVS führt es zu dramatischen Verzerrungen, dass die reichen Haushalte nicht befragt werden können. So ermittelte die Bundesbank, wie erwähnt, für 2008, dass die deutschen Haushalte im Durchschnitt 206 000 Euro besessen haben müssen. Die EVS kommt für das gleiche Jahr nur auf 117 600 Euro (S. 9). Ein weiteres Problem der EVS ist, dass die Befragten zwar angeben sollen, ob sie Geldvermögen besitzen, aber die genaue Höhe nicht nennen müssen.

15 Statistisches Bundesamt, Jährliche Einkommensteuerstatistik 2004, Fachserie 14 Reihe 7.1.1 (Wiesbaden 2008), S. 6. Die Einkommensteuerstatistik wird stets Jahre später veröffentlicht, weil es recht lange dauert, bis alle Steuererklärungen abgegeben und von den Finanzämtern bearbeitet sind. Außerdem kostet es viel Zeit, die Daten aus den diversen Finanzämtern in einer Statistik zusammenzuführen. Eine gründliche Einkommensteuerstatistik entsteht zudem nur alle drei Jahre – deswegen ist die aktuellste von 2004.

16 Statistisches Bundesamt, Jährliche Einkommensteuerstatistik, Qualitätsbericht (Wiesbaden 2008), S. 4

17 Im Jahr 2004 betrugen die offiziellen Einkünfte aus Vermietung und Verpachtung nur 5,3 Milliarden Euro – das sind ganze 0,6 Prozent

aller Einkünfte. Doch selbst diese magere Zahl ist schon ein Fortschritt: Bis 2002 wurden angeblich nur Verluste mit den Immobilien geschrieben. Doch inzwischen wurden zumindest einige Steuerschlupflöcher geschlossen.

18 Die Vermögensteuer war keine perfekte Quelle, weil sie hohe Freibeträge vorsah – und daher große Teile der Bevölkerung gar nicht erfasst wurden. Zudem kam es zu Verzerrungen, weil das Sachvermögen zu niedrig veranlagt wurde. Aber immerhin bot sie einen gewissen Aufschluss über die hohen Finanzvermögen, über die sonst verlässliche Statistiken fehlen.

19 Gert. G. Wagner, Vermögensbilanz und Hocheinkommensstichprobe im SOEP. In: Bundesministerium für Arbeit und Soziales (Hg.), Weiterentwicklung der Reichtumsberichterstattung der Bundesregierung (Köln 2007), S. 34–53. Das SOEP versucht inzwischen durch weitere Hochrechnungen, sich an die Finanzrechnungen der Bundesbank anzunähern. Aktuell könne man schon 50 Prozent des Geldvermögens nachweisen, das in den Statistiken der Bundesbank auftaucht (Joachim Frick / Markus Grabka, Gestiegene Vermögensungleichheit in Deutschland. In: Deutsches Institut für Wirtschaftsforschung, Wochenbericht 4/2009, S. 58). Trotzdem bleiben frappierende Unterschiede: Während die Bundesbank für 2007 ein Gesamtvermögen der privaten Haushalte von rund 8,2 Billionen Euro ausweist, kommt das SOEP für das gleiche Jahr nur auf 6,6 Billionen.

20 Diese Abweichungen haben zum Teil rein statistische Gründe, weil die Bundesbank auch Geldvermögen erfasst, das nicht den privaten Haushalten gehört, sondern bei »privaten Organisationen ohne Erwerbszweck« lagert. Dazu zählt etwa das Vermögen der Kirchen, Parteien oder Gewerkschaften. Allerdings nimmt sich das Eigentum dieser Institutionen eher bescheiden aus – und kann nicht erklären, wieso Billionen im statistischen Nebel verschwinden. So besitzt die evangelische Kirche nur rund vier Milliarden Euro an Finanzanlagen, wie sie selbst schätzt (Ulrike Herrmann, Finanzkrise trifft auch Kirche, *taz*, 20.05.2009). Die Gewerkschaften wiederum halten ihr Finanzvermögen traditionell geheim, damit die Arbeitgeber sich nicht

ausrechnen können, wie lange die Streikkasse reicht. Aber mehr als einige Millionen dürften auf den Gewerkschaftskonten nicht deponiert sein. Hinzu kommt noch der Sonderfall, dass die Bundesbank zum Vermögen der privaten Haushalte auch noch die Anwartschaften rechnet, die die Mitglieder der privaten Krankenkassen angespart haben. 2007 waren dies 123 Milliarden Euro (Grabka / Frick, gestiegene Vermögensungleichheit, S. 58, Anm. 5). Aber selbst wenn man alle Institutionen und Sonderfälle zusammenrechnet, addiert sich dies auf maximal ein paar Hundert Milliarden. Weit mehr als eine Billion Euro sind also im Wirrwarr der Statistik verschollen.

21 Werner Abelshauser, Deutsche Wirtschaftsgeschichte seit 1945 (Beck 2004), S. 341 f. Eine ähnliche Beschwerde findet sich bei Hans-Ulrich Wehler, Deutsche Gesellschaftsgeschichte, Fünfter Band, Bundesrepublik und DDR 1949 – 1990 (Beck 2008) S. 119.

22 Steinbrück zitiert nach dpa, 07.05.09. Boston Consulting schätzt, dass 2008 etwa 6,7 Billionen Dollar in Steueroasen geparkt waren (Global Wealth 2009, S. 5). Allerdings sind die Zahlen von Boston Consulting, wie schon gesehen, nicht unbedingt verlässlich.

23 http://www.deutsche-bank.de/pwm/en/contact-us-jersey. html?location=jersey

4 Reich müsste man sein:
Den Vermögenden gehört fast alles in Deutschland

1 Grabka / Frick, Gestiegene Vermögensungleichheit

2 Kraftfahrzeuge und Hausrat wurden allerdings nicht als Vermögen erfasst, weil es die Befragten schlicht überfordern würde, wenn sie den Wert ihrer Waschmaschine oder ihrer Einbauküche schätzen sollten. Denn sie dürften ja nicht einfach den Anschaffungspreis nennen, sondern müssten den Rückkaufwert ermitteln. Auch die Ansprüche an die gesetzliche Rentenversicherung und an die Beamtenkassen fehlen. Das führt zu statistischen Verzerrungen, weil Selbstständige meist privat fürs Alter vorsorgen – und dies bei ihrem Gesamtvermögen berücksichtigt ist. Umgekehrt wird der Reichtum der hohen Beamten stark unterschätzt, da ihre enormen Pensionsansprüche nicht eingerechnet sind. Während dieses Buch entstand,

arbeitete das DIW gerade an einer Studie, die die Vermögensbildung in den Sozialversicherungen quantifizieren sollte.

3 Abelshauser, Wirtschaftsgeschichte, S. 349. Siehe auch Wehler, Bundesrepublik und DDR, S. 121. Da es sich nur um Schätzungen handelt und genaue Zahlen fehlen, sind manche Autoren auch etwas vorsichtiger: Sie kommen nur auf 55 bis 60 Prozent des Produktivvermögens, das die reichsten 1,7 Prozent damals besessen haben sollen.

4 Grabka / Frick, Gestiegene Vermögensungleichheit, S. 61

5 Wehler, Bundesrepublik und DDR, S. 215

6 Abelshauser, Deutsche Wirtschaftsgeschichte, S. 345. Zu ähnlichen Ergebnissen kommt F. Dell, Top Incomes in Germany Throughout the Twentieth Century: 1891–1998. In: Atkinson / Piketty (Hg.), Top Incomes Over the Twentieth Century. A Contrast Between Continental European and English Speaking Countries (Oxford University Press 2007), S. 365–425

7 Statistisches Bundesamt, Beitrag der Steuerpflichtigen zum Einkommensteueraufkommen 2004, Stand 18.05.2009

8 Dell, Top Incomes, S. 370

9 Dell, Top Incomes, S. 377. Die Verhältnisse in den USA haben sich allerdings inzwischen an die Bundesrepublik angepasst, weil die amerikanischen Spitzenmanager immer höhere Gehälter und Boni kassieren. In den USA gibt es neuerdings nicht nur »working poor«, sondern auch »working rich«.

10 Dell, Top Incomes, S. 365, Anm. 3. Siehe auch T. Piketty, Top Incomes Over the Twentieth Century, S. 11 ff.

11 Stefan Liebig / Jürgen Schrupp, Immer mehr Erwerbstätige empfinden ihr Einkommen als ungerecht. In: Deutsches Institut für Wirtschaftsforschung, Wochenbericht 31/2008. Gemessen wurde die Zufriedenheit mit dem eigenen Einkommen zwischen 2005 und 2007. Dabei zeigte sich, dass das Gefühl der Ungerechtigkeit in nur zwei Jahren von rund 26 Prozent auf 35 Prozent stieg, wenn man alle Bevölkerungsgruppen berücksichtigt. Die größte Unzufriedenheit ist – durchaus erwartbar – bei den Geringverdienern zu finden, doch hat sich dort der Grad der Unzufriedenheit kaum verändert. Der

große Zulauf bei den Enttäuschten findet in der Mittel- und Oberschicht statt. Offenbar sinnen die Betroffen durchaus auf Rache: Die Unzufriedenen weisen im Jahr drei Krankheitstage mehr auf als die Zufriedenen.

12 Karl Brenke, Reallöhne in Deutschland über mehrere Jahre rückläufig. In: Deutsches Institut für Wirtschaftsforschung, Wochenbericht 33/2009

13 Grabka / Frick, Schrumpfende Mittelschicht, Wochenbericht 10/2008

14 Statistisches Bundesamt, Einkommens- und Verbrauchsstichprobe 2008, Fachserie 15 Heft 2 (Wiesbaden 2009), S. 8

15 Jan Goebel / Joachim Frick / Markus Grabka, Preisunterschiede mildern Einkommensgefälle zwischen West und Ost. In: Deutsches Institut für Wirtschaftsforschung, Wochenbericht 51–52/2009, S. 893. Die SOEP-Zahlen spiegeln nicht das aktuelle Nettoeinkommen, sondern sind inflationsbereinigt auf Basis der Preise von 2005. Dabei zeigt sich allerdings erneut, dass die Reallöhne seit 2005 gefallen sind. 2005 lag der Median für einen Single noch bei 17 869 Euro Jahreseinkommen – 2008 war er dann nur noch bei 17 787 Euro.

16 Olaf Groh-Samberg, Sorgenfreier Reichtum: Jenseits von Konjunktur und Krise lebt nur ein Prozent der Bevölkerung. In: Deutsches Institut für Wirtschaftsforschung, Wochenbericht 35/2009

5 Die Eliten bleiben unter sich: Der soziale Aufstieg ist selten

1 Michael Hartmann, Eliten und Macht in Europa. Ein internationaler Vergleich (Campus 2007), S. 144

2 Michael Hartmann, Der Mythos von den Leistungseliten. Spitzenkarrieren und soziale Herkunft in Wirtschaft, Politik, Justiz und Wissenschaft (Campus 2002), S. 120

3 Die systematische Erhebung von Hartmann wird durch zufällige Stichproben bestätigt. So interviewten die beiden Journalisten Jan Heidtmann und Barbara Nolte kürzlich 12 Top-Manager, die sie nach ihrer Gesprächsbereitschaft ausgesucht hatten. Und wieder zeigte sich: Soweit über die Elternhäuser überhaupt ein Wort ver-

loren wurde, stammten fast alle dieser Firmenchefs aus der Oberschicht. Alexander Dibelius von Goldman Sachs hatte einen Großonkel, der evangelischer Bischof war und EKD-Ratsvorsitzender. Sein Vater war ein bekannter Musikwissenschaftler. Thomas R. Fischer von der WestLB hätte nie arbeiten müssen, denn nach dem Verkauf des väterlichen Betriebs war er finanziell unabhängig. Hubertus von Grünberg von Continental ist ein Nachfahre von Marschall Blücher, der in Waterloo gegen Napoleon kämpfte. Der Vater von Bahnchef Hartmut Mehdorn hatte eine Fabrik für Spritzgussteile. Matthias Mitscherlich von MAN Ferrostaal ist der Sohn der berühmtesten Psychoanalytiker Deutschlands. Heinrich von Pierer von Siemens ist der Enkel eines geadelten Generalmajors. Beim ehemaligen Telekom Chef Kai-Uwe Ricke war auch schon der Vater Vorstandsvorsitzender der Deutschen Bundespost Telekom. (Jan Heidtmann / Barbara Nolte, Die da oben. Innenansichten aus deutschen Chefetagen, edition suhrkamp 2009).

4 Zitiert nach Hartmann, Mythos der Leistungseliten, S. 125, Anm. 13

5 Michael Hartmann, Eliten und Macht in Europa, S. 144

6 Heidtmann / Nolte, Die da oben , S. 8 f.

7 Hartmann, Mythos der Leistungseliten, S. 127. Mancher Arzt mag erstaunt sein, dass er von Hartmann so umstandslos zur Elite gezählt wird, denn es gehört zur Rhetorik der Standesvertreter, Ärzte stets als gebeutelte Mittelschicht darzustellen. Tatsächlich jedoch versteuern Ärzte im Durchschnitt ein Jahreseinkommen von 100 401 Euro – nachdem alle Praxiskosten und auch Teile der Aufwendungen für die Sozialversicherung von den Einkünften abgezogen wurden (siehe Statistisches Bundesamt, Statistisches Jahrbuch 2009, S. 608). Auf ein Jahreseinkommen von rund 100 000 Euro kommen aber noch nicht einmal fünf Prozent der Steuerpflichtigen.

8 Julia Friedrichs, Gestatten: Elite. Auf den Spuren der Mächtigen von morgen (Hoffmann und Campe 2008), S. 178

9 Michael Hartmann, Eliten und Macht in Europa, S. 135 ff.

10 Statistisches Bundesamt, Datenreport 2008, S. 183

11 Bundesministerium für Arbeit und Soziales, Einstellungen zum Reichtum, S. 46

12 Ebd., S. 57

13 Statistisches Bundesamt, Datenreport 2008, S. 184

14 Bundesministerium für Arbeit und Soziales, Einstellungen zum Reichtum, S. 48 ff.

15 Klaus Aden, Macht oder Leistung – die deutsche Elite. 14. LAB Managerpanel (Februar 2008). An diesem Panel haben 259 Führungskräfte teilgenommen.

16 Heidtmann / Nolte, Die da oben, S. 30

17 Christine Kestel, Elite. Der Elitenbegriff im gesellschaftlichen Kontext und Selbstzuschreibungen der Eliten von morgen (VDM Verlag Dr. Müller 2006), S. 55 ff.

6   Die Strategien des Adels: Wie man auch ohne Macht mächtig bleibt

1 Wie erfolgreich der Adel darin ist, sich selbst zum Fokus der bürgerlichen Sehnsucht zu machen, zeigt auch das übliche Design der heutigen Brautkleider. Mit Schleier und Schleppe sind sie der adeligen Hoftoilette des 18. und 19. Jahrhunderts nachempfunden. Passend dazu werden Hochzeiten nur zu gern in einem Schlosshotel gefeiert. Die Braut will sich wenigstens einmal im Leben als Prinzessin fühlen.

2 Zitiert nach Eckart Conze / Monika Wienfort, Einleitung: Themen und Perspektiven historischer Adelsforschung zum 19. und 20. Jahrhundert. In: Eckart Conze / Monika Wienfort (Hg.), Adel und Moderne, Deutschland im europäischen Vergleich im 19. und 20. Jahrhundert (Böhlau 2004), S. 1

3 1928 waren die adeligen Güter schon wieder mit 6,8 Milliarden Reichsmark belastet. Dabei hatten sie sogar noch einen Staatskredit von weiteren fünf Milliarden erhalten. Siehe Hans-Ulrich Wehler, Deutsche Gesellschaftsgeschichte, Vierter Band, Vom Beginn des Ersten Weltkriegs bis zur Gründung der beiden deutschen Staaten 1914–1949 (Beck 2003), S. 324.

4 Hans-Ulrich Wehler, Deutsche Gesellschaftsgeschichte, Fünfter Band, Bundesrepublik und DDR (Beck 2008), S. 167

5 Kirsten Bialdiga, Werte und Wandel. In: *Financial Times Deutschland*, 23.09.2009

6 Uwe Ritzer, Die Guttenbergs gehen stiften. In: *Süddeutsche Zeitung*, 14.10.2009

7 Hans-Ulrich Wehler, Bundesrepublik und DDR, S. 167

8 Monika Wienfort, Der Adel in der Moderne (UTB 2006), S. 133

9 Monika Wienfort, Adel in der Moderne, S. 20

10 ebd., S. 29

11 Heiner Effern und Annette Ramelsberger, »Er ist ein Delphin im Haifischbecken«, Interview mit Enoch zu Guttenberg über seinen Sohn. In: *Süddeutsche Zeitung*, 15.07.2009

12 Pierre Bourdieu, Die feinen Unterschiede. Kritik der gesellschaftlichen Urteilskraft (franz. 1979, stw 1987). Auf diesem Klassiker der Soziologie beruhen fast alle weiteren Forschungsarbeiten zur Elite.

13 Alexander von Schönburg, Die Kunst des stilvollen Verarmens. Wie man ohne Geld reich wird (rororo 2008), S. 93

14 Alexander von Schönburg, Die Kunst des stilvollen Verarmens, S. 97

15 ebd., S. 94 f.

7 Gleich und gleich gesellt sich gern: Die Partnerwahl der Deutschen

1 Damit würde ElitePartner.de zu den führenden Anbietern im Internet gehören. Insgesamt tummeln sich dort über 2500 deutschsprachige Singlebörsen, Partnervermittlungen, Seitensprung-Agenturen oder Spezialisten für osteuropäische Frauen. Siehe: www.singleboersen-vergleich.de

2 Jan Skopek / Florian Schulz / Hans-Peter Blossfeld, Partnersuche im Internet. Bildungsspezifische Mechanismen bei der Wahl von Kontaktpartnern. In: Kölner Zeitschrift für Soziologie und Sozialpsychologie 2009, S. 183–210. Dieses Projekt wurde von der Deutschen Forschungsgemeinschaft (DFG) gefördert, die dafür immerhin 432 000 Euro investiert hat (siehe DFG, Pressemitteilung vom 13.04.2007).

3 Statistisches Bundesamt, Pressemitteilung 02.09.2008

4 Hans-Peter Blossfeld / Andreas Timm, Who Marries Whom in West Germany? In: Hans-Peter Blossfeld / Andreas Timm (Hg.), Who Marries Whom? Educational Systems as Marriage Markets in Modern Societies (Kluwer 2003), S. 19–35; hier S. 29 f.

5 John Ermish / Marco Francesconi / Thomas Siedler, Intergenerational Mobility and Martial Sorting. In: *The Economic Journal* 2006, S. 659–679

6 Hans-Peter Blossfeld / Andreas Timm, Assortative Mating in Cross-National Comparison: A Summary of Results and Conclusions. In: Hans-Peter Blossfeld / Andreas Timm (Hg.), Who Marries Whom? Educational Systems as Marriage Markets in Modern Societies (Kluwer 2003), S. 331–342

8 Elite gebiert Elite: Die Studienstiftung des deutschen Volkes

1 Studienstiftung des deutschen Volkes, Jahresbericht 2008, S. 16

2 Gerhard Roth, Grundsatzrede zur Studienstiftung und zur Eliteförderung. In: Studienstiftung des deutschen Volkes, Jahresbericht 2004

3 ebd.

4 Studienstiftung des deutschen Volkes, Jahresbericht 2008, S. 30

5 Ines Busch, Nicht-akademisches Elternhaus. In: Studienstiftung, Jahresbericht 2008, S. 86–89

6 Die Rücklaufquote betrug 67 Prozent. Siehe: Erste Sozialerhebung. In: Studienstiftung, Jahresbericht 2008, S. 101–114

7 Das Bundesministerium für Bildung und Forschung hat jüngst untersuchen lassen, wie sich die Stipendiaten der elf Begabtenförderungswerke zusammensetzen. Danach hatten 70 Prozent der Geförderten einen Vater oder eine Mutter mit Abitur, bei zwei Dritteln hat mindestens ein Elternteil einen Hochschulabschluss. Jeder zweite der Geförderten gehört zur Herkunftsgruppe »hoch«. Siehe: Elke Middendorff / Wolfgang Isserstedt / Maren Kandulla, Das soziale Profil der Begabtenförderung. Ergebnisse einer Online-Befragung unter allen Geförderten der elf Begabungsförderungswerke im Oktober 2008 (HIS: Projektbericht April 2009).

8 Thomas Rajab, Vorschlag und Selbstbewerbung. In: Studienstiftung, Jahresbericht 2008, S. 89–91

9 Die Studienstiftung hat allerdings keine näheren Erkenntnisse darüber, wie die Karrieren ihrer Absolventen verlaufen. Bisher fehlte das Geld für eine Verbleibe-Studie. Aus den bestehenden Kontakten

zu den Alumni wisse man nur, dass die Ex-Studienstiftler »in allen Bereichen der Gesellschaft« tätig seien.

10 Koalitionsvertrag zwischen CDU, CSU und FDP, 17. Legislaturperiode, Wachstum. Bildung. Zusammenhalt, Zeile 2772 ff.

11 Um die Arbeit des hauptamtlichen »Alumni-Teams« der Studienstiftung zu optimieren, wurde von McKinsey kürzlich eine Studie durchgeführt – unentgeltlicht natürlich. Denn auch unter den Beratern arbeiten vielen Ex-Studienstiftler. Die Ergebnisse liegen seit Mai 2009 vor, sind aber vertraulich und werden nur in Auszügen im Jahresbericht 2009 veröffentlicht, der Mitte 2010 erscheint.

9   Das »Schickedanz-Syndrom«: Die Reichen rechnen sich arm

1 Stephan Lebert / Stefan Willeke, Die Starnberger Republik, *Die Zeit*, 20.12.2006

2 Burkhard Uhlenbroich, »Wir leben von 600 Euro im Monat ...«, *Bild am Sonntag*, 19.07.2009

3 Caspar Dohmen, Die Schulden der Frau Schickedanz, *Süddeutsche Zeitung*, 03.09.2009

4 Olaf Groh-Samberg, Sorgenfreier Reichtum, DIW-Wochenbericht 35/2009

5 Diese gesamtgesellschaftliche Unruhe lässt sich auch daran ablesen, wo sich die wenigen Reichen noch sammeln, die nie unter Zukunftssorgen leiden. Es handelt sich vor allem um Beamte oder pensionierte Beamte in sehr hohen Positionen. Der typische Steckbrief dieser »sorgenfreien Reichen« im Staatsdienst liest sich wie folgt: Sie sind hochgebildet, knapp 55 Jahre alt, wohnen in Westdeutschland, besitzen ein Eigenheim und leben als Paar zusammen. Die Kinder sind schon aus dem Haus. Ihr Vermögen liegt im Durchschnitt bei fast 400 000 Euro, während der gesamtdeutsche Mittelwert nur rund 60 000 Euro beträgt. Der Steckbrief der »besorgten Reichen« sieht sehr ähnlich aus – nur dass sie äußerst selten beim Staat arbeiten und stattdessen selbstständig sind.

6 Peter Sloterdijk, Aufbruch der Leistungsträger. In: *Cicero* 11/2009, S. 95–107. Siehe auch ders., Die Revolution der gebenden Hand. In: *Frankfurter Allgemeine Zeitung*, 10. 06. 2009

7 Diese Zahlen stammen aus einer gesonderten Auswertung der Einkommenstatistik für das Jahr 2004 vom 18. Mai 2009. Hier sind nun auch alle 9,3 Millionen Lohnsteuerzahler berücksichtigt, die keine Lohnsteuererklärung abgegeben haben, weil sie sowieso keine Rückerstattung vom Finanzamt erwarteten. Inzwischen gibt es auch schon Erkenntnisse über die Verteilung der Einkommensteuern im Jahr 2005. Dort fehlen allerdings die nichtveranlagten Lohnsteuerzahler, so dass die Ergebnisse stark verzerrt und hier nicht berücksichtigt sind. Eine vollständige Statistik erscheint erst wieder für das Jahr 2007 – im Jahr 2011.

8 Bundesministerium für Arbeit und Soziales, Lebenslagen in Deutschland. 3. Armuts- und Reichtumsbericht der Bundesregierung, Drucksache 16/9915, S. 35. Um die Steuerbelastung der verschiedenen Einkommensgruppen zu ermitteln, hatte die Bundesregierung für ihren dritten Armuts- und Reichtumsbericht extra ein Forschungsprojekt in Auftrag gegeben: Rheinisch-Westfälisches Institut für Wirtschaftsforschung (RWI) / Finanzwissenschaftliches Forschungsinstitut an der Universität zu Köln (FiFo), Der Zusammenhang zwischen Steuerlast- und Einkommensverteilung, Forschungsprojekt für das Bundesministerium für Arbeit und Soziales, 2008. Ein Problem ist allerdings, dass dort nur die Daten aus der Einkommensteuerstatistik von 2001 verarbeitet werden konnten. Große Teile der rot-grünen Steuerreformen sind also in den Zahlen nicht enthalten und wurden auf das Jahr 2007 hochgerechnet.

9 Stefan Bach / Giacomo Corneo / Viktor Steiner, Effective Taxation of Top Incomes in Germany, 1992 – 002. In: Deutsches Institut für Wirtschaftsforschung (DIW), Discussion Papers 767, February 2008. Bei dieser Berechnung ist zu beachten, dass der Spitzensteuersatz 2002 noch bei 48,5 Prozent lag – und der Eingangssteuersatz bei 19,9 Prozent. Die durchschnittliche Steuerbelastung der Spitzenverdiener dürfte durch die weiteren Steuerentlastungen bis 2005 sogar noch gefallen sein.

10 Bundesministerium der Finanzen, Ergebnis der 135. Sitzung des Arbeitskreises »Steuerschätzung« vom 3.–5. November 2009 in Hamburg. Zur Einkommensteuer zählen: Lohnsteuer, veranlagte

Einkommensteuer, nicht veranlagte Steuern vom Ertrag sowie Abgeltungsteuern auf Zins- und Veräußerungsgewinne.

11 Bundesministerium der Finanzen, Struktur und Verteilung der Steuereinnahmen. In: Monatsbericht Juni 2009

12 OECD, Taxing Wages – 2007–2008, Special Feature: Consumption Taxation as an Additional Burden on Labour Income (Paris/Berlin Mai 2009), S. 48. Als Arbeitskosten werden die Bruttolöhne plus der Arbeitgeberanteil bei den Sozialversicherungen verstanden. Denn der Arbeitgeberanteil gehört faktisch auch zu den Löhnen. Als Geringverdiener gilt, wer maximal 67 Prozent des Durchschnittslohns erhält.

10 Die »nivellierte Mittelstandsgesellschaft«: Warum ein falscher Begriff erfolgreich war

1 Zitiert nach Abelshauser, Deutsche Wirtschaftsgeschichte, S. 333

2 ebd., S. 332 ff.

3 Reiner Geißler, Die Sozialstruktur Deutschlands. Zur gesellschaftlichen Entwicklung mit einer Bilanz zur Vereinigung (VS Verlag für Sozialwissenschaften, 5., durchgesehene Auflage 2008), S. 69 f.

4 Abelshauser, Deutsche Wirtschaftsgeschichte, S. 337

5 Axel Schildt / Detlef Siegfried, Deutsche Kulturgeschichte. Die Bundesrepublik – 1945 bis zur Gegenwart (Hanser 2009), S. 185

6 Wehler, Bundesrepublik und DDR, S. 161

7 Ebd., S. 146 f.

8 Paul Nolte / Dagmar Hilpert, Wandel und Selbstbehauptung. Die gesellschaftliche Mitte in historischer Perspektive. In: Herbert-Quandt-Stiftung (Hg.), Zwischen Erosion und Erneuerung, (Societäts-Verlag 2007), S. 12–103; hier S. 23

9 Sinus Sociovision GmbH, Informationen zu den Sinus-Milieus, Stand: 01/2007. Die Firma forscht vor allem für die Marketingabteilungen der Großunternehmen, aber auch Parteien und Lobbyisten interessieren sich zunehmend für die Sinus-Milieus. Eine gute Übersicht über die Theoriedebatten in der Soziologie findet sich bei Geißler, Sozialstruktur Deutschlands, S. 93 ff.

10 Wer sich für die anderen Sinus-Milieus näher interessiert: Die »Post-

materiellen« finden sich in der (oberen) Mittelschicht und sind »das aufgeklärte Nach-68er-Milieu«. Die »Modernen Performer« sind »die junge, unkonventionelle Leistungselite: intensives Leben – beruflich und privat, Multi-Optionalität, Flexibilität und Multimedia-Begeisterung«. Bei den »Konservativen« sammelt sich das »alte deutsche Bildungsbürgertum: konservative Kulturkritik, humanistisch geprägte Pflichtauffassung und gepflegte Umgangsformen«. Die »Traditionsverwurzelten« wiederum sind »die Sicherheit und Ordnung liebende Kriegs-/Nachkriegsgeneration: verwurzelt in der kleinbürgerlichen Welt bzw. in der traditionellen Arbeiterkultur«. Bei den »DDR-Nostalgischen« findet man die »resignierten Wende-Verlierer: Festhalten an preußischen Tugenden und altsozialistischen Vorstellungen von Gerechtigkeit und Solidarität«. Die »Bürgerliche Mitte« ist der »statusorientierte moderne Mainstream: Streben nach beruflicher und sozialer Etablierung, nach gesicherten und harmonischen Verhältnissen«. Die »Experimentalisten« schließlich gehören zur Mittelschicht und sind die »extrem individualistische neue Boheme: ungehinderte Spontaneität, Leben in Widersprüchen, Selbstverständnis als Lifestyle-Avantgarde«.

11 Dorion Weickmann, Ein Maserati, wie langweilig. Ein Berliner Symposium untersucht das Glück, beschränkt die Analyse aber nur auf Männer. In: *Süddeutsche Zeitung*, 14.11.2007. Siehe auch: Bruno S. Frey / Alois Stutzer, Happiness and Economics. How the Economy and Institutions Affect Well-Being (Princeton University Press 2002), S. 73 ff.

12 Geißler, Sozialstruktur Deutschlands, S. 71

13 Frey / Stutzer, Happiness, S. 96 ff. Darüber hinaus: Deutsches Institut für Wirtschaftsforschung, Langzeitarbeitslose sind mit ihrem Leben so unzufrieden wie Pflegebedürftige (Pressemitteilung vom 28.02.2006) sowie Richard E. Lucas / Andrew E. Clark / Yannis Georgellis / Ed Diener, Unemployment Alters the Set-Point for Life Satisfaction. In: Département et laboratoire d' économie théoretique et appliquée (DELTA), Working Paper 2002-17

14 Wie stark die Arbeitslosigkeit ein Individuum trifft, hängt auch von den kulturellen Normen des sozialen Umfelds ab. So zeigen Unter-

suchungen immer wieder, dass türkischstämmige Hartz-IV-Empfänger mit ihrer Langzeitarbeitslosigkeit deutlich besser zurechtkommen als deutsche Hartz-IV-Bezieher. Siehe etwa: Bundesministerium für Arbeit und Soziales (Hg.), Wirkungen des SGB II auf Personen mit Migrationshintergrund (Duisburg, Oktober 2009), S. 17.

15 Heinz Bude, Die Ausgeschlossenen. Das Ende vom Traum einer gerechten Gesellschaft (Hanser 2008), S. 15

16 Bude, Die Ausgeschlossenen, S. 13

17 Berthold Vogel, Soziale Verwundbarkeit und prekärer Wohlstand. Für ein verändertes Vokabular sozialer Ungleichheit. In: Heinz Bude / Andreas Willisch (Hg.), Das Problem der Exklusion. Ausgegrenzte, Entbehrliche, Überflüssige (Hamburger Edition 2006), S. 342–355; hier S. 343

18 Berthold Vogel, Wohlstandskonflikte. Soziale Fragen, die aus der Mitte kommen (Hamburger Edition 2009), S. 176 ff.

11 Die Wut über die Manager: Wie Empörung täuschen kann

1 DSW-Studie zur Vorstandsvergütung 2009; SdK-AktionärsReport Oktober 2009: Vorstands- und Aufsichtsrats-Vergütungen 2008; *Manager Magazin* 6/2009: DAX-Gehaltszettel: Die Konzernchefs verdienten ein Viertel weniger als 2007. Die DSW ermittelt die Vorstandsgehälter systematisch seit 2001 – die SdK folgte 2003. Wie bei der Eliten- und Adelsforschung zeigt sich, dass das Interesse an den Vermögenden noch relativ jung ist.

2 Die Hauptversammlung kann abweichend vom Gesetz beschließen, die Vorstandsgehälter nicht zu veröffentlichen. Für diese »Opting-Out-Klausel« ist allerdings eine Mehrheit von 75 Prozent der anwesenden Aktionäre erforderlich. Der Pharmakonzern Merck ist momentan das einzige DAX-Unternehmen, das diese Klausel nutzt. Im MDAX wird es dann schon deutlich intransparenter: Laut DSW weigerten sich 2008 dort 12 von 50 Unternehmen, die Gehälter ihrer Vorstände individuell aufzuschlüsseln.

3 Die DSW schätzt, dass die Pensionsaufwendungen im Schnitt bei 276 000 Euro liegen – und damit die ausgewiesene Gesamtvergütung um mehr als zehn Prozent erhöhen würden.

4 DSW-Hauptgeschäftsführer Ulrich Hocker bei der Vorstellung der DSW-Studie zur Vorstandsvergütung am 3.9.2009.

5 Die DSW kommt indessen auf 2,3 Millionen für die »einfachen« Vorstandsmitglieder. Damit verdienten die DAX-Vorstände rund 20 Prozent weniger als noch 2007. Allerdings ist diese Zahl stark verzerrt, weil vor allem die Manager bei der Deutschen Bank und bei der Commerzbank Gehaltseinbußen hinnehmen mussten. Andere DAX-Unternehmen haben die Bezüge zum Teil stark erhöht – so stiegen die Vorstandsgehälter bei der Telekom 2008 um 21,48 Prozent (DSW).

6 Joachim Poß, Pressemeldung vom 23.07.2004

7 Kienbaum, Vergütungsstudie Sekretariats- und Bürokräfte 2009, Presseerklärung 09.04.2009

8 Kienbaum, Studien zur Vergütung vom Geschäftsführern in Deutschland, Presseerklärung 02.09.2009

9 Stellungnahme vom früheren Porsche-Chef Wiedeking im Wortlaut. In: AP, 23.07.2009

10 Jan W. Schäfer, Arcandor-Chef Eick spendet ein Drittel seiner Millionen-Abfindung. In: *Bild*, 02.09.2009

11 Thomas Fromm / Sibylle Haas, BMW knüpft Manager-Gehälter an Arbeiterlöhne. In: *Süddeutsche Zeitung*, 26.10.2009

12 DSW-Hauptgeschäftsführer Ulrich Hocker bei der Vorstellung der DSW-Studie zur Vorstandsvergütung 2009

13 Initiative Vermögender für eine Vermögensabgabe, www.appell-vermoegensabgabe.de

14 Kraftfahrt-Bundesamt, Neuzulassungen Dezember 2008, S. 10. Die vielen Dienstwagen haben auch steuerliche Gründe: Sie sind ein sehr billiger Weg für die Betriebe, das Gehalt ihrer Arbeitnehmer zu steigern. Zwar muss der »geldwerte Vorteil« eines Firmenautos beim Fiskus angegeben werden, aber die Regelungen sind außerordentlich großzügig. Zudem fallen keine Sozialabgaben an. Nach ein paar Jahren werden allerdings die meisten Dienstwagen an Privatpersonen abgestoßen – weswegen von den rund 41 Millionen Autos, die auf Deutschlands Straßen umherkurven, dann doch rund 90 Prozent in Privathand sind. Aber deren Besitzer können sich dann sagen, dass sie für wenig Geld einen ehemaligen Dienstwagen

fahren. (Kraftfahrt-Bundesamt, Fahrzeugzulassungen, Bestand, Halter, 1. Januar 2009, S. 6) Wie wichtig den Deutschen ihr Dienstwagen ist, weiß auch die neue Regierung, die ihren Koalitionsvertrag (Zeile 362 ff.) mit einigen kryptischen Halbsätzen versah, denen irgendwie zu entnehmen ist, dass das Steuerprivileg für privatgenutzte Fahrzeuge offenbar ausgebaut werden soll.

15 Georg Seeßlen, Der Dienstwagen. In: *taz*, 05.08.2009

12 Von Vornamen und privaten Schulen: Die Karrierepolitik der Mittelschicht

1 Zitiert nach Martin Zips, Von wegen Schall und Rauch, Grundschullehrer favorisieren Kinder aufgrund ihres Namens. In: *Süddeutsche Zeitung*, 18.09.2009

2 Jürgen Gerhards, Die Moderne und ihre Vornamen. Eine Einladung in die Kultursoziologie (Westdeutscher Verlag 2003)

3 1894 stammten nur etwa 25 Prozent der Namen aus fremden Kulturkreisen. 1994 waren es schon mehr als 65 Prozent.

4 Tanja Merkle / Carsten Wippermann, Eltern unter Druck. Selbstverständnisse, Befindlichkeiten und Bedürfnisse von Eltern in verschiedenen Lebenswelten. Eine sozialwissenschaftliche Untersuchung von Sinus Sociovision im Auftrag der Konrad-Adenauer-Stiftung e.V. (Lucius & Lucius 2008), S. 35

5 Ebd., S. 55

6 Julia Friedrichs, Gestatten: Elite. (Heyne 2008), S. 109

7 Cathrin Kahlweit, »Wir ersetzen öfter die Familie, als uns lieb ist«, Interview mit der Erzieherin Christa Walliczek. In: *Süddeutsche Zeitung*, 12.11.2009

8 Titus Arnu, Kaderschmiede Krabbelgruppe. In: *Süddeutsche Zeitung*, 31.10.2009

9 Liste der Berliner Schulen in freier Trägerschaft, Stand: 22.07.2009 http://www.freie-schulen-berlin.de/material/liste_der_freien_schulen.pdf

10 Henning Lohmann / C. Katharina Spieß / Christoph Feldhaus, Der Trend zur Privatschule geht an bildungsfernen Eltern vorbei. In: DIW-Wochenbericht 38/2009, S. 640–646

11 Friedrichs, Gestatten Elite, S. 145

12 Frauke Böger, Die Insulaner vom Wedding. In: *taz*, 06.11.2009. Auch die frühkindliche Erziehung wurde längst von den Migranten entdeckt: Von ihren 3- bis 6-jährigen Kindern besuchen 83 Prozent eine Kita, bei den deutschen Kindern sind es 86 Prozent, wie eine Studie der Deutschen Jugendhilfe ergab. Zitiert nach: Felix Berth, Eine Frage der Betreuung. In: *Süddeutsche Zeitung*, 08.11.2006.

13 Merkle / Wippermann, Eltern unter Druck, S. 50

14 Merkle / Wippermann, Eltern unter Druck, S. 50

15 ebd., S. 32 ff.

16 Friedrichs, Gestatten: Elite, S. 154

17 Aden, Macht oder Leistung, S. 17

18 Forsa-Umfrage im Auftrag der Zeitschrift *Eltern*. Befragt wurden 450 Väter und 550 Mütter von Kindern unter 18 Jahren. Zitiert nach: Monika Dunkel, Eltern verzweifeln am Bildungssystem. In: *Financial Times Deutschland,* 11.08.2009.

19 Thesenpapier des Paritätischen Gesamtverbandes für eine Reform des Schulwesens: www.der-paritaetische.de/uploads/media/Positionspapier_der_PARITAETISCHE.pdf

20 Richard Münch, Globale Eliten, lokale Autoritäten. Bildung und Wissenschaft unter dem Regime von PISA, McKinsey & Co (edition suhrkamp 2009), S. 83 ff.

21 Aden, Macht oder Leistung, S. 16

22 Merkle / Wippermann, Eltern unter Druck, S. 54 f.

23 Merkle / Wippermann, Eltern unter Druck, S. 55

24 OECD, Education at a Glance 2009, S. 192

13 Die Mittelschicht schrumpft: Aber wer steigt eigentlich ab?

1 Bude, Die Ausgeschlossenen, S. 10 f.

2 Wolfgang Biersack / Anja Kettner / Alexander Reinberg / Franziska Schreyer, Akademiker/innen auf dem Arbeitsmarkt: Gut positioniert, gefragt und bald sehr knapp. In: Institut für Arbeitsmarkt- und Berufsforschung, IAB-Kurzbericht 18/2008

3 Kolja Briedis / Karl-Heinz Minks, Generation Praktikum – Mythos oder Massenphänomen? HIS: Projektbericht, April 2007. Bei dieser

Befragung stellte sich auch heraus, dass es keine Kettenpraktika oder Praktikumskarrieren gibt: Es ist eine seltene Ausnahme, dass die Hochschulabsolventen mehr als ein Praktikum durchlaufen. Zudem dauert die Hälfte der Praktika maximal drei Monate. Zu völlig anderen Ergebnissen kommen allerdings der DGB und die Hans-Böckler-Stiftung in einer eigenen Studie: 37 Prozent der Akademiker würden nach dem Examen ein Praktikum anschließen, 11 Prozent sogar noch ein zweites. Die Hälfte dieser Tätigkeiten sei unbezahlt. Besonders betroffen sind die Frauen: 44 Prozent aller Absolventinnen machen nach dem Abschluss mindestens ein Praktikum, bei den Männern sind es 23 Prozent. Befragt wurden mehr als 500 Hochschulabsolventen, die ihr Studium 2002/2003 in Berlin und in Nordrhein-Westfalen abgeschlossen hatten. Allerdings räumt die Hans-Böckler-Stiftung selbst ein, dass die »Untersuchung nicht repräsentativ« sei. Siehe Dieter Grühn / Heidemarie Hecht, Generation Praktikum? Prekäre Beschäftigungsformen von Hochschulabsolventinnen und -absolventen (Februar 2007)

4 OECD, Education at a Glance 2009 (Paris September 2009), S. 39 f.

5 Bei Frauen beträgt das Plus allerdings nur 110 150 Euro, weil ihre Löhne meist niedriger liegen und sie häufiger Teilzeitstellen annehmen.

6 OECD, Education, S. 166. Die Zahlen stammen von 2005. Allerdings muss man von der »Rendite« die Unkosten abziehen. So entstehen durch das Studium oft Ausgaben – von Büchern bis zu Exkursionen –, zudem konnte in dieser Zeit noch keine volle Berufstätigkeit aufgenommen werden. Allein dieser »entgangene Verdienst« summiert sich auf rund 50 000 Euro. Der Mehrwert eines Studiums lässt sich aber auch noch anders berechnen: Deutsche Akademiker verdienen im Durchschnitt 62 Prozent mehr als ein Gleichaltriger, der nur Abitur oder eine normale Berufsausbildung hat. In der Schweiz beträgt der Abstand 59 Prozent und in Österreich 55 Prozent. Spitzenreiter sind die USA mit 72 Prozent (S. 146).

7 Joachim Möller / Achim Schmillen, Verteilung von Arbeitslosigkeit im Erwerbsleben: Hohe Konzentration auf wenige – steigendes Risiko für alle. In: Institut für Arbeitsmarkt- und Berufsforschung,

IAB-Kurzbericht 24/2008. Untersucht wurden zunächst die Jahrgänge 1950 bis 1954. Dort zeigte sich, dass bis 2004 nur 37 Prozent der westdeutschen Männer mindestens einmal in ihrem Leben arbeitslos wurden. Dieser Anteil steigt aber in den jüngeren Jahrgängen. So waren von den 1960/61 Geborenen bis 2004 schon 48 Prozent mindestens einmal arbeitslos. Trotzdem gilt auch hier, dass nur wenige immer wieder arbeitslos werden: Die Hälfte der Arbeitslosigkeit konzentriert sich weiterhin auf nur etwa 8 Prozent des Jahrgangs.

8 Grabka / Frick, Schrumpfende Mittelschicht, S. 107

9 Wehler, Bundesrepublik und DDR, S. 135

10 Grabka / Fricke, Schrumpfende Mittelschicht, S. 103

11 Siehe das Kapitel zur Selbstwahrnehmung der Deutschen in diesem Buch.

12 Bundesagentur für Arbeit, Der Arbeits- und Ausbildungsmarkt in Deutschland, Monatsbericht November 2009, S. 23. Inzwischen leben 15,6 Prozent aller Kinder unter 15 Jahren von Hartz IV (S. 26).

13 Bundesagentur, Monatsbericht November 2009, S. 23

14 Inzwischen existieren mehrere Reportagebände, die sich mit der Unterschicht befassen. Die Auswahl der Protagonisten in diesen Büchern bestätigt die statistische Erkenntnis, dass die Hartz-IV-Armut vor allem Migranten, Ostdeutsche und Bildungsverlierer trifft. Nur selten ist ein gut ausgebildeter Vorstandsassistent darunter, der auch nach 200 Bewerbungen keine neue Stelle findet. Siehe: Julia Friedrichs / Eva Müller / Boris Baumholt, Deutschland dritter Klasse. Leben in der Unterschicht (Hoffmann und Campe 2009) sowie Nadja Klinger / Jens König, Einfach abgehängt. Ein wahrer Bericht über die neue Armut in Deutschland (Rowohlt Berlin 2006).

15 Deutscher Gewerkschaftsbund, Bundesvorstand, Leiharbeit in Deutschland. Fünf Jahre nach der Deregulierung (Berlin August 2009), S. 4

16 Thorsten Kalina / Claudia Weinkopf, Niedriglohnbeschäftigung 2007 weiter gestiegen – zunehmende Bedeutung von Niedrigstlöhnen. In: Universität Duisburg-Essen, Institut Arbeit und Qualifikation, IAQ-Report 2009-05. Die Zahlen beziehen sich auf das Jahr 2007. Zu den Niedriglöhnern zählt nach OECD-Standard, wer weni-

ger als zwei Drittel des Medianlohns verdient. Das sind im Westen weniger als 9,62 Euro und im Osten keine 7,18 Euro pro Stunde. In dieser Studie wurden Schüler, Studenten und Rentner herausgerechnet, weil diese meist nur einer Nebenbeschäftigung nachgehen – und nicht allein von ihren Niedriglöhnen leben müssen. Tatsächlich ist der Niedriglohnsektor also noch größer. Zudem fällt auf, dass die Niedriglöhne seit 1995 real gesunken sind, wenn man die Inflation berücksichtigt.

17 Dieses Buch kann sich nicht ausführlich mit der Frage befassen, warum die Globalisierung keine Gefahr für die europäische Wirtschaft darstellt, sondern nur ein gern bemühtes Totschlagargument ist. Aber eine noch immer gültige Analyse findet sich bei: Daniel Cohen, Fehldiagnose Globalisierung. Die Neuverteilung des Wohlstands nach der dritten industriellen Revolution (Campus 1998). Die gängigen Mythen zum Thema Arbeitslosigkeit und Lohnzurückhaltung werden auch anschaulich dekonstruiert in: Heiner Flassbeck / Friederike Spieker, Das Ende der Massenarbeitslosigkeit. Mit richtiger Wirtschaftspolitik die Zukunft gewinnen (Westend 2007), S. 27 ff.

18 Brenke, Reallöhne in Deutschland, DIW-Wochenbericht 33/2009

19 DGB, Leiharbeit, S. 2

20 Heiner Flassbeck, Gescheitert. Warum die Politik vor der Wirtschaft kapituliert (Westend 2009), S. 68 f.

14 Die Armen sind alle Betrüger: Über »Florida-Rolf« und »Karibik-Klaus«

1 Einen guten Überblick über die medialen und politischen Armutsdiskurse in der Bundesrepublik findet sich bei: Christoph Butterwegge, Armut in einem reichen Land. Wie das Problem verharmlost und verdrängt wird (Campus 2009), besonders S. 216 ff.

2 Gerhard Schröder, Regierungserklärung zur Agenda 2010, 14.03.2003

3 Bundesagentur für Arbeit, Bekämpfung von Leistungsmissbrauch im SGB II, Halbjahresbilanz 2009 (Nürnberg Juli 2009), S. 7

4 Karl Brenke, Arbeitslose Hartz IV-Empfänger: Oftmals gering quali-

fiziert, aber nicht weniger arbeitswillig. In: Deutsches Institut für Wirtschaftsforschung, Wochenbericht 43/2008

5 Paul Krugman, The Conscience of a Liberal (Norton 2007), S. 178. Auf Deutsch ist das Buch erschienen als: Nach Bush. Das Ende der Neokonservativen und die Stunde der Demokraten (Campus 2008), S. 195

6 Übersetzt: »Sie hat 80 Namen, 30 Adressen, zwölf Sozialversicherungskarten und kassiert Kriegsopferrente für vier nicht existierende verstorbene Ehemänner.« Da Krugman diesen Ausspruch nicht wörtlich zitiert, wurde er aus dem englischsprachigen Wikipedia-Eintrag zu »welfare queen« übernommen.

7 Vom »falschen« Bettler zum »Sozialschmarotzer«: Arbeitswille und Armenfürsorge in der Geschichte. In: Universität Trier, Unijournal Themenheft Juli 2008 zu Forschungsergebnissen und Forschungspraxis des SFB 600 »Fremdheit und Armut« an der Universität Trier

8 Siehe auch Kapitel 9 in diesem Buch, wie sich die Reichen arm rechnen.

9 IKG, Deutsche Zustände, S. 7

15 Die Arbeitslosen sind gar nicht arbeitslos: Die Legende von der Schwarzarbeit

1 Die Summe von etwa zehn Millionen Euro setzt sich zusammen aus: 0,8 Millionen Euro Sozialabgaben, die von der Rentenversicherung eingetrieben werden konnten, 1,2 Millionen Euro Steuern, die nachträglich erhoben werden konnten, sowie 7,5 Millionen Euro an Bußgeldern. Der Bundesrechnungshof wollte nicht ganz ausschließen, dass noch weitere Nachforderungen erfolgreich sein könnten, war aber nicht besonders optimistisch, sondern rechnete mit maximal 3,5 Millionen Euro für die Sozialversicherungen und 2,3 Millionen Euro Steuernachzahlungen. Siehe: Bundesrechnungshof, Unterrichtung durch den Präsidenten, Bericht nach § 99 der Bundeshaushaltsordnung über die Organisation und Arbeitsweise der Finanzkontrolle Schwarzarbeit. In: Deutscher Bundestag, Drucksache 16/7727 vom 11.01.2008, besonders Punkt 6 sowie Anlagen 1 und 2.

2 http://www.zoll.de/d0_zoll_im_einsatz/b0_finanzkontrolle/l0_statistik/index.html

3 Friedrich Schneider, Der Einfluss der Weltwirtschaftskrise auf die Schattenwirtschaft in Deutschland: Ein (Wieder-)Anstieg (Linz März 2009)

4 Dies ist hochgerechnet aus den Angaben, die Schneider zu den Umsätzen in der Schattenwirtschaft macht: Der Gesamtumsatz soll 2009 bei 351,8 Milliarden Euro liegen – davon sollen 46,8 Milliarden Euro im Bauhauptgewerbe anfallen.

5 IG BAU, Bundesvorstand, Daten für das Bauhauptgewerbe. In: Aktuelle Kurzinformationen Nr. 51/2009 vom 01.12.2009. Nach Auskunft der IG Bau sind in diesen Zahlen auch die Ausländer enthalten, die für ausländische Firmen auf deutschen Baustellen arbeiten.

6 Außerdem unterscheidet Schneider nicht zwischen Netto- und Brutto-Umsatz. Angenommen, jemand lässt seine Wohnung schwarz streichen und der Maler bringt die Farbe gleich mit, die er im Baumarkt gekauft hat. Dann sind die Materialkosten ordnungsgemäß versteuert worden, denn der Baumarkt führt ja Mehrwertsteuer ab. Nur die reine Arbeit des Malers ist also schwarz. Dennoch wird der Auftraggeber am Ende alles bar bezahlen und in dieser Bruttosumme sind dann auch die normal versteuerten Kosten für die Farbe enthalten. Eine sehr ausführliche Kritik des Bargeldansatzes findet sich bei: Ulrich Sedlaczek, Schwarzarbeit in Deutschland oder die langen Schatten des Prof. Schneider: In: *NachDenkSeiten* vom 15.04.2005.

7 Barbara Hendricks, Parlamentarische Staatssekretärin im Bundesfinanzministerium, Schriftliche Antwort vom 17.01.2006. In: Deutscher Bundestag, Drucksache 16/415, S. 12

8 Institut der deutschen Wirtschaft Köln, Arbeitsplatz Privathaushalt – ein Weg aus der Schattenwirtschaft. Pressekonferenz in Berlin am 24.02.2009.

9 Lars P. Feld / Claus Larsen, Black Activities in Germany in 2001 and in 2004. A Comparison Based on Survey Data (The Rockwool Foundation Research Unit 2005). Es gibt verschiedene Varianten, um den Umfang der Schwarzarbeit zu beziffern. Nimmt man die vergleichbaren Löhne im legalen Sektor als Maßstab, dann lag der Anteil in Deutschland 2004 bei 3,1 Prozent vom BIP. Legt man die tatsächlich

gezahlten Löhne für die Schwarzarbeit zugrunde, dann reduziert sich der Anteil in Deutschland auf 1,0 Prozent. Wie immer man jedoch den Anteil vom BIP berechnet: Die von der Rockwool-Studie ermittelte Schwarzarbeit würde – rein mathematisch – 1,26 Millionen Vollzeitjobs entsprechen. Doch tatsächlich dürften nur rund 420 000 neue legale Jobs entstehen, wenn es keine Schwarzarbeit mehr gäbe. Denn viele Arbeiten würden gar nicht erledigt oder von den Auftraggebern selbst ausgeführt, wenn der reguläre Preis zu zahlen wäre.

10 Institut der deutschen Wirtschaft, Arbeitsplatz Privathaushalt, Tabelle 1

11 Siehe etwa Gustav Seibt, Die Übertreibungen vergangener Jahre. In: *Süddeutsche Zeitung*, 06.10.2009

12 Ver.di, Skandal Steuervollzug. Zu finden auf: www.wipo.verdi.de

13 Zitiert nach Claus Hulverscheidt, Steuerprüfung nur bei Verdacht. Bundesregierung will Reiche nicht pauschal kontrollieren. In: *Süddeutsche Zeitung*, 13. 05. 2009

14 Bemerkungen des Bundesrechnungshofes 2006 zur Haushalts- und Wirtschaftsführung des Bundes. In: Bundestagsdrucksache 16/3200 Nr. 57

15 Sascha Adamek / Kim Otto, Schön reich. Steuern zahlen die anderen. Wie eine ungerechte Politik den Vermögenden das Leben versüßt (Heyne 2009), S. 48

16 Hans Leyendecker, Steuerfahnder aus dem Amt gemobbt. In: *Süddeutsche Zeitung*, 19.11.2009

17 Die Länder sind für den Steuervollzug zuständig, doch haben sie gar kein Interesse daran, das Personal in ihren Finanzämtern zu erhöhen. Denn die reichen Länder müssten Mehreinnahmen in den Länderfinanzausgleich einspeisen – während die armen Länder umgekehrt weniger aus dem Länderfinanzausgleich erhalten würden, wenn ihre eigenen Steuereinnahmen stiegen. Ursprünglich sollte daher im Rahmen der Föderalismusreform eine Bundesfinanzverwaltung geschaffen werden, doch dieser Vorstoß wurde gerade von den großen Ländern sehr früh blockiert.

16 Die Armen werden reich gerechnet: Über falsche Ernährung und falsches Fernsehen

1 Heiner Geißler, Darf Sarrazin Arbeitslose folgenlos verhöhnen? In: *Tagesspiegel*, 13.02.2008. Auch die beiden anderen Menüs von Sarrazin hat Geißler nachgerechnet – und kam sogar nur auf 1357 sowie 1594 Kalorien.

2 Paul Nolte, Generation Reform. Jenseits der blockierten Republik (Beck 2004), S. 65

3 Siehe www.hartz-haft.de sowie www.diesparratgeber.de. Dies ist nur eine kleine Auswahl; inzwischen hat sich ein eigener Markt von »Ein-Euro-Kochbüchern« entwickelt.

4 Sendung vom 10. Mai 2009

5 Siehe etwa Horst von Buttlar, Das Elend der Fruchtzwerge. Die Unterschicht hat nicht zu wenig Geld, sie hat keinen Antrieb. Das Geld wollen wir ihr nicht wegnehmen. Aber vielleicht den Fernseher. In: *Financial Times Deutschland*, 25.10.2006

6 Nolte, Generation Reform, S. 42

7 Katja Nicodemus, »Mir geht es besser als meinen Figuren«. Interview mit Woody Allen. In: *Zeit-Magazin*, 03.12.2009

8 Siehe auch Jan Feddersen, Krieg dem Pöbel! Ein Gespenst geht um in Deutschland – das Gespenst der Unterschicht. In: *taz*, 18.3.2005

9 Alexander Kissler, Das große Hartz-Theater. Doku-Soaps aus dem Problemmilieu gewinnen Zuschauer, seit die Personen und ihre Konflikte frei erfunden sind. In: *Süddeutsche Zeitung*, 08. 12. 2009

10 Doch nicht nur erfundene Doku-Soaps sind problematisch: So kümmert sich *Super Nanny* Katia Saalfrank um echte Erziehungsprobleme, trotzdem merkt selbst die völlig unpolitische Fernsehzeitschrift *TV Spielfilm* an, »dass die Familien zwangsläufig vorgeführt werden« (*TV Spielfilm*, 19/2009, S. 92). Gerade *Super Nanny* ermöglicht feinste Hierarchisierungen auch innerhalb der Unterschicht, wie Soziologen in Umfragen ermittelt haben: »Bemerkenswert ist, dass die despektierliche Perspektive innerhalb der unteren Mittelschicht und Unterschicht dupliziert wird: Auch hier zeigen sich Abgrenzungsbemühungen gegenüber jenen, die noch tiefer stehen. Beispielsweise ist die TV-Serie *Super Nanny* bei Konsum-Materialis-

ten unter anderem deshalb sehr beliebt, weil man dort an echten Fällen sehen kann (und damit sich und seinen Kindern demonstriert), dass es in anderen Familien (noch) viel schlechter und heftiger zugeht als in der eigenen Familie.« (Merkle / Wippermann, Eltern unter Druck, S. 52)

11 Siehe etwa Nolte, Generation Reform, S. 65

12 Frank Berberich, Klasse statt Masse. Thilo Sarrazin im Gespräch. In: *Lettre International*, Oktober 2009

13 Beise, Ausplünderung der Mittelschicht, S. 53

14 Bundesministerium für Arbeit und Soziales, Lebenslagen, S. 41

15 Jan Goebel / Maria Richter, Nach der Einführung von Arbeitslosengeld II: Deutlich mehr Verlierer als Gewinner unter den Hilfeempfängern. In: Deutsches Institut für Wirtschaftsforschung, Wochenbericht 50/2007. Allerdings gibt es auch Gewinner: Ein Drittel der Leistungsbezieher wurde durch die Reform besser gestellt. Dies betraf vor allem Langzeitarbeitslose, deren Arbeitslosenhilfe noch unter den Sozialhilfesätzen gelegen hatte – die sich aber aus Scham nicht zum Sozialamt getraut hatten, um ergänzende Sozialhilfe zu beantragen. Diese »verdeckte Armut« ist durch die Hartz-Reformen weitgehend beseitigt worden.

16 Helga Spindler, Die Mär vom großen Sozialabbau. In: *NachDenkSeiten*, 09.01.2006. Der Etat-Ansatz von 14,6 Milliarden Euro konnte für die Hartz-IV-Empfänger schon deswegen niemals reichen, weil Ende 2004 allein für die Arbeitslosenhilfe knapp 19 Milliarden Euro gezahlt wurden, für die Sozialhilfe knapp 10 Milliarden Euro und für das Wohngeld, das auch überwiegend diesen Beziehern zugute kam, nochmals etwa 4,5 Milliarden Euro. Zudem hatte die Bundesregierung die Zahl der Langzeitarbeitslosen viel zu niedrig angesetzt: Man hatte nur mit 2,8 Millionen Bedarfgemeinschaften gerechnet, stattdessen waren es 2005 dann 3,7 Millionen. Bei dieser Größenordnung ist es geblieben: Im November 2009 gab es 3,56 Millionen Bedarfsgemeinschaften.

17 Thomas Öchsner, »In vielen Vierteln erhalten drei von vier Kindern Hartz IV«. Interview mit dem SPD-Bürgermeister von Berlin-Neukölln. In: *Süddeutsche Zeitung*, 31. 07. 2009

18 Bundesagentur, Monatsbericht November 2009, S. 25 sowie Bundes-agentur, Analyse der Grundsicherung für Arbeitssuchende (November 2009) S. 52

19 Bundesministerium für Arbeit und Soziales, Wirkungen des SGB II auf Personen mit Migrationshintergrund (Duisburg, Oktober 2009), S. 15 f.

20 Interview mit Buschkowsky in der *Süddeutschen Zeitung.*

21 Angenommen wurde, dass der Handwerker 1800 brutto verdient, die Miete 600 Euro beträgt und die Kinder 8, 12 und 16 Jahre alt sind.

22 Berechnungen von Damian Fichte, Referent für Sozialpolitik am Karl-Bräuer-Institut, vom Oktober 2009.

23 Interview mit Sarrazin in *Lettre International.* Der Bundesbanker steigerte sich dann noch zu dem Satz:»Die Türken erobern Deutsch-land genauso, wie die Kosovaren das Kosovo erobert haben: durch eine höhere Geburtenrate. Das würde mir gefallen, wenn es osteuro-päische Juden wären mit einem 15 Prozent höheren IQ als dem der deutschen Bevölkerung.«

24 Emnid-Umfrage in der *Bild am Sonntag,* 11.10.2009. Befragt wurden 1000 Bürger. Die Meinungen schwanken stark nach Parteizugehörig-keit. So sind die Grünen-Wähler als einzige gegen Sarrazin: Von ihnen sagen nur 24 Prozent Ja zu seinen Äußerungen, während 64 Prozent sie ablehnen. Größte Zustimmung gibt es bei den Unionswählern: 59 Prozent sind einverstanden, nur 31 Prozent kritisch. Bei den SPD-Wählern sagen 50 Prozent Ja und 42 Prozent Nein. FDP-Wähler stimmen Sarrazin zu 54 Prozent zu, während 42 Prozent gegen seine Thesen sind. Auch bei den Linken ist die Zustimmung hoch: 55 Pro-zent sagen Ja, nur 36 Prozent Nein.

25 Bundesministerium für Arbeit und Soziales, Wirkungen des SGB II, S. 48 f.

26 Bundesagentur, Arbeitsmarkt November 2009, S. 77. Um den Anteil der Migranten an den Hartz-IV-Empfängern einzuschätzen, führt es allerdings ein wenig in die Irre, wenn man nur die offiziellen Ausländer berücksichtigt, weil viele Zuwanderer inzwischen die deutsche Staatsbürgerschaft erworben haben. Eine Studie für die Bundesre-

gierung hat daher ermittelt, wie viele Hartz-IV-Empfänger einen »Migrationshintergrund« haben, worunter verstanden wurde: 1. Personen ohne deutsche Staatsangehörigkeit, 2. Personen mit deutscher Staatsangehörigkeit, die nicht in Deutschland geboren wurden und die mindestens ein Elternteil haben, das ebenfalls nicht in Deutschland geboren wurde, 3. in Deutschland geborene Personen mit deutscher Staatsangehörigkeit, die mindestens ein Elternteil haben, das nicht in Deutschland geboren wurde und bei denen eine andere Sprache als Deutsch erste oder überwiegende Familiensprache ist. Nach dieser Definition haben dann 28 Prozent der Hartz-IV-Empfänger einen Migrationshintergrund. (Siehe: Bundesministerium für Arbeit und Soziales, Wirkungen des SGB'II, S. 13 f.)

27 Von den hochqualifizierten Männern im Alter von 20 bis 29 Jahren haben 90 Prozent einen Arbeitsplatz, wenn sie keinen Migrationshintergrund haben. Bei der Vergleichsgruppe mit Migrationshintergrund sind es nur 81 Prozent. Siehe OECD, Nachkommen von Migranten: Schlechte Perspektiven auf dem Arbeitsmarkt auch bei gleichem Bildungsniveau (Pressemitteilung vom 15.10.2009).

28 Kadiriye Güven, Für immer die »Andere«? Leserbrief an die *taz*, 16.10.2009

29 Wehler, Bundesrepublik und DDR, S. 160

17 Die permanente Reform bei den Steuern: Ein Milliardengeschäft für die Eliten

1 So auch der Titel eines entsprechenden Kommentars von Ralf Schuler in der *Financial Times Deutschland* vom 03.07.2009

2 Einkommensteuerstatistik 2005

3 Zitiert nach: Markus Balser, Ein Geschenk für Reiche. In: *Süddeutsche Zeitung*, 12. 11. 2009

4 Beise, Ausplünderung der Mittelschicht, S. 14

5 Berechnet auf der Basis der Haushaltszahlen von 2008, weil dies noch ein »normales« Jahr war, als der Bundeshaushalt noch nicht durch Konjunkturprogramme aufgebläht war.

18 »Omas kleines Häuschen«:
Firmenerben entrichten keine Erbschaftsteuer mehr

1 Thomas Piketty, Top Incomes Over the Twentieth Century: A Summary of Main Findings. In: Atkinson / Piketty (Hg.), Top Incomes Over the Twentieth Century, A Contrast Between Continental Europe and English Speaking Countries (Oxford University Press 2007), S. 1–9; hier S. 11 ff.

2 Siehe Kapitel 4, S. 33

3 Bundesministerium für Gesundheit und soziale Sicherung, Repräsentative Analyse der Lebenslagen einkommensstarker Haushalte (Berlin, März 2005)

4 *Bild*-Zeitung vom 15.12.2009

5 Bei einem Enkel würden übrigens 33 000 Euro fällig. Rechenhilfen finden sich unter anderem bei www.erbrecht-ratgeber.de.

6 Siehe auch Jens Tartler, Bund riskiert Niederlage in Karlsruhe. Regierung übergeht bei Reform der Erbschaftsteuer verfassungsrechtliche Bedenken aus Finanzministerium. In: *Financial Times Deutschland*, 27.11.2009.

7 Für die Einnahmen aus der Erbschaftsteuer siehe Steuerschätzung vom November 2009.

8 Genaue Daten gibt es nicht, wie viel in Deutschland pro Jahr vererbt wird, weil durch die hohen Freibeträge die meisten Erbschaften nicht der Steuer unterliegen. Also bleiben nur Schätzungen, die enorm variieren. Die meisten Experten gehen davon aus, dass momentan ungefähr 200 Milliarden Euro jährlich vererbt werden (siehe etwa Philipp Faigle, Rettet die Erbschaftsteuer! In: *Die Zeit*, 04.12.2009) Das DIW kommt in einem laufenden Forschungsprojekt zur »Relevanz von Erbschaften für die Alterssicherung« allerdings nur auf 50 Milliarden Euro pro Jahr. Diese Zahl beruht auf den Befragungen des SOEP-Panels, dürfte jedoch deutlich unterschätzt sein. Nur zum Vergleich: Die Bundesbank geht davon aus, dass das Gesamtvermögen in Deutschland momentan bei rund acht Billionen Euro liegt. Erneut zeigt sich also das Problem, dass man über das Vermögen der Reichen nur sehr wenig weiß.

9 Wirtschaftsminister Rainer Brüderle, zitiert nach *Financial Times Deutschland*, 25.11.2009

10 Forsa-Umfrage für den *Stern*, 19.08.2009

11 Wie sehr das deutsche Erbrecht durch ein »familienorientiertes Eigentumsverständnis« geprägt ist, hat vor allem der Soziologe Jens Beckert herausgearbeitet: Jens Beckert, Unverdientes Vermögen. Soziologie des Erbrechts (Campus 2004). Damit unterscheiden sich die Deutschen zum Beispiel von den US-Amerikanern, die sehr viel mehr auf Chancengleichheit des Individuums setzen. Siehe dazu: Jens Beckert, Inherited Wealth. Why is the Estate Tax so Controversial? In: *Society* 45 (2008), S. 521–528.

19 Die angeblichen Sozial-»Versicherungen«: Wie die Mittelschicht für die Armen zahlt

1 Siehe auch Kapitel 9, S. 77 f.

2 Bisher muss man diese Versicherungspflichtgrenze von 49 950 Euro drei Jahre in Folge überspringen, doch künftig soll es für die Spitzenverdiener einfacher sein, in die private Kasse zu wechseln: Die schwarz-gelbe Regierung hat in ihrem Koalitionsvertrag vorgesehen, dass demnächst nur noch ein Jahr jenseits der Versicherungspflichtgrenze nötig ist.

3 Lauterbach, Gesund im kranken System, S. 20

4 ebd., S. 18

5 Verband der privaten Krankenversicherungen, Zahlenbericht 2008/2009, S. 68. Insgesamt fließen bei den privaten Krankenkassen knapp 11 Prozent der Prämien in die »Verwaltungs- und Abschlussaufwendungen«. Die gesetzlichen Krankenkassen hingegen benötigen für ihre Verwaltung nur etwa 5,4 Prozent der Beitragseinnahmen (siehe S. 110).

6 Sauga, Wer arbeitet, ist der Dumme, S. 56 f.

7 Lauterbach, Zweiklassenstaat, S. 128 ff. Lauterbach nutzt die SOEP-Daten, die jedoch das Problem aufweisen, dass bei einer Stichprobe von 12 000 Haushalten nicht allzu viele Todesfälle darunter sind. Rembrandt Scholz vom Max-Planck-Institut für Demografische Forschung in Rostock hat hingegen das Zahlenmaterial des Forschungsdatenzentrums der Deutschen Rentenversicherung ausgewertet. Bei ihm betrug der Abstand zwischen Männern mit niedriger und

mit hoher Rente nur fünf Jahre. Ein 65-Jähriger, der wenig verdient hat, lebt durchschnittlich noch 14 Jahre. Ein gleichaltriger Spitzenverdiener hat noch knapp 19 Jahre. Zitiert nach: Felix Berth, Der kleine Unterschied. Wer viel verdient, wird älter. In: *Süddeutsche Zeitung*, 12.05.2006

8 Lauterbach, Zweiklassenstaat, S. 131 f.

9 Die hohen Steuerzuschüsse für die Sozialversicherungen verändern nichts an der strukturellen Ungerechtigkeit, dass vor allem die Mittelschicht die Soziallasten trägt, während die Eliten nur profitieren. So fließen zwar 32,0 Steuermilliarden in die Rentenkasse – aber diese enorme Summe ist nur dazu da, zumindest annähernd die »versicherungsfremden Leistungen« abzudecken. Dazu gehörten vor allem die Rentenansprüche von Müttern, Aussiedlern und Ostdeutschen. Auch die Krankenkassen erhalten inzwischen einen Bundeszuschuss von 15,7 Milliarden Euro, trotzdem werden die Beiträge für die Versicherten weiter steigen. Denn das eigentliche Problem ist nicht behoben: Bei steigender Arbeitslosigkeit und sinkenden Reallöhnen sollen immer weniger sozialversicherungspflichtige Beschäftigte die gesamten Krankenkosten stemmen.

20 Umverteilung ist möglich – der New Deal in den USA

1 Krugman, Conscience of a Liberal, S. 47 f.

2 Der berühmte Hedge-Fonds-Spekulant George Soros glaubt, dass bei der jetzigen Finanzkrise eine »Superblase« geplatzt sei, die sich seit der Amtszeit von Ronald Reagan aufgepumpt habe. Siehe: George Soros, Das Ende der Finanzmärkte – und deren Zukunft (FinanzBuch Verlag 2008).

3 Paul Krugman, Der amerikanische Albtraum. In: *Die Zeit*, 46/2002

4 Krugman, Conscience of a Liberal, S. 47. Die Gewinne blieben zwischen 1929 und 1955 stabil: 1929 lag die Lohnquote – also der Anteil der Gehälter am Volkseinkommen – bei 67 Prozent, 1955 bei 69 Prozent.

5 Richard Wilkinson / Kate Pickett, The Spirit Level. Why More Equal Societies Almost Always Do Better (Penguin 2009), hier S. 84.

Literaturliste

Abelshauser, Werner: *Deutsche Wirtschaftsgeschichte seit 1945* (Beck 2004)

Adamek, Sascha / Otto, Kim: *Schön reich – Steuern zahlen die anderen* (Heyne 2009)

Aden, Klaus: *Macht oder Leistung – die deutsche Elite. 14. LAB Managerpanel* (Februar 2008)

Atkinson, Tony / Piketty, Thomas (Hg.): *Top Incomes over the Twentieth Century, A Contrast Between Continental European and English Speaking Countries* (Oxford University Press 2007)

Bach, Stefan / Corneo, Giacomo / Steiner, Viktor: *Effective Taxation of Top Incomes in Germany, 1992–2002*, DIW, Discussion Papers 767 (February 2008)

Beckert, Jens: »Inherited Wealth. Why is the Estate Tax so Controversial?«, in: *Society 45* (2008), 521–528

Beckert, Jens: *Unverdientes Vermögen* (Campus 2004).

Beise, Marc: *Die Ausplünderung der Mittelschicht. Alternativen zur aktuellen Politik* (DVA 2009)

Biersack, Wolfgang / Kettner, Anja / Reinberg, Alexander / Schreyer, Franziska: »Akademiker/innen auf dem Arbeitsmarkt: Gut positioniert, gefragt und bald sehr knapp«, in: *Institut für Arbeitsmarkt- und Berufsforschung*, IAB-Kurzbericht 18/2008

Blossfeld, Hans-Peter / Timm, Andreas (Hg.): *Who Marries Whom? Educational Systems as Marriage Markets in Modern Societies* (Kluwer 2003)

Boston Consulting Group (Hg.): *Global Wealth 2009. Delivering on the Client Promise* (September 2009)

Bourdieu, Pierre: *Die feinen Unterschiede. Kritik der gesellschaftlichen Urteilskraft* (franz. 1979, stw 1987)

Brenke, Karl: »Arbeitslose Hartz IV-Empfänger: Oftmals gering qualifiziert, aber nicht weniger arbeitswillig«, in: *Deutsches Institut für Wirtschaftsforschung*, Wochenbericht 43/2008

Brenke, Karl: »Reallöhne in Deutschland über mehrere Jahre rückläufig«, in: *Deutsches Institut für Wirtschaftsforschung*, Wochenbericht 33/2009

Briedis, Kolja / Minks, Karl-Heinz: *Generation Praktikum – Mythos oder Massenphänomen?* HIS: Projektbericht (April 2007)

Bude, Heinz: *Die Ausgeschlossenen. Das Ende vom Traum einer gerechten Gesellschaft* (Hanser 2008)

Bude, Heinz / Willisch, Andreas (Hg.): *Das Problem der Exklusion* (Hamburger Edition 2006)

Bundesagentur für Arbeit: *Bekämpfung von Leistungsmissbrauch im SGB II, Halbjahresbilanz 2009* (Nürnberg Juli 2009)

Bundesministerium für Arbeit und Soziales (Hg.): *Lebenslagen in Deutschland, Der 3. Armuts- und Reichtumsbericht der Bundesregierung*, Bundestags-Drucksache 16/9915

Bundesministerium für Arbeit und Soziales (Hg.): *Forschungsprojekt: Einstellungen zum Reichtum* (Berlin 2008)

Bundesministerium für Arbeit und Soziales (Hg.): *Wirkungen des SGB II auf Personen mit Migrationshintergrund* (Duisburg, Oktober 2009)

Bundesministerium der Finanzen: »Struktur und Verteilung der Steuereinnahmen«, in: *Monatsbericht Juni 2009*

Bundesministerium der Finanzen: *Ergebnis der 135. Sitzung des Arbeitskreises »Steuerschätzung« vom 3.–5. November 2009 in Hamburg*

Bundesrechnungshof: »Unterrichtung durch den Präsidenten, Bericht nach § 99 der Bundeshaushaltsordnung über die Organisation und Arbeitsweise der Finanzkontrolle Schwarzarbeit«, in: *Deutscher Bundestag*, Drucksache 16/7727

Butterwegge, Christoph: *Armut in einem reichen Land: Wie das Problem verharmlost und verdrängt wird* (Campus 2009)

Capgemini / Merrill Lynch: *World Wealth Report 2009*, www.at. capgemini.com/m/at/tl/World_Wealth_Report_2009.pdf

Cohen, Daniel: *Fehldiagnose Globalisierung. Die Neuverteilung des Wohlstands nach der dritten industriellen Revolution* (Campus 1998)

Conze, Eckart / Wienfort, Monika: *Adel und Moderne, Deutschland im Vergleich im 19. und 20. Jahrhundert* (Böhlau 2004)

Crouch, Colin: *Postdemokratie* (edition suhrkamp 2009)

Deutsche Bundesbank: *Ergebnisse der gesamtwirtschaftlichen Finanzierungsrechnung für Deutschland 1991 bis 2008*, Statistische Sonderveröffentlichung 4 (Juni 2009)

Deutscher Gewerkschaftsbund: *Leiharbeit in Deutschland. Fünf Jahre nach der Deregulierung* (August 2009)

Ermish, John / Francesconi, Marco / Siedler, Thomas: »Intergenerational Mobility and Martial Sorting«, in: *Economic Journal*, 2006, S. 659–679

Feld, Lars P. / Larsen, Claus: *Black Activities in Germany in 2001 and in 2004. A Comparison Based on Survey Data* (The Rockwool Foundation Research Unit 2005)

Flassbeck, Heiner: *Das Ende der Massenarbeitslosigkeit* (Westend 2007)

Flassbeck, Heiner: *Gescheitert. Warum die Politik vor der Wirtschaft kapituliert* (Westend 2009)

Forbes: *Die Liste der Milliardäre 2009*, www.forbes.com/2009/03/11/worlds-richest-people-billionaires-2009-billionaires_land.html

Frey, Bruno S. / Stutzer, Alois: *Happiness and Economics. How the Economy and Institutions Affect Well-Being* (Princeton University Press 2002)

Friedrichs, Julia: *Gestatten: Elite. Auf den Spuren der Mächtigen von morgen* (Hoffmann und Campe 2008)

Friedrichs, Julia / Müller, Eva / Baumholt, Boris: *Deutschland dritter Klasse. Leben in der Unterschicht* (Hoffmann und Campe 2009)

Geißler, Rainer: *Die Sozialstruktur Deutschlands*, 5., durchgesehene Auflage (VS Verlag für Sozialwissenschaften 2008)

Gerhards, Jürgen: *Die Moderne und ihre Vornamen. Eine Einladung in die Kultursoziologie* (Westdeutscher Verlag 2003)

Goebel, Jan / Richter, Maria: »Nach der Einführung von Arbeitslosengeld II: Deutlich mehr Verlierer als Gewinner unter den Hilfeempfängern«, in: *Deutsches Institut für Wirtschaftsforschung*, Wochenbericht 50/2007

Goebel, Jan / Frick, Joachim / Grabka, Markus: »Preisunterschiede mildern Einkommensgefälle zwischen West und Ost«, in: *Deutsches Institut für Wirtschaftsforschung*, Wochenbericht 51–52/2009

Grabka, Markus / Frick, Joachim R.: »Schrumpfende Mittelschicht – Anzeichen einer dauerhaften Polarisierung der verfügbaren Einkommen?«, in: *Deutsches Institut für Wirtschaftsforschung*, Wochenbericht 10/2008

Grabka, Markus / Frick, Joachim R.: »Gestiegene Vermögensungleichheit in Deutschland«, in: *Deutsches Institut für Wirtschaftsforschung*, Wochenbericht 4/2009

Groh-Samberg, Olaf: »Sorgenfreier Reichtum: Jenseits von Konjunktur und Krise lebt nur ein Prozent der Bevölkerung«, in: *Deutsches Institut für Wirtschaftsforschung*, Wochenbericht 35/2009

Hartmann, Michael: *Der Mythos von den Leistungseliten: Spitzenkarrieren und soziale Herkunft in Wirtschaft, Politik, Justiz und Wissenschaft* (Campus 2002)

Hartmann, Michael: *Eliten und Macht in Europa, ein internationaler Vergleich* (Campus 2007)

Heidtmann, Jan / Nolte, Barbara: *Die da oben. Innenansichten aus den deutschen Chefetagen* (edition suhrkamp 2009)

Hradil, Stefan / Schmidt, Holger: »Angst und Chancen. Zur Lage der gesellschaftlichen Mitte aus soziologischer Sicht«, in: Herbert-Quandt-Stiftung (Hg.), *Zwischen Erosion und Erneuerung. Die gesellschaftliche Mitte in Deutschland* (Societätsverlag 2007), S. 163–226

Kalina, Thorsten / Weinkopf, Claudia: »Niedriglohnbeschäftigung 2007 weiter gestiegen – zunehmende Bedeutung von Niedrigstlöhnen«, in: Universität Duisburg-Essen, Institut Arbeit und Qualifikation, *IAQ-Report* 2009-05

Kestel, Christine: *Elite. Der Elitebegriff im gesellschaftlichen Kontext und Selbstbeschreibungen der Eliten von morgen* (VDM Verlag Dr. Müller 2006)

Klinger, Nadja / König, Jens: *Einfach abgehängt: Ein wahrer Bericht über die neue Armut in Deutschland* (rororo 2008)

Koalitionsvertrag zwischen CDU, CSU und FDP, *Wachstum. Bildung. Zusammenhalt* (Berlin 2009)

Krugman, Paul: *The Conscience of a Liberal* (New York 2007)

Lauterbach, Karl: *Gesund im kranken System* (Rowohlt Berlin 2009)

Lauterbach, Karl: *Der Zweiklassenstaat: Wie die Privilegierten Deutschland ruinieren* (Rowohlt Berlin 2008)

Liebig, Stefan / Schrupp, Jürgen: »Immer mehr Erwerbstätige empfinden ihr Einkommen als ungerecht«, in: *Deutsches Institut für Wirtschaftsforschung*, Wochenbericht 31/2008

Lohmann, Henning / Spieß, C. Katharina / Feldhaus, Christoph: »Der Trend zur Privatschule geht an bildungsfernen Eltern vorbei«, in: *DIW-Wochenbericht* 38/2009

Lucas, Richard E. / Clark, Andrew E. / Georgellis, Yannis / Diener, Ed: »Unemployment Alters the Set-Point for Life Satisfaction«, in: *Département et laboratoire d' économie théoretique et appliquée* (DELTA), Working Paper 2002–17

Manager Magazin Spezial, »Die 300 reichsten Deutschen« (Oktober 2009)

Merkle, Tanja / Wippermann, Carsten: *Eltern unter Druck, Selbstverständnisse, Befindlichkeiten und Bedürfnisse von Eltern in verschiedenen Lebenswelten. Eine sozialwissenschaftliche Untersuchung von Sinus Sociovision im Auftrag der Konrad-Adenauer-Stiftung e.V.* (Lucius & Lucius 2008)

Middendorf, Elke / Isserstedt, Wolfgang / Kandulla, Maren: *Das soziale Profil in der Begabtenförderung. Ergebnisse einer Online-Befragung unter allen Geförderten der elf Begabungsförderungswerke im Oktober 2008* (HIS: Projektbericht April 2009)

Möller, Joachim / Schmillen, Achim: »Verteilung von Arbeitslosigkeit im Erwerbsleben: Hohe Konzentration auf wenige – steigendes Risiko für alle«, in: *Institut für Arbeitsmarkt- und Berufsforschung*, IAB-Kurzbericht 24/2008

Müller, Albrecht: *Meinungsmache. Wie Wirtschaft, Politik und Medien uns das Denken abgewöhnen wollen* (Droemer 2009)

Münch, Richard: *Globale Eliten – lokale Autoritäten. Bildung und Wissenschaft unter dem Regime von PISA, McKinsey & Co* (edition suhrkamp 2009)

Neugebauer, Georg: *Politische Milieus in Deutschland. Die Studie der Friedrich-Ebert-Stiftung* (Dietz 2007)

Nolte, Paul: *Generation Reform, Jenseits der blockierten Republik* (Beck 2004)

Nolte, Paul / Hilpert, Dagmar: »Wandel und Selbstbehauptung. Die gesellschaftliche Mitte in historischer Perspektive«, in: Herbert-Quandt-Stiftung (Hg.), *Zwischen Erosion und Erneuerung* (Societäts-verlag 2007), S. 12–103

OECD: *Taxing Wages – 2007–2008, Special Feature: Consumption Taxation as an Additional Burden on Labour Income* (Paris/Berlin Mai 2009)

OECD: *Education at a Glance 2009* (Paris September 2009)

Roth, Gerhard: »Grundsatzrede zur Studienstiftung und zur Eliteförde-rung«, in: *Studienstiftung des deutschen Volkes*, Jahresbericht 2004

Sauga, Michael: *Wer arbeitet, ist der Dumme. Die Ausbeutung der Mittelschicht* (Piper 2007).

Schildt, Axel / Siegfried, Detlef: *Deutsche Kulturgeschichte. Die Bundesrepublik – 1945 bis zur Gegenwart* (Hanser 2009)

Schneider, Friedrich: *Der Einfluss der Weltwirtschaftskrise auf die Schattenwirtschaft in Deutschland: Ein (Wieder-)Anstieg* (Linz 2009)

Schönburg, Alexander von: *Die Kunst des stilvollen Verarmens* (rororo 2008)

Schreiner, Ottmar: *Die Gerechtigkeitslücke. Wie die Politik die Gesell-schaft spaltet* (Propyläen 2008)

Schröder, Gerhard: *Regierungserklärung zur Agenda 2010*, 14. März 2003

Sedlaczek, Ulrich: »Schwarzarbeit in Deutschland oder die langen Schatten des Prof. Schneider«, in: *NachDenkSeiten* vom 15.04.2005

Skopek, Jan / Schulz, Florian / Blossfeld, Hans-Peter: »Partnersuche im Internet, Bildungsspezifische Mechanismen bei der Wahl von Kontaktpersonen«, in: *Kölner Zeitschrift für Soziologie und Sozial-psychologie 61*, 2009, S. 183–210

Sloterdijk, Peter: »Aufbruch der Leistungsträger«, in: *Cicero 11/2009*, S. 94–107

Spindler, Helga: »Die Mär vom großen Sozialabbau«, in: NachDenk-Seiten vom 09.01.2006

Statistisches Bundesamt: *Einkommens- und Verbrauchsstichprobe 2008*, Fachserie 15, Heft 2, (Wiesbaden 2009)

Statistisches Bundesamt: *Jährliche Einkommensteuerstatistik 2004*, Fachserie 14 Reihe 7.1.1 (Wiesbaden 2008)

Studienstiftung des deutschen Volkes: *Jahresbericht 2008* (Bonn 2009)

Vogel, Berthold: *Wohlstandskonflikte – soziale Fragen, die aus der Mitte kommen* (Hamburger Edition 2009)

Wagner, Gert G..: »Vermögensbilanz und Hocheinkommensstichprobe im SOEP«, in: Bundesministerium für Arbeit und Soziales (Hg), *Weiterentwicklung der Reichtumsberichterstattung der Bundesregierung* (Köln 2007) S. 34–53

Wehler, Hans-Ulrich: *Deutsche Gesellschaftsgeschichte, Vierter Band, Vom Beginn des Ersten Weltkriegs bis zur Gründung der beiden deutschen Staaten 1914–1949* (Beck 2003)

Wehler, Hans-Ulrich: *Deutsche Gesellschaftsgeschichte, Fünfter Band, Bundesrepublik Deutschland und DDR 1949–1990* (Beck 2008)

Wemhoff, Clemens: *Melkvieh Mittelschicht* (Redline Verlag 2009)

Wienfort, Monika: *Der Adel in der Moderne* (UTB 2006)

Wilkinson, Richard / Pickett, Kate: *The Spirit Level. Why More Equal Societies Almost Always Do Better* (Penguin 2009)

Gabor Steingart

Weltkrieg um Wohlstand

Wie Macht und Reichtum neu verteilt werden. 416 Seiten mit 24 Abbildungen und 8 Seiten farbigen Grafiken sowie einem Nachwort zur Taschenbuchausgabe. Piper Taschenbuch

Das Zeitalter der europäisch-amerikanischen Dominanz geht zu Ende. Im Weltkrieg um Wohlstand kämpfen die asiatischen Staaten um mehr Marktanteile, ohne Rücksicht auf die Bevölkerung und die Umwelt. Mit der wirtschaftlichen Bedeutung verschieben sich auch die politischen Gewichte. Präzise und kühl analysiert Gabor Steingart die weltweite Lage. Sein Fazit: Der Westen muss sich wehren – oder er scheitert.

»Das Buch ist fulminant geschrieben, enthält eine Fülle von Informationen, spiegelt die Erfahrung unzähliger Wirtschaftsleute mit China – und es dürfte bei manchem einen Schock auslösen.«
Süddeutsche Zeitung

Michael Sauga

Wer arbeitet, ist der Dumme

Die Ausbeutung der Mittelschicht. Aktualisierte Ausgabe. 240 Seiten. Piper Taschenbuch

Kein europäischer Staat beutet seine Arbeitnehmer so aus wie der deutsche. Bei jeder »Reform« – Gesundheit, Steuer, Pflege – wird der Faktor Arbeit am stärksten belastet. Die Zeche zahlen stets die Arbeitnehmer. Michael Sauga, Wirtschaftsredakteur beim Spiegel, fordert nichts weniger als den Komplettumbau des Sozialstaates. Sonst heißt es: Willkommen im Prekariat!

»Eine der kurzweiligsten Einführungen in die Wirtschafts- und Sozialpolitik. Schon dafür lohnt sich die Lektüre.«
Süddeutsche Zeitung

»Ein Sprengsatz der deutschen Konsensgesellschaft.«
Rheinische Post